Egbert Rumpf-Rometsch

Die Fälle

BGB - Schuldrecht AT

Unmöglichkeit / Verzug / p.V.V. / c.i.c.

2. Auflage

49 universitätserprobte Fälle
mit Lösungsskizzen und Formulierungsvorschlägen

Der Fall
Fallag

!!!!!!!!!!

Für Jana und Luzie !

Credits

Thomas Dräger, mein Mitautor verschiedener anderer Bände der Reihe "Die Fälle", hat viel Zeit geopfert, um das Manuskript zu lesen. Seine Korrekturvorschläge haben mir sehr geholfen.

Jana hat mir viel Kraft gegeben und mein Leben versüßt.

Bezug (leider nur) für den Buchhandel

Der Fall-Fallag
Egbert Rumpf-Rometsch
Sinnersdorfer Str. 171
50769 Köln,

Tel 0221 - 781139
Fax 0221 - 781311

ISBN 3-9803813-5-8

Vorwort zur 1. Auflage

Viele Vorworte

Wie beginnt man ein "Vorwort"? Lange, lange habe ich sinniert.
Zunächst hat es mich von jeher befremdlich gestimmt, daß über der Einleitung der meisten Bücher in fetter Schrift der Terminus "Vorwort" erscheint, bevor das eigentliche Buch beginnt. Wenn's denn so wäre!!! Sinnverkehrend erscheinen dann im folgenden ganz viele Worte, also nicht nur eines. Deshalb habe ich der Ehrlichkeit wegen die oben aufgeführte Überschrift gewählt.

Das vorliegende Buch hat recht lange gebraucht, um in den Buchhandel und damit zu Euch zu gelangen. Das liegt insbesondere daran, daß ich ein sehr unentschlossener und pingeliger (für Nicht-Umgangssprachler: pedantischer) Mensch bin.

Wie alles begann:

Vor vielen vielen Semestern (weiland, kurz vor dem ersten Staatsexamen) nahm mich ein noch zu erwähnender späterer Revolutionär der Jura-Buchfront beseite. Und er sprach zu mir: "Tu es. Du schaffst das. Und ein kleiner Entertainer bist Du auch." Zum Entertainerlob habe ich damals leidlich genickt, daran kann ich mich erinnern. Aber sonst?
Worum ging es damals eigentlich? Es ging um etwas (für mich) ganz neues, nämlich um die Durchführung semesterbegleitender Arbeitsgemeinschaften für die Fachschaft Jura der altehrwürdigen Universität zu Köln. Mit Angstschweiß (nicht nur auf der Stirn) begann ich also, Kurse im Bürgerlichen Recht, im Strafrecht und später auch im Öffentlichen Recht zu unterrichten. Es handelte sich hierbei um Arbeitsgemeinschaften zur Vorbereitung auf die sogenannten "kleinen Scheine", die mittlerweile abgeschafft sind. Das ganze basierte auf dem Gedanken, daß den Student/inn/en in Vorlesungen desöfteren zwar viel erzählt wird, aber die Systematik der einzelnen Fachbereiche im wesentlichen verschlossen bleibt. Ich selbst war davon mehr als einmal direkt betroffen. Und das mich fürchterlich geärgert!
Aus der anfänglichen Angst vor der Unterrichtstätigkeit wurde schnell ein Vergnügen. Bald erstellte ich erste eigene Konzepte und vermittelte sie in den schon erwähnten Kursen.

Wie alles weiterging:

In den folgenden Jahren erfolgte nach und nach eine Aktualisierung und Verbesserung der bestehenden Konzepte. Denn auch ich merkte recht bald, daß jedes System verbesserungsmöglich und -würdig ist. Weiterhin erklärte ich mich irgendwann dazu bereit, schon bestehende Klausurenkurse der Fachschaft Jura neu zu organisieren und Übungsklausuren zu erstellen. Dann erreichte mich der immer öfter von Student/inn/en geäußerte Wunsch, Konzepte bzw. Klausuren in Buchform zu veröffentlichen.

Vorworte über Vorworte

Um es kurz zu machen: Vorzügliche Konzept-Bücher gibt es schon auf dem juristischen Buchmarkt. Ihr kennt sie wahrscheinlich fast alle. Sie sind im "AchSo! Verlag" erschienen und führen die einfachen aber einprägsamen Titel "Das Skript" und "Jura light". Geschrieben hat sie mein schon angesprochener Mitstreiter Hartmut Braunschneider ("Jura light" in Zusammenarbeit mit Liz Thielen), der hart daran arbeitet, diese Buchreihe zu erweitern und zu komplettieren.

Wie alles endete:

Mein Entschluß, ein Buch zu veröffentlichen, war wegen der Güte der im "AchSo! Verlag" erschienenen Bücher thematisch vorprogrammiert. Den Bücher von Hartmut Braunschneider ist nichts hinzuzufügen. Die sind richtig gut.

Was dem juristischen Buchmarkt bisher allerdings gänzlich fehlt, sind Fallsammlungen, in denen einzelne Themenbereiche nochmals systematisch aufbereitet werden. Ich habe demzufolge versucht, einen kleinen Teil des Bürgerlichen Rechts, der insbesondere für Studienanfänger (klausur-) relevant ist, in Fälle zu fassen, um so zum Verständnis einzelner Probleme beizutragen. Wenn das vorliegende Buch Euch Spaß machen sollte, werden weitere folgen. Versprochen!! Die Konzepte dafür lauern schon im Computer.

Köln, im anfangs schweinekalten Februar 1994

Egbert Rumpf-Rometsch

Vorwort zur 2. Auflage

Das Buch hat Euch Spaß gemacht. Das beweisen die Verkaufszahlen und Eurer überschwengliches Lob. Mittlerweile sind deshalb drei weitere Bücher der Reihe erschienen. Tjaja, die Zeit vergeht im Fluge. Und ein weiteres folgt (hoffentlich) zeitgleich mit dem Erscheinen dieser 2. Auflage.
Ich habe in dieser Auflage einige kleine Mißverständnisse ausräumen können und Verbesserungen vorgenommen. Außerdem war eine Überarbeitung des Layouts überfällig. Am Ende des Buchs präsentiere ich auf vielfachen Wunsch ein Prüfungsschema zur nachträglichen Unmöglichkeit. Ganz wichtig: Lobt mich oder kritisiert mich. Ich zähle auf Euch!

Köln, im vom Rinderwahnsinn gebeutelten Frühjahr 1996

Egbert Rumpf-Rometsch

Kontakt: Egbert Rumpf-Rometsch
c/o Der Fall-Fallag
Sinnersdorfer Str. 171
50769 Köln

Inhaltsverzeichnis

Inhaltsverzeichnis

Verzug

Einführung in die Handhabung des Buches

Nun denn: Packen wir's an !!!

Das vorliegende Buch beinhaltet Fälle aus den Bereichen ***Unmöglichkeit*, *Verzug*** und ***p.V.V. bzw. c.i.c.***, es beschäftigt sich also überwiegend mit vertraglichen Ansprüchen. Zur Verdeutlichung einiger Problembereiche habe ich jedoch zusätzlich einige wenige deliktische Schadensersatzansprüche (§§ 823 ff) eingebaut.

Achtet auf die ***Kopfzeilen***. Sie beschreiben, wo Ihr Euch gerade befindet.

Ganz am Anfang des Buches sind ***alle Fälle*** hintereinander abgedruckt. Ihr solltet Euch für den Anfang damit begnügen, den ersten Fall zu lesen und Euch dann mit der Erstellung einer Lösungsskizze herumzuquälen. Eventuell könnt Ihr anschließend einen Formulierungsversuch wagen.

Direkt danach solltet Ihr aber hurtig in den ***Lösungsteil*** des Buches wechseln und überprüfen, ob Ihr alles richtig gemacht habt.
Der Lösungsteil selbst ***besteht aus*** den schon erwähnten ***drei*** großen ***Bereichen*** Unmöglichkeit, Verzug und p.V.V. / c.i.c.

Jeder der drei ***Bereiche beginnt mit einer*** mehrseitigen ***Einführung in die Systematik*** der auftauchenden Probleme.

Dann erscheinen ***alle Fälle*** noch einmal getrennt ***in der Reihenfolge:***

Fall - Lösungsskizze - Formulierungsvorschlag - Fazit

Die Fälle beginnen einfach und werden unverschämterweise immer schwerer.

In den recht ausführlichen ***Lösungsskizzen*** habe ich versucht, die meisten (klausur-) relevanten Probleme der angesprochenen Bereiche einzubauen.

Die Formulierungsvorschläge sind - wie das Wort schon verrät - lediglich Vorschläge, die Euch zeigen sollen, wie Ihr eine Ausformulierung angehen könnt (wie sage ich es meinem Korrektor?).

Das jeweilige Fazit spricht noch einmal Probleme des konkreten Falles an, den Ihr gerade bearbeitet habt. Es geht dort nicht nur um juristische Finessen, sondern auch um Aufbaufragen etc.

Und noch etwas:

In die Lösungsskizzen und Formulierungsvorschläge habe ich etwas eingebracht, das zwar einem systematischen Aufbau entspricht, aber nicht unbedingt geschrieben werden muß. Es handelt sich hierbei um die ***Unterteilung:***

I. Anspruch entstanden

II. Anspruch untergegangen

III. Anspruch durchsetzbar

IV. Ergebnis

Noch einmal: Das muß nicht sein, ist aber (zumindest für noch nicht Fortgeschrittene) sehr sehr sinnvoll. Und: Ein Korrektor wird Euch niemals einen Strick daraus drehen, sondern sich über den nachvollziehbaren Aufbau freuen.

Fast am Ende des Buches präsentiere ich Euch mehrere ***AUFBAUSCHEMATA***, die Ihr verinnerlichen solltet. Die Schemata sind ausfüllungsbedürftig, enthalten jedoch alle Ansprüche / Rechte, an die Ihr in diesem Stadium der Fallösung denken solltet, um dem Korrektor ein famoses Ergebnis präsentieren zu können.

In ***SCHEMA I*** sind wichtige Ansprüche aus dem BGB aufgelistet.

Das ***SCHEMA II*** zeigt Euch, wie ein vertraglicher Anspruch aufzubauen ist.

Prüfungsläufer zu allen Ansprüchen der - nicht nur von Anfängern als schwer empfundenen - nachträglichen Unmöglichkeit findet Ihr in ***SCHEMA III***.

Einen Zugriff auf Vorschriften erleichtert das ***Gesetzesverzeichnis***. Das ***Sachverzeichnis*** hilft Euch, Details aufzuspüren.

Genug geschwätzt, die Fälle nahen ...

Fälle zur Unmöglichkeit

Fall 1

K findet seine Lieblings-Swatch-Uhr, Modell Z nicht. Als er erfährt, daß Sammler V eines der Modelle besitzt, begibt er sich zu diesem. V ist tatsächlich bereit, dem K die Uhr zu verkaufen. Es wird ein Kaufpreis von 1.000,-- DM vereinbart. Beide gehen davon aus, daß die Uhr dem V gehört. In Wirklichkeit handelt es sich um die Uhr des K, der sie verloren hat. X hatte sie gefunden und dem V verkauft. V ging dabei davon aus, daß X der Eigentümer der Uhr sei.

Frage: Kann V von K Zahlung des vereinbarten Kaufpreises verlangen ?

Fall 2

K interessiert sich für Antiquitäten. Sie wendet sich an den Ihr bekannten Händler H. Beide verabreden sich zum Essen in einem Restaurant. Dort bietet H der K für 2.000,-- DM ein 24-teiliges Porzellanservice an, das sich in seinem Geschäft befindet. K und H werden handelseinig. Keiner von beiden weiß zu diesem Zeitpunkt, daß der Angestellte A des H schon vor dem Treffen aus Unachtsamkeit sechs Teile des Porzellans zerbrochen hat. Als H in seinen Laden zurückkehrt und vom Mißgeschick des A hört, ruft er K an und macht ihr entsprechende Mitteilung. Er ist der Ansicht, er könne von K mindestens 1.500,-- DM gegen Übereignung der noch unversehrten Teile verlangen.

Frage: Hat H einen Kaufpreisanspruch gegen K ?

Fall 3

Bauer B will seinen Zuchtbullen "Zotti", der 5.000,--DM wert ist, verkaufen. Auf eine entsprechende Zeitungsanzeige meldet sich K. Beide verabreden ein Treffen in der nächsten Kreisstadt. Nach zähem Verhandeln einigen sich B und K nach dem Genuß mehrerer Gläser Bier auf einen Kaufpreis von 4.800,-- DM. Anschließend besteigen beide den örtlichen Postbus und lösen jeweils eine Fahrkarte zum Preis von 7,-- DM, um zum Bauernhof des B zu gelangen. Dort soll der Vertrag abgewickelt werden. Als B und K den Hof erreichen, entdecken sie erschreckt die Überreste von "Zotti", der schon vor Vertragsschluß anläßlich eines Bundeswehrmanövers von einem Kampfpanzer überrollt worden ist. B wußte, daß das Manöver stattfindet und hat schon in der Vergangenheit Tiere durch Einsätze der Bundeswehr verloren. Er hätte sich im übrigen vor Vertragsschluß telefonisch bei seiner Ehefrau erkundigen können, ob "Zotti" noch unter den Lebenden weilt.

Frage: Welche Ansprüche hat K gegen B ?

Fall 4

Schlitzohr S leidet unter chronischem Geldmangel. Er entschließt sich deshalb, mittels eines Tricks seine Kasse aufzubessern. Als Opfer wählt er O aus, den er für gutgläubig hält. S erzählt dem O, er habe dem X vor einiger Zeit einen Betrag von 10.000,-- DM geliehen. Die Summe sei in zwei Monaten zur Rückzahlung fällig. Da er aber schon jetzt dringend Geld benötige, bestehe für O die Möglichkeit, die Forderung für 8.000,-- DM zu kaufen, um sie dann bei Fälligkeit in der gesamten Höhe gegen X geltend zu machen. In Wirklichkeit hat S jedoch die ganze Geschichte erfunden. O ist hocherfreut und willigt in das Geschäft ein, da er sich über den bald anstehenden Gewinn von 2.000,-- DM freut.

Frage: Ist der Vertrag nichtig ?

Fall 5

D verkauft dem V ein Rennrad. Nach einem Jahr verkauft V das Fahrrad, das einen Wert von 1.000,-- DM hat, für 800,-- DM an K. Die Abwicklung des Vertrags im Verhältnis V - K soll in einigen Tagen erfolgen. Es stellt sich heraus, daß D das Rennrad dem X gestohlen hat. Dies erfahren sowohl K als auch V.

Frage: Welche Ansprüche hat K gegen V ?

Fall 6

K ist leidenschaftlicher Sammler von Wasserpistolen. Er erfährt, daß die S demselben Hobby frönt. Anläßlich eines Besuchs bei S am 01.12. interessiert sich K für eine kleine orange Pistole aus den 60er-Jahren. Das Sammlerstück hat einen Wert von 240,-- DM. S ist jedoch zunächst nicht bereit, die Pistole zu verkaufen. Drei Tage später treffen sich die beiden zufällig im Supermarkt. Nun schließen K und S einen mündlichen Kaufvertrag, da S dringend Geld benötigt. Als Kaufpreis wird 200,-- DM vereinbart. Der Kaufvertrag soll am 05.12. abgewickelt werden. Am 03.12. ist die Wasserpistole jedoch bei einem Einbruch entwendet worden.

Frage: Welche Ansprüche hat K gegen S ?

Fall 7

Schlitzohr S leidet unter chronischem Geldmangel. Er entschließt sich deshalb, mittels eines Tricks seine Kasse aufzubessern. Als Opfer wählt er O aus, den er für gutgläubig hält. S erzählt dem O, er habe dem X vor einiger Zeit einen Betrag von 10.000,-- DM geliehen. Die Summe sei in zwei Monaten zur Rückzahlung fällig. Da er aber schon jetzt dringend Geld benötige, bestehe für O die Möglichkeit, die Forderung für 8.000,-- DM zu kaufen, um sie dann bei Fälligkeit in der gesamten Höhe gegen X geltend zu machen. In Wirklichkeit hat S jedoch die ganze Geschichte erfunden. O ist hocherfreut und willigt in das Geschäft ein, da er sich über den bald anstehenden Gewinn von 2.000,-- DM freut.

Frage: Hat O gegen S einen Schadensersatzanspruch ?

Fall 8

Der Industrielle I ist stolzer Eigentümer eines Porsche 911, Baujahr 1977. Wegen des Kaufs eines neuen Autos muß er sich von dem alten Wagen trennen. Er verkauft deshalb das Auto am 01.08. für 24.000,-- DM an K. Der Vertrag soll erst am 08.08. abgewickelt werden, da I das schöne Wetter noch für einige Ausfahrten nutzen will. Bei einer der Spritztouren wird I in einen Unfall verwickelt. Die allein von X verschuldete Karambolage führt dazu, daß der Porsche total zerstört ist.

Frage: Hat K gegen I einen Anspruch aus § 433 I 1 ?

Fall 9

Der senile aber begüterte K kauft am 11.05. vom Spielzeughändler S anhand eines Katalogs ein Luxus-"Schiffe versenken"-Spiel aus seltenen Tropenhölzern (... der arme Regenwald!) und Edelmetallen. Das für ihn bestimmte Spiel muß erst von S bestellt werden. K will das Spiel abholen, sobald er von S benachrichtigt wird und dann den Kaufpreis zahlen. Am 18.05. ruft S den K an und erklärt ihm, das Spiel sei eingetroffen und abholbereit. Er habe es schon beiseite gestellt. Als K am nächsten Tag erscheint, muß er erfahren, daß eine durch einen Wasserrohrbruch ausgelöste Überschwemmung in der vorherigen Nacht mehrere Gegenstände, darunter "sein" Spiel zerstört hat. K will ein neues Spiel von S.

Frage: Hat K gegen S einen Anspruch aus § 433 I 1 ?

Fall 10

K kauft am 10.04. im Sex-Shop der E für 200,-- DM eine aufblasbare Gummipuppe des Typs "Lolita". Die für ihn bestimmte Puppe muß erst von E bestellt werden, da sie nur noch das von K besichtigte Ausstellungsstück besitzt. K will die Gummipuppe abholen, sobald er von E benachrichtigt wird und dann den Kaufpreis zahlen. Am 18.05. wirft E eine an K adressierte Postkarte in den Postkasten, mit der sie K benachrichtigt, daß sie die eingetroffene Puppe ausgesondert habe und er sie abholen könne. Die Karte erreicht K jedoch nicht, da die Deutsche Post AG einmal mehr versagt. Als sich K am 30.05. bei E meldet und fragt, ob die Puppe bald verfügbar sei, muß er erfahren, daß das ausgesonderte Stück anläßlich eines Einbruchs am 28.05. bei E entwendet worden ist. K beansprucht eine neue Gummipuppe.

Frage: Hat K gegen E einen Anspruch aus § 433 I 1 ?

Fall 11

Der Neureiche N sieht sich am 02.01. im Nobelladen des D nach einem passenden Geschenk für seine Freundin um. Er entscheidet sich nach langem Suchen für einen Design-Mülleimer des Typs "Trashy", den D allerdings nur als Ausstellungsstück präsentieren kann. Deshalb vereinbaren die Parteien, daß D am 04.01. einen Eimer des gewünschten Typs an N liefern soll. Den Kaufpreis bezahlt N sofort. Am angegebenen Tag erscheint D jedoch nicht. Als N am 05.01. bei D anruft, muß er erfahren, daß der letzte im Laden vorrätige Mülleimer am 03.01. das Zeitliche gesegnet hat. Anläßlich eines Verkaufsgesprächs hat sich der wohlbeleibte Kunde A des D auf den Eimer gesetzt. Dieser ist ob der auf ihm ruhenden Last irreparabel in sich zusammengebrochen. N verlangt daraufhin von D einen neuen Mülleimer.

Frage: Hat N gegen D einen Anspruch aus § 433 I 1 ?

Fall 12

Der ein wenig selbstverliebte K hat sich von seinem Lieblingsfriseur mit einer famosen Lockenpracht schmücken lassen. Am 11.05. kauft er bei der Elektrohändlerin E anhand eines Prospekts für 1.000,-- DM eine Trockenhaube des Modells "Narziß", die momentan nicht vorrätig ist. Er zahlt den Kaufpreis sofort und bittet um Versendung der Trockenhaube an seine Adresse. Daraufhin vereinbaren K und E den 22.05. als Lieferungstermin. E bringt die Trockenhaube am 21.05. zum Transporteur T, der die Haube ausliefern soll. Das Gerät wird jedoch schon auf dem Weg zu T von einem ausschließlich durch D verschuldeten Unfall zerstört. Als K von den Umständen hört, verlangt er Lieferung einer neuen Trockenhaube.

Frage: Hat K gegen E einen Anspruch aus § 433 I 1 ?

Fall 13

Am 04.04. betritt der aus der Eifel stammende aufreizend geschminkte Transvestit K das Miederwarengeschäft des M in München. Nach langer Beratung schließt er mit M einen Kaufvertrag über einen Spitzen-BH des Modells "Standfest", den M allerdings erst beim Hersteller bestellen muß. Den Kaufpreis von 159,-- DM zahlt K sofort. Auf Bitten des K vereinbaren die Parteien die Versendung des BH an dessen Adresse. M bittet daraufhin nach Eintreffen des BH in seinem Laden den selbständigen Transportunternehmer T, den in einen adressierten Karton verpackten BH zur nächste Postfiliale zu bringen. T setzt sich in seinen Lieferwagen und fährt los. Beim unachtsamen Überfahren einer roten Ampel kommt es zu einem Verkehrsunfall. Der Lieferwagen fängt sofort Feuer. Während T sich retten kann, kommt für den BH jede Hilfe zu spät. Er verbrennt zu einem Häufchen Asche. Als K wenig später vom Schicksal des BH erfährt, verlangt er Lieferung eines neuen.

Frage: Hat K gegen M einen Anspruch aus § 433 I 1 ?

Fall 14

Die gehässige K kauft am 22.11. vom Tierhändler T eine Vogelspinne. Da sie die Spinne ihrem Schwiegervater zu Weihnachten schenken möchte, selbst aber in der Zwischenzeit keine Verwendung für das reizende Tier hat, vereinbart sie mit T, sie werde die Spinne am 23.12. abholen und dann den Kaufpreis zahlen. Außerdem vereinbaren die Parteien, daß die Leistungspflicht des auf seinen vorhandenen Spinnenvorrat beschränkt ist, da Tiere dieser Art nur schwer zu beschaffen sind. Als K am Abholtag in freudiger Erwartung erscheint, erfährt sie von T, daß alle vorrätigen Vogelspinnen in der Zwischenzeit von einer militanten Tierbefreiungsgruppe entführt worden sind. Obwohl T auf die Vorratsvereinbarung verweist, verlangt K ein neues Tier.

Frage: Hat K gegen T einen Anspruch aus § 433 I 1 ?

Fall 15

Der boshafte K kauft am 12.12. im Blumengeschäft des B einen von diesem gezüchteten äußerst giftigen Kaktus, von dem nur zwölf Exemplare existieren. Für ein bestimmtes Exemplar entscheidet er sich zu diesem Zeitpunkt nicht. Die Pflanze will er seiner Schwiegermutter zu Weihnachten schenken. Den von B geforderten Kaufpreis in Höhe von 80,-- DM zahlt er sofort. K und B vereinbaren den 23.12. als Abholtermin. Als K am auserkorenen Tag bei B erscheint, erzählt ihm dieser unter Tränen, daß sein Gewächshaus einschließlich aller Kakteen am Vortag einer Brandstiftung zum Opfer gefallen ist. Der entäuschte K verlangt trotzdem einen zumindest ähnlichen Kaktus.

Frage: Hat K gegen B einen Anspruch aus § 433 I 1 ?

Fall 16

K schließt mit dem Künstler O am 21.10. einen Kaufvertrag über eine große abstrakte Vase, die die seltsame Bezeichnung "Der dicke Helmut reitet nach Osten" trägt. Die Auflage ist auf 40 Exemplare limitiert. Für eine bestimmte Vase entscheidet sich K zu diesem Zeitpunkt nicht. Als Kaufpreis vereinbaren die Parteien 11.100,-- DM. Da O alle existierenden Vasen in einer Ausstellung des Galeristen G präsentieren will, erklärt er dem K, daß er eine der Vasen mit dessen Namenszettel kennzeichnen werde und K das Gefäß am 11.12. in der Galerie des G abholen könne. K ist mit der Regelung einverstanden und verspricht, den Kaufpreis am Abholtag zu zahlen. Am 11.12. erscheint K jedoch nicht. Am 12.12. werden 39 Vasen zerstört, weil O leicht fahrlässig das in der Galerie stehende Präsentationsregal umstößt. Darunter befindet sich die Vase, die O schon mit dem Namenszettel des K versehen hat. Als K am 13.12. in der Galerie erscheint, erfährt er vom Mißgeschick des O. K bietet den vereinbarten Kaufpreis an und verlangt von O Übereignung der letzten intakten Vase.

Frage: Hat K gegen O einen Anspruch aus § 433 I 1 ?

Fall 17

Der Industrielle I ist stolzer Eigentümer eines Porsche 911, Baujahr 1977. Wegen des Kaufs eines neuen Autos muß er sich von dem alten Wagen trennen. Er verkauft deshalb das Auto am 01.08. für 24.000,-- DM an K. Der Vertrag soll erst am 08.08. abgewickelt werden, da I das schöne Wetter noch für einige Ausfahrten nutzen will. Bei einer der Spritztouren wird I in einen Unfall verwikkelt. Die allein von X verschuldete Karambolage führt dazu, daß der Porsche total zerstört ist.

Frage: Hat I gegen K einen Anspruch aus § 433 II ?

Fall 18

K kauft am 10.04. im Sex-Shop der E für 200,-- DM eine aufblasbare Gummipuppe des Typs "Lolita". Die für ihn bestimmte Puppe muß erst von E bestellt werden, da sie nur noch das von K besichtigte Ausstellungsstück besitzt. K will die Gummipuppe abholen, sobald er von E benachrichtigt wird und dann den Kaufpreis zahlen. Am 18.05. wirft E eine an K adressierte Postkarte in den Postkasten, mit der sie K benachrichtigt, daß sie die eingetroffene Puppe ausgesondert habe und er sie abholen könne. Die Karte erreicht K jedoch nicht, da die Deutsche Post AG einmal mehr versagt. Als sich K am 30.05. bei E meldet und fragt, ob die Puppe bald verfügbar sei, muß er erfahren, daß das ausgesonderte Stück anläßlich eines Einbruchs am 28.05. bei E entwendet worden ist. E ist der Ansicht, sie habe durch die Benachrichtigung des K alle für sie aus dem Kaufvertrag resultierenden Verpflichtungen erfüllt und verlangt von K Zahlung des vereinbarten Kaufpreises.

Frage: Hat E gegen K einen Anspruch aus § 433 II ?

Fall 19

K schließt mit dem Künstler O am 21.10. einen Kaufvertrag über eine große abstrakte Vase, die die seltsame Bezeichnung "Der dicke Helmut reitet nach Osten" trägt. Die Auflage ist auf 40 Exemplare limitiert. K entscheidet sich zu diesem Zeitpunkt nicht für eine bestimmte Vase. Als Kaufpreis vereinbaren die Parteien 11.100,-- DM. Da O alle existierenden Vasen in einer Ausstellung des Galeristen G präsentieren will, erklärt er dem K, daß er eine der Vasen am 11.12. in der Galerie des G abholen könne. K ist mit der Regelung einverstanden und verspricht, den Kaufpreis am Abholtag zu zahlen. Am 11.12. erscheint K jedoch nicht. Am 12.12. werden alle 40 Vasen zerstört, weil O leicht fahrlässig das in der Galerie stehende Präsentationsregal umstößt. Als K am 13.12. in der Galerie erscheint, erfährt er vom Mißgeschick des O. Dieser ist der Meinung er habe trotz allem einen Kaufpreisanspruch gegen K.

Frage: Hat O gegen K einen Anspruch aus § 433 II ?

Fall 20

Jurastudent K ist bei der T-Shirt-Sammlerin E fündig geworden. Endlich hält er das seit langem gesuchte und berüchtigte "Tötet Onkel Dittmeyer" - Shirt in Händen. Die Parteien vereinbaren als Kaufpreis 100,-- DM. Da K nicht "flüssig" ist, vereinbaren K und E eine bis zum 11.12. befristete Ratenzahlung. Außerdem soll E Eigentümerin des T-Shirts bleiben, bis K den Kaufpreis vollständig bezahlt hat. Als K mit seinem Auto nach Hause fährt, kommt es zu einem ausschließlich durch D verschuldeten Unfall. Dabei wird das T-Shirt zerstört. E ist der Ansicht, K sei nach wie vor zur Zahlung verpflichtet. K zahlt aber im folgenden keine Raten. Am 12.12. verlangt E von K Zahlung des gesamten Betrags.

Frage: Hat E gegen K einen Anspruch aus § 433 II ?

Fall 21

Am 04.04. betritt der aus der Eifel stammende aufreizend geschminkte Transvestit K das Miederwarengeschäft des M in München. Nach langer Beratung schließt er mit M einen Kaufvertrag über einen bestimmten Spitzen-BH des Modells "Standfest". Den Kaufpreis von 159,-- DM zahlt er sofort. Auf Bitten des K vereinbaren die Parteien die Versendung des BH an dessen Adresse. M bringt daraufhin den in einen an K adressierten Karton verpackten BH zur nächste Postfiliale. Die Deutsche Post AG bedient sich bezüglich des Transports der Deutsche Bahn AG. Der Geisteskranke G, dem jeglicher Schienenverkehr zuwider ist, sprengt den den Karton befördernden Zug in die Luft. Dabei verbrennt das Päckchen einschließlich des BH. Als M von dem Unglück erfährt, benachrichtigt er K und verlangt Zahlung des Kaufpreises.

Frage: Hat M gegen K einen Anspruch aus § 433 II ?

Anmerkung: Die Durchsetzbarkeit des Anspruchs ist zu unterstellen.

Fall 22

Schiffmodellbastler K kauft vom Leidensgenossen L am 24.01. einen gebrauchten Elektromotor, um endlich seinen fernsteuerbaren "Panzerkreuzer Potemkin" fertigstellen zu können. Obwohl der Motor einen Wert von 160,-- DM hat, vereinbaren die Parteien einen Kaufpreis von 100,-- DM. Der Vertrag soll zwei Tage später abgewickelt werden. Am 25.01. wirft L den Elektromotor im Rahmen einer wilden Aufräumaktion versehentlich in den vor dem Haus stehenden Abfallcontainer. Der Inhalt des Containers wird alsbald von der schon herannahenden städtischen Müllbrigade entsorgt und in der neuerrichteten Müllverbrennungsanlage ein Raub der Flammen.

Frage: Hat K gegen L einen Schadensersatzanspruch ?

Fall 23

L, der einmal mehr vor sich hinvegetiert, leiht sich von Z einen Roman mit dem Titel "Bruno, der Bastard von Böblingen". Als Rückgabetermin wird der 24.12. vereinbart. Nachdem L mit Hochgenuß das Hochwerk der Weltliteratur gelesen hat, stellt er es in sein Bücherregal. Am 23.12. zwängt sich der Dieb D durch das von L offengelassene Toilettenfenster und erlangt so Zutritt zu dessen Wohnung. Er entwendet unter anderem das besagte Buch. Nach Ablauf der Leihzeit verlangt Z von L als Schadensersatz 10,-- DM für den schmerzlichen Verlust des Romans. Dieser Betrag entspricht dem Wert des Buchs.

Frage: Hat Z gegen L einen Schadensersatzanspruch ?

Fall 24

M fragt den zu einer Weltreise entschlossen X, ob er ihm für die Zeit der Abwesenheit sein Rennrad leihen könne, da sein eigenes Fahrrad gerade gestohlen worden ist. X, der keine Möglichkeit ausläßt, um Geld zu verdienen, lehnt die Bitte des M ab, schlägt aber vor, ihm das Rennrad gegen Zahlung einer Gebühr von 100,-- DM zu überlassen. M erklärt zähneknirschend sein Einverständnis und zahlt das geforderte Geld. Während der Abwesenheit des X wird das Rennrad gestohlen, da M es nicht abgeschlossen hat. X verlangt nach seiner Rückkehr Schadensersatz.

Frage: Hat X gegen M einen Schadensersatzanspruch ?

Fall 25

Erbonkel E verspricht seinem mißratenen Neffen N zum Geburtstag einen in seinem Eigentum befindlichen alten Golddukaten. Das Versprechen wird notariell beurkundet. Als N an seinem Geburtstag händereibend bei E auftaucht, um die Münze in Empfang zu nehmen, fällt ihm dieser schluchzend in die Arme und offenbart, daß die Münze in der letzten Nacht unwiederbringlich in der Toilette verschwunden ist. Der "Unfall" basiert auf einem leicht fahrlässigen Verhalten des E. Der unerbittliche N verlangt von E Schadensersatz.

Frage: Hat N gegen E einen Schadensersatzanspruch ?

Fall 26

Am 31.03. kauft der ein wenig seltsam veranlagte K beim Autohändler H einen 1959er Cadillac Eldorado - Leichenwagen, dessen Wert laut Sachverständigengutachten 19.400,-- DM beträgt, für 17.000,-- DM. Der Kaufvertrag soll am 15.04. abgewickelt werden. Sechs Tage nach dem Vertragsabschluß unternimmt der Angestellte A des H mit dem Auto heimlich eine nächtliche Spritztour.

Dabei kommt es zu einem von A leicht fahrlässig verschuldeten Unfall, bei dem der Leichenwagen völlig zerstört wird.

Frage: Hat K gegen H einen Schadensersatzanspruch ?

Fall 27

K, der sich seit seiner frühesten Kindheit nur für Walt-Disney-Figuren begeistert, schließt am 07.08. mit dem Comicladen-Inhaber C in dessen Geschäft einen schriftlichen Kaufvertrag über eine große Gipsbüste seines "Lieblingshelden" Goofy zum Preis von 800,-- DM. K und C einigen sich darüber, daß C eine neue Büste beim Großhändler G bestellt, weil er nur noch über ein einziges Ausstellungsstück verfügt. K zahlt den Kaufpreis sofort. Auf der Vorderseite der von beiden Parteien unterzeichneten Vertragsurkunde findet sich der dick aufgedruckte Hinweis: "Bestandteil dieses Vertrags sind die Allgemeinen Geschäftsbedingungen des C-Comicladens". K nimmt jedoch keinen Einblick in die im Laden ausliegenden Bedingungen. Am 11.08. verständigt C den K telefonisch darüber, daß er die zwischenzeitlich eingetroffene Büste ausgesondert habe und sie zur Abholung bereitstehe. Am selben Abend stößt C die Figur grob fahrlässig zu Boden. Sie zerbricht irreparabel. Als K hiervon am nächsten Tag erfährt, verlangt er von C Schadensersatz in Höhe von 200,-- DM, da ein plötzlicher Sammlerboom die Preise für Goofy-Büsten auf 1000,-- DM katapultiert hat. C verweist auf Ziffer 8. seiner allgemeinen Geschäftsbedingungen, in der es heißt: "Der Verkäufer haftet nur für Vorsatz, nicht jedoch für Fahrlässigkeit." und verweigert die Zahlung.

Frage: Hat K gegen C einen Schadensersatzanspruch ?

Fall 28

Antiquitätenhändler A bietet der historisch interessierten K eine alte aztekische Tonfigur, die eine beleibte Fruchtbarkeitsgöttin zeigt, für 2.300,-- DM an. Die allwissende A erkennt sofort, daß das seltene Stück 4.000,-- DM wert ist und akzeptiert erfreut das Angebot. Den Kaufpreis zahlt sie sofort. A verspricht der K, die Figur am nächsten Tag mit seinem Auto zu liefern. Die Übereignung soll dann erfolgen. Auf der Fahrt zu K wird A in einen allein von Bauunternehmer B fahrlässig verursachten Unfall verwickelt. Hierbei zerbricht die Tonfigur in 17 Teile. Ein eilig herbeigerufener Restaurator erklärt dem A, eine Wiederherstellung sei aussichtslos. Nachdem K Kenntnis von der Sachlage erhält, macht sie darauf aufmerksam, daß sie finanziell so gestellt werden möchte, wie sie gestanden hätte, wenn eine Übereignung der Göttin möglich gewesen und erfolgt wäre. A verweist auf die Schuldlosigkeit am Unfall und äußert, er werde deshalb nicht für einen etwaigen Verlust der K aufkommen. K beharrt auf Ihrer Forderung.

Frage: Hat K einen verlustausgleichenden Anspruch gegen A ?

Fall 29

In einem Anflug von Kaufrausch betritt der ein wenig extrovertierte K den Laden des Juweliers J. Er hat im Schaufenster einen als Sonderangebot angepriesenen großen gebrauchten Nasenring gesichtet. Kurze Zeit später schließen J und K einen Kaufvertrag über den Ring. Der Kaufpreis soll 600,-- DM betragen. Die Parteien vereinbaren, den Vertrag erst am nächsten Tag abzuwickeln, weil K das für den Kauf benötigte Geld in der Zwischenzeit von seiner vermögenden Oma erbetteln will. Nachdem K seiner Großmutter die Sachlage geschildert hat, winkt diese erschreckt ab. Sie ist der Meinung, daß die grüngefärbten Haare des K schon für genug Aufsehen in der Öffentlichkeit sorgen. Nun bereut K bitterlich den Kauf. Er möchte vom Vertrag loskommen. Am darauffolgenden Tag erscheint er zerknirscht bei J, erfährt aber zu seiner Freude, daß J den Ring beim Aufräumen versehentlich in den Mülleimer geworfen hat, der inzwischen geleert worden ist. K denkt daraufhin, für ihn sei alles erledigt. J erklärt aber sofort, er werde selbstverständlich einen anderen identischen Ring besorgen und übereignen. Auf das Geschäft wolle er nicht verzichten. Verunsichert begibt sich K zu seinem Rechtsanwalt. Er ist der Ansicht, er könne den Vertrag mit J lösen.

Frage: Kann K vom Kaufvertrag loskommen ?

Fall 30

K kauft am 10.04. im Sex-Shop der E für 200,-- DM eine aufblasbare Gummipuppe des Typs "Lolita". Die für ihn bestimmte Puppe muß erst von E bestellt werden, da sie nur noch das von K besichtigte Ausstellungsstück besitzt. K will die Gummipuppe abholen, sobald er von E benachrichtigt wird und dann den Kaufpreis zahlen. Am 18.05. wirft E eine an K adressierte Postkarte in den Postkasten, mit der sie K benachrichtigt, daß sie die eingetroffene Puppe ausgesondert habe und er sie abholen könne. Die Karte erreicht K jedoch nicht, da die Deutsche Post AG einmal mehr versagt. Als sich K am 30.05. bei E meldet und fragt, ob die Puppe bald verfügbar sei, muß er erfahren, daß das ausgesonderte Stück anläßlich eines Einbruchs am 28.05. bei E entwendet worden ist. K beansprucht eine neue Gummipuppe. E will dem K keine Puppe geben, verlangt aber ihrerseits Zahlung des Kaufpreises.

Frage 1: Hat K gegen E einen Anspruch aus § 433 I 1 ?
Frage 2: Hat E gegen K einen Anspruch aus § 433 II ?

Fall 31

Am 12.12. betritt der gehässige K das Zoogeschäft des Z, um sich nach einem geeigneten Weihnachtsgeschenk für seinen Nebenbuhler N umzusehen. Z preist die aus eigener Zucht stammenden, besonders beißwütigen kleinen Ratten an. K ist hocherfreut. Die Parteien vereinbaren, daß Z eine der Ratten in einen Karton verpacken und das Tier an K versenden soll. Den Kaufpreis von 22,-- DM, der im übrigen dem Wert des Tieres entspricht, will K bei Lieferung zahlen. Am

21.12. verpackt Z eine der Ratten und übergibt sie dem Transporteur T mit dem Auftrag, sie zu K zu bringen. T steckt den Karton in seinen Rucksack, setzt sich auf sein Motorrad und macht sich hurtig auf den Weg. Weil er zu arg am Gasgriff dreht und deshalb ein wenig zu rasant durch die Stadt kurvt, kommt es zum Zusammenstoß mit dem Ferrari des Repetitors R. Dabei fällt T zunächst vom Motorrad, dann auf den Rücken und zerquetscht das arme Tier. Z ruft einige Tage später bei K an und fordert unter Erklärung der Sachlage den vereinbarten Kaufpreis. Er ist aber nicht bereit, dem K ein neues Tier zu liefern.

Frage: Hat Z gegen K einen Anspruch gemäß § 433 II ?

Fälle zum Verzug

Fall 32

V verpflichtet sich gegenüber K innerhalb eines Kaufvertrags, an ihn eine Kettensäge zu übereignen. K bezahlt den geforderten Kaufpreis sofort. Die Übereignung der Kettensäge soll eine Woche später - am 11.06. - erfolgen. Am genannten Tag kann V die Kettensäge nicht an K übergeben, da er das Gerät, ohne über den Termin nachzudenken, an D verliehen hat.

Frage: Befindet sich V im Schuldnerverzug ?

Fall 33

K benötigt einen neuen Kraftwagen, da sein altes Auto - ein abgewrackter VW-Kübelwagen der Bundeswehr - mit dem er 10 Jahre die Umgegend unsicher gemacht hat, nur noch Schrottwert besitzt. Er schließt deshalb mit V einen Kaufvertrag über dessen Mercedes. Den Kaufpreis bezahlt K sofort. Die Parteien vereinbaren, daß der PKW am 10.02. übereignet werden soll. K erklärt dem V bei dieser Gelegenheit, daß er am Abend des vereinbarten Tages mit dem Wagen in Urlaub fahren will. Am vereinbarten Tag meldet sich V nicht. K versucht vergeblich, ihn zu erreichen. V hat - ohne sich Gedanken über die eingegangene Verpflichtung zu machen - seine kranke Großmutter besucht. K mietet deshalb für den Urlaub ein Ersatzauto zum Preis von 1.600,-- DM. Nach seiner Rückkehr verlangt K von V Übereignung des Autos und Schadensersatz für die Anmietung des Ersatz-PKW.

Frage: Hat K gegen V die geltend gemachten Ansprüche ?

Fall 34

V hat dem L sein Auto für eine Urlaubsreise geliehen. Als Rückgabetermin ist der 10.10. vereinbart, da V den Wagen für die anschließende eigene Urlaubsreise benötigt. Am 10.10. läßt L nichts von sich hören. Er denkt nicht an die vereinbarte Rückgabe. V mietet deshalb einen Ersatzwagen zum Preis von 1.600,-- DM, nachdem er vergeblich versucht hat, den L zu erreichen. Nach seiner Rückkehr verlangt V von L Schadensersatz für die Anmietung des Ersatz-PKW.

Frage: Hat V gegen L einen Schadensersatzanspruch ?

Fall 35

Hobbykoch H, der nebenbei ein bißchen Geld mit einem Partyservice verdient und sich auf die Zubereitung von "Wasserkaninchen" (Bisamratten) spezialisiert hat, kauft beim Gastronomieausstatter G einen großen Kochtopf, den er sogleich bezahlt. Der Topf soll "auf Abruf" des H geliefert werden. Drei Tage später bittet H den G telefonisch um Lieferung. G vergißt im folgenden seine Verpflichtung. Auch auf einen Brief des H, in dem er eindringlich aufgefordert wird, den Topf endlich zu liefern, reagiert G nicht. Der nunmehr von H konsultierte Anwalt A fordert den G unter Androhung gerichtlicher Schritte abermals zur Lieferung auf. Seine Bemühungen läßt sich A durch H mit 200,-- DM vergüten.

Frage: Hat H gegen G einen Anspruch auf Ersatz der Rechtsanwaltskosten ?

Fall 36

Lebenskünstler L verdient sein tägliches Brot mit der Durchführung ungewöhnlicher Geschäfte. Er erkennt regelmäßig Trends, die er zu seinen Gunsten ausnutzt. Schon Anfang des Jahres ist er - entgegen allen Ankündigungen - der festen Überzeugung, daß sich in der nächsten Sommermode ärmellose violette Hemden mit grünen Punkten größter Beliebtheit erfreuen werden. Er schließt deshalb mit Textilhändler T, der solche Kleidungsstücke vorrätig hat, einen Kaufvertrag über 1000 Hemden zum Preis von 5.000,-- DM. Das Geld zahlt L sofort. Er rechnet damit, die Bekleidungsstücke einige Monate später mit Gewinn weiterveräußern zu können. L will die Ware im Frühsommer abrufen. T verpflichtet sich, die Hemden 10 Tage nach Abruf an L zu liefern. Dann soll auch die Übereignung stattfinden. Bald stellt sich heraus, daß L mit seiner Einschätzung der Modetrends richtig gelegen hat. Er schließt mit Einzelhändler E einen Kaufvertrag, in dem sich E verpflichtet, für die Hemden 15.000,-- DM zu zahlen. Die Lieferung an E soll allerdings bis zum 12.05. erfolgen, da dieser sich ansonsten bei einem anderen Verkäufer mit Ware eindecken will. Am 01.05. ruft L bei T an, und bittet um Lieferung der Hemden. T erfüllt seine Verpflichtung erst drei Wochen später. E nimmt deshalb vom mit L geschlossenen Vertrag Abstand. L kann die Hemden nur noch für 7.000,-- DM veräußern.

Frage: Hat L gegen T einen Schadensersatzanspruch ?

Fall 37

Z hat dem L seine neue Surfausrüstung vermietet. Diese möchte er aber am 01.06. seiner Cousine zur Hochzeit schenken und hat deshalb mit L den 31.05. als Rückgabetag vereinbart. Als L am genannten Tag nicht erscheint, kauft Z am Tage der Hochzeit eine neue Ausrüstung für 2.000,-- DM. Am 03.06. entschuldigt sich L bei Z dafür, daß er den Termin vergessen habe. Z verweigert unter Hinweis auf die Hochzeit die Rücknahme und verlangt von L Zahlung der 2.000,-- DM, die er für das Geschenk ausgegeben hat. L wendet ein, er habe vom anstehenden Hochzeitstermin und der Schenkwilligkeit des Z nichts gewußt.

Frage: Hat Z gegen L einen Schadensersatzanspruch ?

Fall 38

Am 16.01. verkauft Händler H dem K einen großen ausgestopften Elchkopf zum Preis von 3.000,-- DM. Bei den Verkaufsverhandlungen hat H den K darauf hingewiesen, daß er wegen fehlenden Raums gerade eine Geschäfts- und Lagerräumung durchführe. Deshalb vereinbaren die Parteien, daß K den Elchkopf bis zum 20.01. abholen und dann den Kaufpreis zahlen soll. Als K die Kaufsache nicht bis zum vereinbarten Endtermin abholt, schreibt ihm H am darauffolgenden Tag: "Sollte der Kopf nicht bis zum 31.01. abgeholt sein, werde ich ihn weiterverkaufen, da der von Ihrer Ware beanspruchte Lagerraum dringend für Neulieferungen benötigt wird. Ein etwaiger Mindererlös würde zu Ihren Lasten gehen.". Obwohl K den Brief erhält, unternimmt er nichts. Am 01.02. verkauft H den Elchkopf für 2.800,-- DM an D, der damit sein altdeutsches Wohnzimmer verschönern will, aber keinen höheren Betrag zahlen kann. Der von D gezahlte Preis entspricht dem Betrag, den H selbst beim Einkauf des Elchkopfes bezahlt hat.

Frage: Hat H gegen K einen Anspruch auf Zahlung der Differenz (200,-- DM) ?

Fall 39

Der eingefleischte Fahrradfahrer K entschließt sich lediglich auf Drängen seiner Freundin, für die anstehende Urlaubsreise in die Bretagne ein Auto zu kaufen. Danach will er es sofort weiterveräußern. Vor dem Urlaub kauft er den Mercedes des V und bezahlt den Kaufpreis sofort. Die Parteien verabreden, daß der PKW am 10.02. übereignet werden soll. Am vereinbarten Tag ist V nicht erreichbar. Dieser hat - ohne sich Gedanken über die eingegangene Verpflichtung zu machen - seine kranke Oma besucht. Da die Urlaubsreise am nächsten Tag beginnen soll, mietet K für 1.600,-- DM einen Ersatz-PKW. Nach seiner Rückkehr erklärt K dem V, er sei nicht mehr an dem Auto interessiert und fordert Schadensersatz in Höhe der Mietkosten.

Frage: Hat K gegen V einen Schadensersatzanspruch ?

Fall 40

A und B wollen am 20.07. heiraten. V, der Vater der A, bestellt deshalb bei P, der einen Hochzeits-Party-Service führt, ein opulentes Buffet zum Preis von 10.000,-- DM. P erklärt sich bereit, das Essen bis 16.00 Uhr des genannten Tages anzuliefern. Zum vereinbarten Termin erscheint P nicht, weil er in seinen Kalender irrtümlich den 27.07. als Liefertermin eingetragen hat. V versucht vergeblich, den P telefonisch zu erreichen. Auch nachfolgende Anrufe bei anderen Unternehmen bezüglich einer Essensbereitung werden abschlägig beschieden. Endlich erklärt sich Gastronom G bereit, die Hochzeitsgäste zu beliefern. Für seine - dem Buffet des P vergleichbare - Leistung verlangt er jedoch 12.000,-- DM. V zahlt das Geld zähneknirschend.

Frage: Kann V von P die angefallenen Mehrkosten ersetzt verlangen ?

Fall 41

V verkauft der K am 30.03. seinen Ghetto-Blaster zum Preis von 330,-- DM. K erhält das Gerät sofort, bittet aber um einige Tage Zahlungsfrist, da sie im Moment kein Geld habe. V ist damit einverstanden und stundet den Kaufpreis bis zum 30.05. K leistet jedoch bis zu diesem Termin nicht. Daraufhin schreibt V der K am 15.06. einen Brief und fordert sie zur Begleichung der Schuld auf. Daneben verlangt er von K 4 % Zinsen pro Jahr seit Ablauf der Zahlungsfrist.

Frage: Kann V von K Zahlung der Zinsen ab dem 30.05. verlangen ?

Fall 42

Der angelbegeisterte A läßt sich von Schreiner S für 6.600,-- DM ein überdimensionales Bett in Fischform bauen. Als S das Möbelstück am 13.07. in der Wohnung des A aufbaut, nimmt dieser das erstellte Werk als vertragsgemäß hergestellt ab. Eine Zahlung leistet A aber in den folgenden Wochen nicht. S fordert ihn deshalb mit Schreiben vom 30.08., das dem A am 31.08. zugeht, zur Zahlung der vereinbarten Vergütung auf und verlangt 4 % Zinsen pro Jahr ab dem 13.07.

Frage: Kann S Zahlung der Zinsen ab dem 13.07. verlangen ?

Fall 43

K kauft am 06.06. von V eine 1000er-Packung Kondome für 666,-- DM. Er unterzeichnet einen entsprechenden Kaufvertrag, in dem V ausdrücklich auf seine "Allgemeinen Geschäftsbedingungen" verweist. Da K kein Geld bei sich hat, vereinbaren die Parteien, daß K die 666,-- DM bei Abholung der Ware zahlen soll. Fünf Tage später betritt K den Laden des V und verlangt vom Angestellten A die Herausgabe der Kondome. A, der nicht über die Zahlungsvereinbarung informiert ist, händigt dem K die Packung aus, ohne das Geld zu fordern. Erst am 22.07. erscheint K bei V und begleicht seine Zahlungsschuld. Der erstaunte V findet in seinen Geschäftsunterlagen den Vermerk des A, daß K die Kondome schon am 11.06. abgeholt hat. V fordert deshalb von K zusätzlich 4 % Zinsen pro Jahr ab dem 11.06. K wendet ein, er habe sich nicht in Verzug befunden, da V ihn nicht gemahnt habe. V verweist auf Ziffer 13 seiner "Allgemeinen Geschäftsbedingungen", in der es wörtlich heißt: "Für den Eintritt des Verzugs des Käufers ist eine vorherige Mahnung des Verkäufers nicht erforderlich.".

Frage: Kann V Zahlung der Zinsen ab dem 11.06. verlangen ?

Fälle zur p.V.V. und c.i.c.

Fall 44

M bestellt beim Händler H Dachziegel. Wie vertraglich vereinbart, liefert H die Ziegel an und stapelt sie vor dem Haus des M. Beim Abladen vom LKW hantiert H so ungeschickt, daß ihm einer der Ziegel aus der Hand rutscht und dem M auf den Kopf fällt. M muß zur Heilung des "Dachschadens" 3.000,-- DM an seinen Arzt zahlen.

Frage: Hat M gegen H Schadensersatzansprüche ?

Anmerkung: Schmerzensgeldansprüche sind nicht zu prüfen.

Fall 45

M begibt sich zum Händler H, um Dachziegel zu erwerben. Im Lager bittet er H, ihm einen bestimmten Ziegel aus einem Regal zu reichen, um ihn näher zu begutachten. H hantiert jedoch so ungeschickt, daß ihm der Ziegel aus der Hand rutscht und dem M auf den Kopf fällt. M kann sich so direkt von der massiven Qualität des Ziegels überzeugen. Dann muß er aber zur Heilung des "Dachschadens" 3.000,-- DM an seinen Arzt zahlen.

Frage: Hat M gegen H Schadensersatzansprüche ?

Anmerkung: Deliktische Ansprüche sind nicht zu prüfen.

Fall 46

M bestellt beim Händler H Dachziegel. Wie vertraglich vereinbart, liefert H die Ziegel an und stapelt sie gemeinsam mit seinem Arbeiter A vor dem Haus des M. Beim Abladen vom LKW hantiert A so ungeschickt, daß ihm einer der Ziegel aus der Hand rutscht und dem M auf den Kopf fällt. M muß zur Heilung des "Dachschadens" 3.000,-- DM an seinen Arzt zahlen.

Frage: Hat M gegen A und / oder H Schadensersatzansprüche ?
Anmerkung: Schmerzensgeldansprüche sind nicht zu prüfen.

Fall 47

M und Händler H schließen telefonisch einen Kaufvertrag über bestimmte Dachziegel, die M im Lager des H abholen soll. Bei den Ziegeln handelt es sich um einen Restposten aus osteuropäischer Produktion, die ansonsten nicht mehr lieferbar sind. Als M bei H erscheint, steht dieser auf einer Leiter und winkt den M fröhlich zu sich. Beim Hinuntersteigen rutscht H aus und begräbt den völlig verdutzten M unter sich. Der herbeigerufene Notarzt diagnostiziert bei M einen Schlüsselbeinbruch. M zahlt Heilungskosten in Höhe von 6.000,-- DM. Nach seiner Genesung muß er erfahren, daß der Angestellte A des H die Ziegel schon vor dem telefonischen Vertragsschluß beim Rangieren mit dem Gabelstapler zerstört hat.

Frage: Hat M gegen H einen Schadensersatzanspruch ?
Anmerkung: Deliktische Ansprüche sind nicht zu prüfen.

Fall 48

M bewohnt mit seiner Ehefrau E eine Altbauwohnung des Hauseigentümers H. Vertragsparteien des Mietvertrags sind M und H. Eines Tages erscheint der von M benachrichtigte H, um einen Defekt in der Deckenverkabelung des Wohnzimmers zu beheben. Er steigt auf eine Leiter und löst den an der Decke hängenden Kronleuchter, um an die Verkabelung zu gelangen. Aufgrund seines unachtsamen Verhaltens rutscht ihm die Lampe aus den Händen und fällt der anwesenden E auf den Kopf. E muß zur Heilung 3.000,-- DM zahlen.

Frage: Hat E gegen H einen Schadensersatzanspruch ?
Anmerkung: Deliktische Ansprüche sind nicht zu prüfen.

Fall 49

M bewohnt mit seiner Ehefrau E eine Altbauwohnung des Hauseigentümers H. Vertragsparteien des Mietvertrags sind M und H. Eines Tages erscheint der Angestellte A des H, um einen Defekt in der Deckenverkabelung des Wohnzimmers zu beheben. Er steigt auf eine Leiter und löst den an der Decke hängenden Kronleuchter, um an die Verkabelung zu gelangen. Aufgrund seines unachtsamen Verhaltens rutscht ihm die Lampe aus den Händen und fällt der anwesenden E auf den Kopf. E muß zur Heilung 3.000,-- DM zahlen.

Frage: Hat E gegen H einen Schadensersatzanspruch ?
Anmerkung: Deliktische Ansprüche sind nicht zu prüfen.

Unmöglichkeit

- Eine kleine Einführung

1. *Vorgeplänkel*

Tjaja, die Unmöglichkeit. Wen hat sie nicht schon zum Wahnsinn getrieben. Dabei sind die wirklich klausurrelevanten Fälle dünn gesät. Nichtsdestotrotz heißt die Regel natürlich immer:

Bevor man die Grundlagen nicht beherrscht, läuft gar nix!

Aber was heißt "Unmöglichkeit" eigentlich? Hierzu gibt es einen Merksatz, den Ihr Euch unbedingt einprägen solltet:

Eine Unmöglichkeit liegt vor, wenn der Schuldner noch nicht erfüllt hat und auch in Zukunft nicht mehr erfüllen kann.

Der Schuldner kann nicht (mehr) erfüllen, wenn er nicht leisten kann.

Bei der Unmöglichkeit sind verschiedene Konstellationen denkbar. Zuerst einmal müßt Ihr Euch vorstellen, daß es vier (in Zahlen: 4) Arten der Unmöglichkeit gibt. Die Unterscheidung ist eminent wichtig, da Ihr in jeder Klausur oder Hausarbeit überlegen müßt, welche Art der Unmöglichkeit denn nun vorliegt. Denn erst Eure richtige Entscheidung führt zu den jeweils einschlägigen Normen des BGB, mit denen Ihr anschließend Euren Fall lösen könnt.

2. *Die Terminologie*

Natürlich werdet Ihr - wie so oft - in Lehrbüchern oder sonstigen Publikationen für eine bestimmte Art der Unmöglichkeit nicht immer denselben Begriff finden. Gesprochen wird einerseits von anfänglichem (oder ursprünglichem) bzw. nachträglichem Unvermögen, andererseits von anfänglicher (oder ursprünglicher) bzw. nachträglicher Unmöglichkeit.

Gemeint ist immer dasselbe: Zunächst sind

1. ***Anfängliche (oder ursprüngliche) Unmöglichkeit*** und
2. ***Nachträgliche Unmöglichkeit*** zu unterscheiden.

Diese Arten der Unmöglichkeit lassen sich wiederum jeweils unterteilen in

a. ***Objektive Unmöglichkeit*** und
b. ***Subjektive Unmöglichkeit***,

wobei die subjektive Unmöglichkeit auch als ***Unvermögen*** bezeichnet wird.

Wenn man die aufgezeigten Möglichkeiten gut durchmischt, ergeben sich vier denkbare Konstellationen:

1.a. *Anfängliche (ursprüngliche) objektive Unmöglichkeit*

1.b. *Anfängliche (ursprüngliche) subjektive Unmöglichkeit*
= anfängliches oder ursprüngliches Unvermögen

2.a. *Nachträgliche objektive Unmöglichkeit*

2.b. *Nachträgliche subjektive Unmöglichkeit*
= nachträgliches Unvermögen

So, nun dürfte zumindest die Terminologie keine Probleme mehr bereiten.

3. *Die systematische Einordnung*

Zu klären ist jetzt nur noch, welche Bedeutungen mit den einzelnen Betitelungen verknüpft sind, d.h., was die Begriffe anfänglich, nachträglich, objektiv, subjektiv ausdrücken wollen.

Mit einer ***anfänglichen*** Unmöglichkeit haben wir es zu tun, wenn die Unmöglichkeit ***schon vor Vertragsschluß*** bestand.

Eine ***nachträgliche*** Unmöglichkeit liegt vor, wenn die Unmöglichkeit ***erst nach Vertragsschluß*** eingetreten ist.

Die Unmöglichkeit ist ***objektiv***, wenn ***niemand*** auf der großen weiten Welt die Leistung erbringen kann.

Die Unmöglichkeit ist ***subjektiv***, wenn zwar ***nicht der Schuldner***, der sich vertraglich dazu verpflichtet hat, die Leistung erbringen kann, ***aber eine andere Person***

Das heißt also:

1.a. *Die anfängliche (ursprüngliche) objektive Unmöglichkeit*

liegt vor, wenn ***niemand*** die versprochene Leistung aufgrund eines Umstandes, der ***schon vor Vertragsschluß*** eingetreten ist, erbringen kann.

1.b. *Die anfängliche (ursprüngliche) subjektive Unmöglichkeit*

liegt vor, wenn ***der Schuldner*** die versprochene Leistung aufgrund eines Umstandes, der ***schon vor Vertragsschluß*** eingetreten ist, nicht erbringen kann (aber eine andere Person).

2.a. *Die nachträgliche objektive Unmöglichkeit*

liegt vor, wenn ***niemand*** die versprochene Leistung aufgrund eines Umstandes, der ***erst nach Vertragsschluß*** eingetreten ist, erbringen kann.

2.b. Die nachträgliche subjektive Unmöglichkeit

liegt vor, wenn ***der Schuldner*** die versprochene Leistung aufgrund eines Umstandes, der ***erst nach Vertragsschluß*** eingetreten ist, nicht erbringen kann (aber eine andere Person).

4. Die Beispiele

Ein paar klärende Beispiele zu den verschieden Arten der Unmöglichkeit sollen auch nicht fehlen.

Zu 1.a. Anfängliche (ursprüngliche) objektive Unmöglichkeit

Beispiel: V und K schließen einen Kaufvertrag über eine dem V gehörende Ratte, die auf den Namen "Rex" hört. Beide wissen zum Zeitpunkt des Vertragsschlusses nicht, daß das Tier schon vorher verendet ist.

Zu 1.b. Anfängliche (ursprüngliche) subjektive Unmöglichkeit

Beispiel: V und K schließen einen Kaufvertrag über eine dem V gehörende Ratte, die auf den Namen "Rex" hört. Weil V viele Ratten besitzt und mit Ihnen handelt, denkt er nicht daran, daß er diese Ratte bereits am vorherigen Tag an Z übereignet hat.

Zu 2.a. Nachträgliche objektive Unmöglichkeit

Beispiel: V und K schließen einen Kaufvertrag über eine dem V gehörende Ratte, die auf den Namen "Rex" hört. Erst nach dem Vertragsschluß, aber noch vor der Übereignung an K verendet das Tier.

zu 2.b. Nachträgliche subjektive Unmöglichkeit

Beispiel: V und K schließen einen Kaufvertrag über eine dem V gehörende Ratte, die auf den Namen "Rex" hört. Erst nach dem Vertragsschluß, aber noch vor der Übereignung an K übereignet V das Tier an D.

5. Der Weg zur richtigen Unmöglichkeits-Vorschrift

Wenn Ihr Euch gedanklich entschlossen habt, welche Art der Unmöglichkeit im konkreten Fall einschlägig ist, müßt Ihr ***anhand des auf der nächsten Seite folgenden Schemas*** (auswendig lernen!!) die ***Vorschriften herauspicken***, die Ihr für die Lösung braucht.

Welche Voraussetzungen bei den einzelnen Vorschriften zu beachten sind bzw. an welcher Stelle der Prüfung Ihr die jeweiligen Normen einbaut, könnt Ihr anhand der dann folgenden Fälle erkennen.

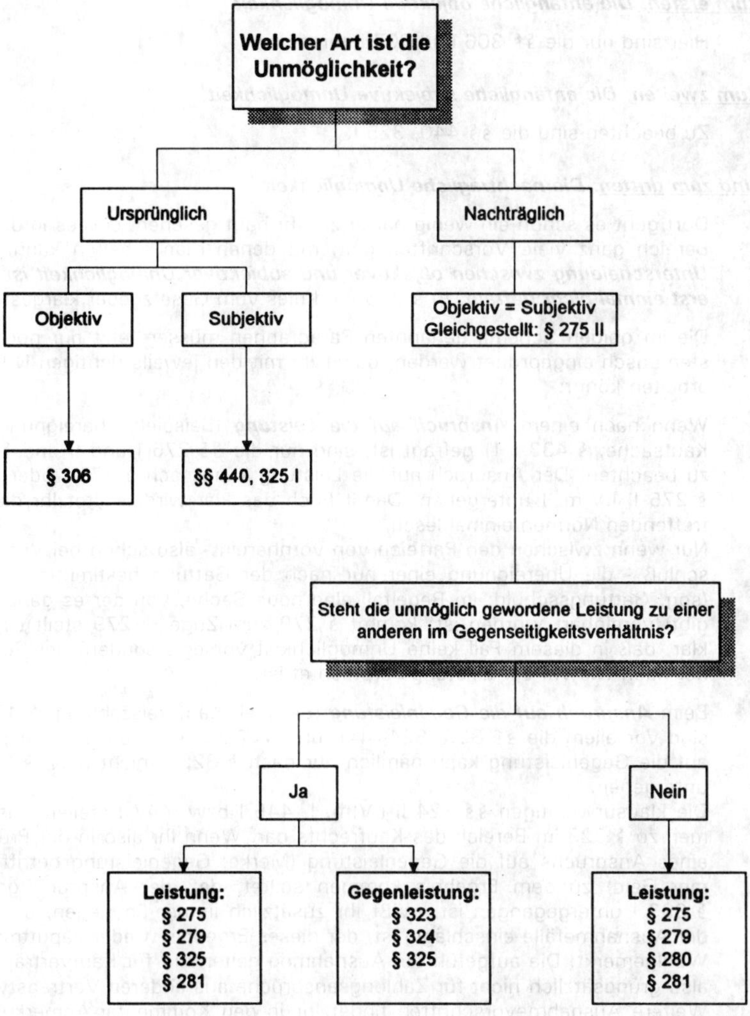
Welcher Art ist die Unmöglichkeit?
Ursprünglich
Nachträglich
Objektiv
Subjektiv
Objektiv = Subjektiv
Gleichgestellt: § 275 II
§ 306
§§ 440, 325 I
Steht die unmöglich gewordene Leistung zu einer anderen im Gegenseitigkeitsverhältnis?
Ja
Nein
Leistung:
§ 275
§ 279
§ 325
§ 281
Gegenleistung:
§ 323
§ 324
§ 325
Leistung:
§ 275
§ 279
§ 280
§ 281

Unmöglichkeit - Eine kleine Einführung

Ihr seht: An sich gibt es ***vier Arten der Unmöglichkeit***.

Wenn Ihr aber nur auf die Vorschriften schaut, mit denen Ihr arbeiten müßt, gibt es ***lediglich drei Gruppen***, die zu berücksichtigen sind:

Zum ersten: Die anfängliche objektive Unmöglichkeit

Hier sind nur die §§ 306 und 307 interessant.

Zum zweiten: Die anfängliche subjektive Unmöglichkeit

Zu beachten sind die §§ 440, 325 I.

Und zum dritten: Die nachträgliche Unmöglichkeit

Dort geht es schon ein wenig härter zu. Ihr habt gesehen, daß es in diesem Bereich ganz viele Vorschriften gibt, mit denen man arbeiten kann. ***Eine Unterscheidung zwischen objektiver und subjektiver Unmöglichkeit ist aber erst einmal nicht gefragt***. In § 275 wird dies vom Gesetzgeber klargestellt.

Die im obigen Schema genannten Paragraphen müssen jetzt nur noch systematisch eingeordnet werden, damit Ihr mit den jeweils richtigen Normen arbeiten könnt:

Wenn nach einem ***Anspruch auf die Leistung*** (Beispiel: Übereignung der Kaufsache, § 433 I 1) gefragt ist, sind nur die §§ 275 I und II und § 279 zu beachten. Der Anspruch auf die Leistung kann nach § 275 I oder nach § 275 II i.V.m. I untergehen. Damit Euch das klar wird, solltet Ihr die betreffenden Normen einmal lesen.
Nur wenn zwischen den Parteien von vornherein - also schon bei Vertragsschluß - die Übereignung einer nur nach der Gattung bestimmten Sache (sog. Gattungsschuld; im Regelfall eine neue Sache, von der es ganz viele gibt) vereinbart worden ist, kommt § 279 zum Zuge. § 279 stellt einfach klar, daß in diesem Fall keine Unmöglichkeit vorliegt, sondern der Schuldner nach wie vor zur Leistung verpflichtet ist.

Beim ***Anspruch auf die Gegenleistung*** (Beispiel: Kaufpreiszahlung, § 433 II) sind vor allem die §§ 323, 324, 446 und 447 zu beachten. Der Anspruch auf die Gegenleistung kann nämlich nur nach § 323 I (nicht nach § 275!!) untergehen.
Die klausurwichtigen §§ 324 II i.V.m. I, 446 I bzw. 447 I stellen Ausnahmen zu § 323 im Bereich des Kaufrechts dar. Wenn Ihr also in der Prüfung eines Anspruchs auf die Gegenleistung (Merke: Gegenleistung betrifft immer Geld) zu dem Ergebnis kommen solltet, daß der Anspruch gemäß § 323 I untergegangen ist, müßt Ihr zusätzlich immer überlegen, ob einer der Ausnahmefälle einschlägig ist, der dieses Ergebnis wieder kaputtmacht. Wohlgemerkt: Die aufgeführten Ausnahmen gelten nur für Kaufverträge (!), also grundsätzlich nicht für Zahlungsansprüche aus anderen Vertragstypen. Weitere Ausnahmevorschriften findet Ihr in den Kommentar-Anmerkungen zu § 323.
Wenn der Anspruch auf die Gegenleistung (Zahlung) nicht gemäß § 323 I untergeht, weil entweder eine der Voraussetzungen des § 323 I nicht erfüllt ist oder eine der oben genannten Ausnahmevorschriften eingreift, stellt § 324 I deklaratorisch fest, daß der Zahlungsschuldner nach wie vor zur Gegenleistung verpflichtet ist ("Her mit der Knete!").

Wenn nach einem ***Anspruch auf Schadensersatz*** gefragt ist, müßt Ihr Euch entscheiden, ob § 280 I oder § 325 I 1 die richtige Anspruchsgrundlage ist. Die Entscheidung mußt Ihr treffen, bevor Ihr mit der Prüfung beginnt. Dazu jedoch ausführlich später in den Fällen selbst.

Zuletzt bietet § 281 die Möglichkeit, anstatt der Leistung einen Ersatz oder Ersatzanspruch zu erlangen.

6. Eine Anmerkung zu den Klausuren

Klausurfälle, die sich mit der ***anfänglichen objektiven Unmöglichkeit*** beschäftigen, sind sehr sehr selten. Deshalb habe ich mich im folgenden auf wenige Fälle beschränkt, die Euch die Struktur bzw. die wichtigen Ausnahmevorschriften nahebringen sollen.

Klausurfälle, in denen die ***anfängliche subjektive Unmöglichkeit*** (= subjektives Unvermögen) auftaucht, sind ebenfalls rar gesät. Also habe ich mich auch hier auf die Präsentation der Struktur und einiger Ausnahmen beschränkt.

Wesentlich umfangreicher habe ich im Bereich der ***nachträglichen Unmöglichkeit*** gearbeitet. Klausuren aus diesem Bereich sind nämlich besonders tückisch.

Doch nun genug des Gefasels. Die Fälle nahen!

Fall 1

K findet seine Lieblings-Swatch-Uhr, Modell Z nicht. Als er erfährt, daß Sammler V eines der Modelle besitzt, begibt er sich zu diesem. V ist tatsächlich bereit, dem K die Uhr zu verkaufen. Es wird ein Kaufpreis von 1.000,-- DM vereinbart. Beide gehen davon aus, daß die Uhr dem V gehört. In Wirklichkeit handelt es sich um die Uhr des K, der sie verloren hat. X hatte sie gefunden und dem V verkauft. V ging dabei davon aus, daß X der Eigentümer der Uhr sei.

Frage: Kann V von K Zahlung des vereinbarten Kaufpreises verlangen ?

Lösungsskizze Fall 1

- V gegen K Zahlung des Kaufpreises gemäß § 433 II ?

I. Anspruch entstanden ?

1. Vertrag ?

HIER (+) → Kaufvertrag, § 433 zwischen V und K

2. Nichtigkeitsgründe ?

- § 306 = anfängliche objektive Unmöglichkeit

a. Objektive Unmöglichkeit der Leistung ?

aa. Vereinbarte Leistung = Übereignung der Uhr, § 929 S. 1

bb. Objektive Unmöglichkeit ?
= niemand kann die Leistung erbringen

HIER (+) → niemand - insbesondere nicht V - kann dem K die Uhr übereignen, weil K schon bzw. immer noch Eigentümer der Uhr ist; K war ursprünglich Eigentümer; er hat sein Eigentum auch nicht verloren, da V nicht gutgläubig Eigentum vom Nichtberechtigten Finder X erwerben konnte; ein derartiger Erwerb scheitert auf jeden Fall an § 935 I (lesen!), da die Uhr abhanden gekommen war

***cc. <u>also</u>: objektive Unmöglichkeit der Leistung* (+)**

b. Anfängliche (ursprüngliche) Unmöglichkeit ?
= sie muß schon vor Vertragsschluß bestanden haben

HIER (+) → die Leistung (Übereignung) war schon vor Vertragsschluß zwischen V und K unmöglich

***c. <u>also</u>: § 306 und damit Nichtigkeit* (+)**

***3. <u>also</u>: Anspruch entstanden* (–)**

II. Ergebnis:

V gegen K Zahlung des Kaufpreises gemäß § 433 I (–)

Formulierungsvorschlag Fall 1

- V gegen K Zahlung des Kaufpreises gemäß § 433 II

V könnte gegen K einen Anspruch auf Zahlung des Kaufpreises gemäß § 433 II haben.

I. Dann müßte der Anspruch zunächst entstanden sein.

1. Dies setzt einen wirksamen Kaufvertrag zwischen den Parteien voraus. V und K haben einen Kaufvertrag (§ 433) über eine bestimmte Uhr zum Preis von 1.000,-- DM geschlossen.

2. Der Vertrag könnte jedoch gemäß § 306 nichtig sein.

a. Dann müßte die aus dem Vertrag resultierende Leistung objektiv unmöglich sein.
Der Vertrag beinhaltet als Leistung die Übereignung der Uhr.

Die Leistung wäre objektiv unmöglich, wenn niemand dem K die Sache übereignen kann. Die Übereignung einer beweglichen Sache erfordert gemäß § 929 S. 1 eine Einigung über den Eigentumsübergang und die Übergabe der Sache. K ist schon bzw. immer noch Eigentümer der Uhr. Er hat sein Eigentum auch nicht zwischenzeitlich verloren. V konnte nicht gutgläubig Eigentum vom Nichtberechtigten X erwerben. Ein derartiger Erwerb scheitert an § 935 I, weil die Uhr abhandengekommen ist. Da K Eigentümer der Uhr ist, kann ihm niemand - und damit auch nicht V - Eigentum verschaffen.

Die Leistung ist also objektiv unmöglich.

b. Außerdem müßte die Unmöglichkeit anfänglich (ursprünglich) sein. Sie ist anfänglich, wenn sie schon vor Vertragsschluß bestanden hat. Schon vor Vertragsschluß konnte dem K aufgrund seiner bestehenden Eigentümerstellung niemand Eigentum an der Uhr verschaffen. Die Unmöglichkeit ist somit anfänglich.

c. Da alle Voraussetzungen des § 306 vorliegen, ist der Vertrag nichtig.

3. Demnach ist der Anspruch nicht entstanden.

II. V hat gegen K keinen Anspruch auf Kaufpreiszahlung gemäß § 433 II.

Fazit

1. Es ging darum, zu erkennen, daß ein Vertrag gemäß § 306 nichtig sein kann und der aus dem Vertrag resultierende Anspruch erst gar nicht entsteht. Weiterhin waren die Voraussetzungen des § 306 präzise zu prüfen. Der Clou des Falls liegt natürlich im Sachverhalt selbst. K war von vornherein selbst Eigentümer der Uhr. Also konnte ihm niemand Eigentum verschaffen. Ihr müßt also immer den Sachverhalt sehr genau lesen, um eine richtige und gesunde Basis für Eure Lösung zu haben.

2. Der Fall war für Anfänger zugegebenermaßen deshalb nicht ganz einfach, weil das Verständnis des ***Abstraktionsprinzips*** und die Beachtung sachenrechtlicher Vorschriften grundlegend war. Deshalb einige Erläuterungen:

   Wenn X an Y eine Sache veräußern will, sind ***mehrere Rechtsgeschäfte*** voneinander ***zu unterscheiden***.

   Zuerst werden beide einen ***Kaufvertrag*** (§ 433) schließen. Der Kaufvertrag ist das ***schuldrechtliche Verpflichtungsgeschäft***. Im Vertrag verpflichtet sich der Verkäufer, dem Käufer die Kaufsache zu übereignen. Im Gegenzug verpflichtet sich der Käufer, den vereinbarten Kaufpreis an den Verkäufer zu übereignen, also zu zahlen. Bis zu diesem Zeitpunkt haben sich beide Vertragspartner lediglich zu diesem oder jenem verpflichtet. Geschehen ist darüber hinaus noch gar nichts.

   Basierend auf dem schuldrechtlichen Verpflichtungsgeschäft werden die Parteien die ***dinglichen Verfügungsgeschäfte*** tätigen. Verkäufer X wird die Kaufsache an Y übereignen (Regelfall § 929 S. 1) und Käufer Y wird an X den Kaufpreis übereignen (Regelfall § 929 S. 1). Erst dann ist der Vertrag "abgewickelt".

   Beide Geschäftsarten, also das schuldrechtliche Verpflichtungsgeschäft auf der einen Seite und die dinglichen Verfügungsgeschäfte auf der anderen Seite, unterliegen dem Abstraktionsprinzip. Sie haben - zumindest direkt - nichts miteinander zu tun. Genauer: Sollte das schuldrechtliche Verpflichtungsgeschäft (Kaufvertrag, § 433) unwirksam sein, ändert das zunächst nichts an einer Wirksamkeit der dinglichen Verfügungsgeschäfte (Übereignung der Kaufsache bzw. des Kaufpreises, § 929 S. 1). Sie sind voneinander abstrakt. Sollte eine Übereignung (oder beide Übereignungen) unwirksam sein, bedeutet das nicht, daß das schuldrechtliche Verpflichtungsgeschäft unwirksam ist. Beide Geschäfte sind voneinander abstrakt.

   Diese Grundsätze solltet Ihr Euch einprägen. Sie sind für das Verständnis des Bürgerlichen Rechts unerläßlich.

3. Innerhalb eines Kaufvertrags besteht die Leistungspflicht des Schuldners in der Übereignung der Kaufsache an den Gläubiger. Die Übereignung vollzieht sich im Regelfall nach § 929 S. 1. Veräußerer und Erwerber müssen sich über den Eigentumsübergang einigen und die Kaufsache muß übergeben werden.

   Nun kann sich aber prinzipiell - und ohne Schwierigkeiten - nur der ***berechtigte Veräußerer*** mit dem Erwerber über den Eigentumsübergang einigen. Wenn der Veräußerer nicht selbst Eigentümer der Sache ist, fehlt die Berechtigung. Er ist Nichtberechtigter. Der Nichtberechtigte kann sich aber nicht wirksam mit dem Käufer einigen. Eine Ausnahme ergibt sich aus § 932 (gutgläubiger Erwerb vom Nichtberechtigten; lesen!). Ein (gutgläubiger) Erwerb gemäß §§ 929, 932 ist jedoch unter den Voraussetzungen des § 935 ausgeschlossen. Und einen der Fälle des § 935 I 1 mußtet Ihr beachten: Die Uhr war verlorengegangen. Deshalb konnte schon zwischen (dem Nichtberechtigten) X und V kein wirksamer Eigentumsübergang stattfinden. Der nunmehr Nichtberechtigte V konnte nicht wirksam an K übereignen, weil K immer noch Eigentümer war.

Fall 2

K interessiert sich für Antiquitäten. Sie wendet sich an den Ihr bekannten Händler H. Beide verabreden sich zum Essen in einem Restaurant. Dort bietet H der K für 2.000,-- DM ein 24-teiliges Porzellanservice an, das sich in seinem Geschäft befindet. K und H werden handelseinig. Keiner von beiden weiß zu diesem Zeitpunkt, daß der Angestellte A des H schon vor dem Treffen aus Unachtsamkeit sechs Teile des Porzellans zerbrochen hat. Als H in seinen Laden zurückkehrt und vom Mißgeschick des A hört, ruft er K an und macht ihr entsprechende Mitteilung. Er ist der Ansicht, er könne von K mindestens 1.500,-- DM gegen Übereignung der noch unversehrten Teile verlangen.

Frage: Hat H einen Kaufpreisanspruch gegen K ?

Lösungsskizze Fall 2

- H gegen K Zahlung des Kaufpreises gemäß § 433 II ?

Vorüberlegung (gehört nicht in die Formulierung):
H will mindestens 1.500,-- DM, gefragt ist aber nach dem Kaufpreisanspruch; deshalb müßt Ihr erst einmal mit der gesamten Summe, also 2.000,-- DM anfangen, um u.U. später einen Anspruch im Höhe von 1.500,-- DM zu prüfen!!

I. Anspruch entstanden ?

1. Vertrag ?

HIER (+) → Kaufvertrag, § 433 zwischen H und K

2. Nichtigkeitsgründe ?

- **§ 306 = anfängliche objektive Unmöglichkeit**

a. Objektive Unmöglichkeit der Leistung ?

aa. Vereinbarte Leistung = Übereignung des Services, § 929 S. 1

bb. Objektive Unmöglichkeit ?
= niemand kann die Leistung erbringen

HIER (+) → niemand - auch nicht H - kann der K das gesamte Service übereignen, weil sechs Teile zerstört sind; hinsichtlich dieser sechs Teile liegt eine objektive Unmöglichkeit vor

***cc. also: teilweise objektive Unmöglichkeit der Leistung* (+)**

b. Anfängliche (ursprüngliche) Unmöglichkeit ?
= sie muß schon vor Vertragsschluß bestanden haben

HIER (+) → die Leistung (Übereignung) war schon vor Vertragsschluß zwischen H und K unmöglich

***c. also: § 306 = Nichtigkeit bezüglich der sechs zerstörten Teile* (+)**

d. aber: Auswirkung der Nichtigkeit auf den gesamten Vertrag ?
eine Antwort ergibt sich aus § 139 (lesen!), der eine Auslegungsregel enthält; zu fragen ist immer, ob die noch mögliche Leistung für den Gläubiger sinnvoll ist

→ wenn (+): der Vertrag ist nur teilweise nichtig
→ wenn (−): der Vertrag ist insgesamt nichtig

HIER hat die Übereignung des restlichen Services für K keinen Wert, da das antike Porzellan nur in seiner Gesamtheit wertvoll ist

e. also: § 306 = Nichtigkeit bezüglich des gesamten Vertrags (+)

3. also: Anspruch entstanden (−)

II. Ergebnis:

H gegen K Zahlung des Kaufpreises gemäß § 433 I (−)

(Anmerkung:
Auf einen Kaufpreisanspruch in Höhe von 1.500,-- DM müßt Ihr also nicht mehr eingehen; dieser (Teil-) Anspruch scheidet aus, da ja der gesamte Vertrag nichtig ist.*)*

Formulierungsvorschlag Fall 2

- H gegen K Zahlung des Kaufpreises gemäß § 433 II

H könnte gegen K einen Anspruch auf Zahlung des Kaufpreises gemäß § 433 II haben.

I. Dann müßte der Anspruch zunächst entstanden sein.

1. Dies setzt einen wirksamen Kaufvertrag zwischen den Parteien voraus. H und K haben einen Kaufvertrag (§ 433) über ein bestimmtes 24-teiliges Service zum Preis von 2.000,-- DM geschlossen.

2. Der Vertrag könnte jedoch gemäß § 306 nichtig sein.

a. Dann müßte die aus dem Vertrag resultierende Leistung objektiv unmöglich sein.

Der Vertrag beinhaltet als Leistung die Übereignung des gesamten Services (§ 929 S. 1).

Die Leistung wäre objektiv unmöglich, wenn niemand der K die Sache übereignen kann. Die Übereignung einer beweglichen Sache erfordert gemäß § 929 S. 1 eine Einigung über den Eigentumsübergang und die Übergabe der Sache. Sechs der 24 Porzellanteile sind zerstört. Wegen der Zerstörung kann der K niemand - auch nicht H - Eigentum an diesen Teilen verschaffen. Die Leistung ist also bezüglich der sechs zerstörten Teile objektiv unmöglich.

b. Außerdem müßte die Unmöglichkeit anfänglich (ursprünglich) sein. Sie ist anfänglich, wenn sie schon vor Vertragsschluß bestanden hat. Schon vor Vertragsschluß konnte der K aufgrund der Zerstörung niemand Eigentum an den sechs Porzellanteilen verschaffen. Die Unmöglichkeit ist somit anfänglich.

c. Da alle Voraussetzungen des § 306 vorliegen, ist der Vertrag zumindest bezüglich der sechs zerstörten Teile nichtig.

d. Fraglich ist aber, wie sich die Teilnichtigkeit auf den gesamten Vertrag auswirkt. § 139 enthält diesbezüglich eine Auslegungsregel. Hiernach ist (nur) von einer Teilnichtigkeit auszugehen, wenn die mögliche Restleistung für den Gläubiger sinnvoll ist. Dagegen ist von einer Nichtigkeit des gesamten Vertrags auszugehen, wenn die mögliche Restleistung für den Gläubiger uninteressant ist.
Die Übereignung des restlichen unversehrten Services hat für K keinen Wert, da das antike Porzellan nur in seiner Gesamtheit wertvoll ist.

e. Also ist der gesamte Vertrag nichtig.

3. Demnach ist der Anspruch nicht entstanden.

II. H hat gegen K keinen Anspruch auf Kaufpreiszahlung gemäß § 433 II. Da der gesamte Anspruch nicht entstanden ist, scheidet auch ein Anspruch auf teilweise Kaufpreiszahlung aus.

Fazit

1. Ihr habt es gemerkt: Die Angaben im Sachverhalt ("... mindestens ...") waren irreführend. Auch hier gilt es, auf eine genaue Formulierung in der Fragestellung zu achten.

2. Es war wichtig, die ***Teil-Unmöglichkeit*** zu erkennen. Hieran schließt sich immer die Überlegung an, ob nun der ganze Vertrag oder nur ein Teil des Vertrags nichtig ist und somit der ganze Anspruch oder nur ein Teil desselben nicht entsteht. Eine Antwort müßt Ihr über § 139 suchen.

Fall 3

Bauer B will seinen Zuchtbullen "Zotti", der 5.000,--DM wert ist, verkaufen. Auf eine entsprechende Zeitungsanzeige meldet sich K. Beide verabreden ein Treffen in der nächsten Kreisstadt. Nach zähem Verhandeln einigen sich B und K nach dem Genuß mehrerer Gläser Bier auf einen Kaufpreis von 4.800,-- DM. Anschließend besteigen beide den örtlichen Postbus und lösen jeweils eine Fahrkarte zum Preis von 7,-- DM, um zum Bauernhof des B zu gelangen. Dort soll der Vertrag abgewickelt werden. Als B und K den Hof erreichen, entdecken sie erschreckt die Überreste von "Zotti", der schon vor Vertragsschluß anläßlich eines Bundeswehrmanövers von einem Kampfpanzer überrollt worden ist. B wußte, daß das Manöver stattfindet und hat schon in der Vergangenheit Tiere durch Einsätze der Bundeswehr verloren. Er hätte sich im übrigen vor Vertragsschluß telefonisch bei seiner Ehefrau erkundigen können, ob "Zotti" noch unter den Lebenden weilt.

Frage: Welche Ansprüche hat K gegen B ?

Lösungsskizze Fall 3

- K gegen B Übereignung des Bullen gemäß § 433 I 1 ?

I. Anspruch entstanden ?

1. Vertrag ?

HIER (+) → Kaufvertrag, § 433 zwischen B und K

2. Nichtigkeitsgründe ?

- **§ 306 = anfängliche objektive Unmöglichkeit**

a. Objektive Unmöglichkeit der Leistung ?

aa. Vereinbarte Leistung = Übereignung des Bullen, § 929 S. 1

bb. Objektive Unmöglichkeit ?
= niemand kann die Leistung erbringen

HIER (+) → niemand - auch nicht B - kann dem K den Bullen übereignen, da er tot ist

cc. <u>also</u>: objektive Unmöglichkeit der Leistung (+)

b. Anfängliche (ursprüngliche) Unmöglichkeit ?
= sie muß schon vor Vertragsschluß bestanden haben

HIER (+) → die Leistung (Übereignung) war schon vor Vertragsschluß zwischen B und K unmöglich

c. <u>also</u>: § 306 und damit Nichtigkeit (+)

3. <u>also</u>: Anspruch entstanden (–)

II. Ergebnis:

K gegen B Übereignung des Bullen gemäß § 433 I 1 (–)

- K gegen B Ersatz des Vertrauensschadens gemäß § 307 I 1 ?

I. Anspruch entstanden ?

1. Vorliegen eines wegen § 306 nichtigen Vertrags ?

HIER (+) → s.o.

2. Kenntnis oder Kennenmüssen einer Vertragspartei bei Vertragsschluß ?

= eine Vertragspartei hat positive Kenntnis oder fahrlässige Unkenntnis bezüglich der Unmöglichkeit

HIER (+) → B hätte die Unmöglichkeit der Leistung erkannt, wenn er seine Ehefrau angerufen hätte; dies hat er fahrlässig versäumt

3. Schaden ?

= ersetzt wird das negative Interesse, begrenzt durch das positive Interesse

HIER (+) → das negative Interesse = der Schaden, den K dadurch erlitten hat, daß er auf den Vertrag vertraute, beträgt 7,-- DM (Fahrtkosten); limitiert (= begrenzt) ist das negative Interesse nur dann, wenn das positive Interesse wertmäßig das negative Interesse unterschreiten würde;
das positive Interesse beträgt 200,-- DM; hätte der Schuldner der Leistung (= B) den Bullen an den Gläubiger (= K) übereignet, hätte K ein 5.000,-- DM wertes Tier für 4.800,-- DM erhalten; da das positive Interesse (= 200,-- DM) das negative Interesse (= 7,-- DM) nicht unterschreitet, ist das negative Interesse nicht beschränkt; der Vertrauensschaden beträgt demnach 7,-- DM

4. <u>also</u>: Anspruch entstanden (+)

II. Anspruch untergegangen ? (–)

III. Anspruch durchsetzbar ? (+)

IV. Ergebnis:

K gegen B Ersatz des Vertrauensschadens gemäß § 307 I 1 I (+)

Formulierungsvorschlag Fall 3

- K gegen B Übereignung des Bullen gemäß § 433 I 1

K könnte gegen B einen Anspruch auf Übereignung des Bullen gemäß § 433 I 1 haben.

I. Dann müßte der Anspruch zunächst entstanden sein.

1. Dies setzt einen wirksamen Kaufvertrag zwischen den Parteien voraus. B und K haben einen Kaufvertrag (§ 433) über einen bestimmten Bullen zum Preis von 4.800,-- DM geschlossen.

2. Der Vertrag könnte jedoch gemäß § 306 nichtig sein.

a. Dann müßte die aus dem Vertrag resultierende Leistung objektiv unmöglich sein.

Der Vertrag beinhaltet als Leistung die Übereignung des Bullen (§ 929 S. 1).

Die Leistung wäre objektiv unmöglich, wenn niemand dem K die Sache übereignen kann. Die Übereignung einer beweglichen Sache erfordert gemäß § 929 S. 1 eine Einigung über den Eigentumsübergang und die Übergabe der Sache. Der Bulle ist tot. Demnach kann dem K niemand Eigentum an dem Bullen verschaffen. Die Leistung ist also objektiv unmöglich.

b. Außerdem müßte die Unmöglichkeit anfänglich (ursprünglich) sein. Sie ist anfänglich, wenn sie schon vor Vertragsschluß bestanden hat. Schon vor Vertragsschluß konnte dem K aufgrund des Todes des Bullen niemand Eigentum verschaffen. Die Unmöglichkeit ist somit anfänglich.

c. Da alle Voraussetzungen des § 306 vorliegen, ist der Vertrag nichtig.

3. Demnach ist der Anspruch nicht entstanden.

II. K hat gegen B keinen Übereignungsanspruch gemäß § 433 I 1.

- K gegen B Ersatz des Vertrauensschadens gemäß § 307 I 1

K könnte gegen B einen Anspruch auf Ersatz des Vertrauensschadens (sog. negatives Interesse) haben.

I. Dann müßte der Anspruch zunächst entstanden sein.

1. Erste Voraussetzung wäre das Vorliegen eines wegen § 306 nichtigen Vertrags. Der zwischen K und B geschlossene Kaufvertrag ist wegen § 306 nichtig (s.o.).

2. Außerdem müßte eine der Vertragsparteien die Unmöglichkeit bei Vertragsschluß gekannt haben oder kennen müssen. Dies wäre zu bejahen, wenn eine der Parteien positive Kenntnis oder fahrlässige Unkenntnis bezüglich der Unmöglichkeit der Leistung hatte. B hat schon mehrere Tiere durch Manöver verloren und hätte die Unmöglichkeit erkannt, wenn er seine Ehefrau angerufen hätte. Das hat er fahrlässig versäumt.

3. Weiterhin müßte seitens des K ein Schaden i.S.d. § 307 vorliegen. § 307 I 1 ersetzt den sog. Vertrauensschaden (= negatives Interesse), aber nur in Höhe des sog. Erfüllungsschadens (sog. positives Interesse). Zunächst ist also das negative Interesse und dann das positive Interesse zu ermitteln, um anschließend beide Posten miteinander zu vergleichen. Sollte das positive Interesse niedriger sein als das negative Interesse, ist nur der niedrigere Wert zu ersetzen.
Das negative Interesse, d.h. der Schaden, den K dadurch erlitten hat, daß er auf den Vertrag vertraute, beträgt 7,-- DM (Fahrtkosten). Begrenzt wäre das negative Interesse nur dann, wenn das positive Interesse wertmäßig das negative Interesse unterschreiten würde.
Das positive Interesse beträgt 200,- DM. Hätte der Schuldner der Leistung (= B) den Bullen "Zotti" an den Gläubiger (= K) übereignet, hätte dieser ein 5.000,-- DM wertes Tier für 4.800,-- DM erhalten. Da das positive Interesse (= 200,-- DM) das negative Interesse (= 7,-- DM) nicht unterschreitet, ist das negative Interesse nicht beschränkt. Der zu ersetzende Vertrauensschaden beträgt somit 7,-- DM.

4. Demnach ist der Anspruch entstanden.

II. Der Anspruch ist nicht untergegangen.

III. Er ist auch durchsetzbar.

IV. K hat gegen B einen Anspruch auf Ersatz des Vertrauensschadens in Höhe von 7,-- DM gemäß § 307 I 1.

Fazit

1. Der Anspruch aus § 433 I 1 war über § 306 unproblematisch zu verneinen.

2. Schwieriger gestaltete sich die Lösung des Anspruchs gemäß § 307 I 1.

§ *307 I 1* ersetzt den sog. ***Vertrauensschaden*** (= negatives Interesse), aber nur in Höhe des sog. Erfüllungsschadens (= positives Interesse). Zunächst ist also das negative Interesse und dann das positive Interesse zu ermitteln, um nun beide Posten miteinander zu vergleichen. Sollte das positive Interesse niedriger sein als das negative Interesse, ist nur der niedrigere Wert zu ersetzen. Der Sinn des ganzen ist folgender: Der Anspruchsteller soll nicht besser gestellt werden, als wenn der Schuldner der Vertrag erfüllt hätte.

Zur Veranschaulichung ein ***Beispiel:*** X verkauft (§ 433) dem Y für 99 Pfennige einen Goldfisch, der 1,-- DM wert ist. Y fährt für 10,-- DM mit öffentlichen Verkehrsmitteln zu X, bei dem die Übereignung stattfinden soll. Dort stellt sich heraus, daß der Vertrag wegen § 306 nichtig ist, da der Fisch schon vor Vertragsschluß in die ewigen Jagdgründe entschwunden ist. Welchen Schaden kann Y über § 307 I 1 geltend machen?

Nach obigen Grundsätzen kann er - bei Vorliegen aller Voraussetzungen des § 307 I 1 - das negative Interesse, begrenzt durch das positive Interesse, geltend machen. Das negative Interesse (Frage: Wie würde der Gläubiger stehen, wenn er den Schuldner nie getroffen hätte) beträgt 10,-- DM. Y hätte dann nämlich nie einen Vertrag geschlossen und wäre auch nie für 10,-- DM zu X gefahren. Das positive Interesse (Frage: Wie würde der Gläubiger stehen, wenn der Schuldner erfüllt hätte?) beträgt aber lediglich 1 Pfennig. Wenn X den Vertrag erfüllt hätte, wäre das Vermögen des Y lediglich um diesen Betrag angewachsen. Er hätte einen Goldfisch für 99 Pfennige erhalten, der einen Wert von 1,-- DM hat. Y kann über § 307 I 1 also allenfalls 1 Pfennig von X verlangen. Wenn der Vertrag ordnungsgemäß von X erfüllt worden wäre, hätte Y ebenfalls 10,-- DM für sie Fahrt aufgewendet.

Das ist doch gerecht, oder?!

3. Im übrigen gibt im Hinblick auf die Schadensberechnung (Ersatz des negativen Interesses begrenzt durch positives Interesse) mit § 307 ***vergleichbare gesetzliche Regelungen***. Lest doch einmal ***§ 122 I*** und ***§ 179 II***.

Fall 4

Schlitzohr S leidet unter chronischem Geldmangel. Er entschließt sich deshalb, mittels eines Tricks seine Kasse aufzubessern. Als Opfer wählt er O aus, den er für gutgläubig hält. S erzählt dem O, er habe dem X vor einiger Zeit einen Betrag von 10.000,-- DM geliehen. Die Summe sei in zwei Monaten zur Rückzahlung fällig. Da er aber schon jetzt dringend Geld benötige, bestehe für O die Möglichkeit, die Forderung für 8.000,-- DM zu kaufen, um sie dann bei Fälligkeit in der gesamten Höhe gegen X geltend zu machen. In Wirklichkeit hat S jedoch die ganze Geschichte erfunden. O ist hocherfreut und willigt in das Geschäft ein, da er sich über den bald anstehenden Gewinn von 2.000,-- DM freut.

Frage: Ist der Vertrag nichtig ?

Lösungsskizze Fall 4

- Nichtigkeit gemäß § 306 I ?

I. Voraussetzungen des § 306 ?

1. Vertrag ?

HIER (+) → Kaufvertrag über eine Forderung, § 433 zwischen S und O

2. Anfängliche objektive Unmöglichkeit ?

a. Objektive Unmöglichkeit der Leistung ?

aa. Vereinbarte Leistung = Abtretung der Forderung, § 398

bb. Objektive Unmöglichkeit ?
= niemand kann die Leistung erbringen

HIER (+) → niemand - auch nicht S - kann dem O die Forderung abtreten, da sie nicht existiert

cc. also: objektive Unmöglichkeit der Leistung (+)

b. Anfängliche (ursprüngliche) Unmöglichkeit ?
= sie muß schon vor Vertragsschluß bestanden haben

HIER (+) → die Leistung (Abtretung) war schon vor Vertragsschluß zwischen S und O unmöglich

c. also: anfängliche objektive Unmöglichkeit (+)

3. also: Voraussetzungen des § 306 (+)

4. aber: Ausnahme des § 437 I ?
= Besonderheit, wenn Leistung in der Abtretung einer Forderung besteht

HIER (+) → S hat an O eine angeblich gegen X bestehende Forderung verkauft; die Leistung besteht also in einer Forderungsabtretung; gemäß § 437 I haftet der Verkäufer einer Forderung für den rechtlichen

Bestand der Forderung; dies bedeutet, daß der Vertrag nicht gemäß § 306 nichtig, sondern wirksam ist!!!

5. ***also*: Voraussetzungen des § 306 zwar (+), aber wegen § 437 I Wirksamkeit des Vertrags**

II. Ergebnis:

Nichtigkeit gemäß § 306 wegen § 437 I (–)

Formulierungsvorschlag Fall 4

- Nichtigkeit gemäß § 306 I

Der Vertrag könnte gemäß § 306 nichtig sein.

I. Fraglich ist, ob die Voraussetzungen des § 306 vorliegen.

1. S und O haben einen Kaufvertrag (§ 433) über eine Forderung zum Preis von 8.000,-- DM geschlossen.

2. Außerdem müßte die aus dem Vertrag resultierende Leistung von Anfang an objektiv unmöglich gewesen sein.

a. Zunächst stellt sich die Frage nach der objektiven Unmöglichkeit der Leistung.

Der Vertrag beinhaltet als Leistung die Abtretung einer Forderung (§ 398).

Die Leistung wäre objektiv unmöglich, wenn niemand dem O die Forderung abtreten kann. Die Abtretung einer Forderung erfordert gemäß § 398 eine Einigung über den Forderungsübergang. Da S aber nur zum Schein erklärt hat, eine Forderung gegen X zu besitzen und demnach die Forderung nicht existiert, kann niemand die Forderung abtreten.

Die Leistung ist also objektiv unmöglich.

b. Außerdem müßte die Unmöglichkeit anfänglich (ursprünglich) sein. Sie ist anfänglich, wenn sie schon vor Vertragsschluß bestanden hat. Schon vor Vertragsschluß konnte dem O niemand die Forderung abtreten, weil sie nie existierte. Die Unmöglichkeit ist somit anfänglich.

c. Die Unmöglichkeit ist demnach anfänglich und objektiv.

3. Also liegen alle Voraussetzungen des § 306 vor.

4. Eine Besonderheit könnte sich jedoch aus § 437 I ergeben, der eine Ausnahmeregelung zu § 306 enthält. S hat an O eine angeblich gegen X bestehende Forderung verkauft. Die Leistung besteht also in einer Forderungsabtretung. Gemäß § 437 I haftet der Verkäufer einer Forderung für den rechtlichen Bestand der Forderung. Dies bedeutet, daß der Vertrag nicht gemäß § 306 nichtig ist, sondern wirksam fortbesteht.

5. Demnach ist der Vertrag wegen § 437 I wirksam.

II. Der Vertrag ist wegen § 437 I nicht gemäß § 306 nichtig.

Fazit

Der Fall beinhaltet mehrere Besonderheiten und ist deshalb sehr interessant.

1. Der zwischen den Parteien geschlossene Vertrag ist zwar ein Kaufvertrag (§ 433), beinhaltet als ***Leistung*** aber nicht - wie sonst fast immer - die Übereignung einer Sache (§ 929), sondern die ***Abtretung einer Forderung (§ 398)***.

   Eine Forderung kann also wie eine Sache verkauft werden. Das ***schuldrechtliche Verpflichtungsgeschäft*** ist in diesen Fällen bei Sachen oder bei Forderungen immer ***§ 433***.
   Die ***Erfüllungsgeschäfte*** unterscheiden sich jedoch, je nachdem, ob eine Sache oder eine Forderung verkauft worden ist. Eine ***Sache wird übereignet*** (§ 929), eine ***Forderung wird abgetreten*** (§ 398).

2. Im Rahmen des § 306 (anfängliche objektive Unmöglichkeit) ist beim Verkauf von Forderungen auf die ***Ausnahmevorschrift des § 437 I*** zu achten.

   Diese Norm darf aber nicht mißverstanden werden. Gemäß § 437 I haftet der Schuldner lediglich dafür daß die Forderung überhaupt besteht, also für die ***sog. Verität der Forderung***.

   Beispiel:
   X behauptet, Inhaber einer Forderung gegen Y zu sein. In Wahrheit besteht die Forderung aber nicht. Er verkauft die angebliche Forderung an Z.

   → § 437 I schaltet § 306 aus → keine Nichtigkeit

   Demgegenüber trifft § 437 I keine Regelung bezüglich der Zahlungs(un)-fähigkeit des Schuldners einer tatsächlich bestehenden Forderung. Der Verkäufer haftet demnach nicht für die ***sog. Bonität der Forderung***.

   Beispiel:
   X ist Inhaber einer tatsächlich bestehenden Forderung gegen Y. Er verkauft die Forderung an Z. Dann stellt sich heraus, daß Y nicht zahlen kann.

   → schon kein Fall § 306 und erst recht nicht des § 437 I

Fall 5

D verkauft dem V ein Rennrad. Nach einem Jahr verkauft V das Fahrrad, das einen Wert von 1.000,-- DM hat, für 800,-- DM an K. Die Abwicklung des Vertrags im Verhältnis V - K soll in einigen Tagen erfolgen. Es stellt sich heraus, daß D das Rennrad dem X gestohlen hat. Dies erfahren sowohl K als auch V.

Frage: Welche Ansprüche hat K gegen V ?

Lösungsskizze Fall 5

- K gegen V Übereignung des Rennrades gemäß § 433 I 1 ?

I. Anspruch entstanden ?

1. Vertrag ?

HIER (+) → Kaufvertrag, § 433 zwischen V und K

2. Nichtigkeitsgründe ?

- § 306 = anfängliche objektive Unmöglichkeit

a. Objektive Unmöglichkeit der Leistung ?

aa. Vereinbarte Leistung = Übereignung des Rades, § 929 S. 1

bb. Objektive Unmöglichkeit ?

= niemand kann die Leistung erbringen

HIER (–) → zwar kann V dem K das Rad nicht übereignen, weil X immer noch dessen Eigentümer ist; X war ursprünglich Eigentümer; er hat sein Eigentum auch nicht verloren, da V nicht gutgläubig Eigentum vom Nichtberechtigten D erwerben konnte; ein derartiger Erwerb scheitert auf jeden Fall an § 935 I (lesen!), da das Rad abhanden gekommen war; aber X kann (theoretisch) dem K Eigentum verschaffen; also ist die Unmöglichkeit nicht objektiv, sondern subjektiv, da zwar nicht der Verkäufer, aber eine andere Person an den Käufer übereignen kann

cc. <u>also</u>: objektive Unmöglichkeit der Leistung **(–)**

b. <u>also</u>: § 306 und damit Nichtigkeit **(–)**

3. <u>also</u>: Anspruch entstanden **(+)**

II. Anspruch untergegangen ? **(–)**

III. Anspruch durchsetzbar ? **(+)**

IV. Ergebnis:

K gegen V Übereignung des Rennrades gemäß § 433 I 1 (+)

- K gegen V Schadensersatz gemäß §§ 440, 325 I ?

I. Anspruch entstanden ?

1. Wirksames Schuldverhältnis ?

HIER (+) → Kaufvertrag, § 433 zwischen V und K

2. Subjektive Unmöglichkeit (= Unvermögen) der Leistung ?

HIER (+) → s.o.

3. Anfängliche (ursprüngliche) Unmöglichkeit ?
= sie muß schon vor Vertragsschluß bestanden haben

HIER (+) → die Leistung war schon vor Vertragsschluß zwischen V und K unmöglich, da V dem K kein Eigentum verschaffen konnte

4. Vertretenmüssen des Schuldners ?

ist beim Anspruch aus §§ 440, 325 I nach allgemeiner Ansicht nicht erforderlich; § 440 verweist in Fällen der anfänglichen subjektiven Unmöglichkeit lediglich auf die Rechtsfolge des § 325 I (= sog. Rechtsfolgeverweisung); eine Prüfung des in § 325 I benannten Merkmals "Vertretenmüssen" erübrigt sich also (str.)

5. Schaden ?

HIER (+) → Differenz zwischen Wert des Rades und Kaufpreis (1.000,-- DM - 800,-- DM) = 200,-- DM

6. <u>also</u>: Anspruch entstanden (+)

II. Anspruch untergegangen ? (−)

III. Anspruch durchsetzbar ? (+)

IV. Ergebnis:

K gegen V Schadensersatz (200,-- DM) gemäß §§ 440, 325 I (+)

- Gesamtergebnis

K gegen V Übereignung des Rennrades gemäß § 433 I 1 (+); K gegen V Schadensersatz (200,-- DM) gemäß §§ 440, 325 I (+)

Formulierungsvorschlag Fall 5

- K gegen V Übereignung des Rennrades gemäß § 433 I 1

K könnte gegen V einen Anspruch auf Übereignung des Rennrades gemäß § 433 I 1 haben.

I. Dann müßte der Anspruch zunächst entstanden sein.

1. Dies setzt einen wirksamen Kaufvertrag zwischen den Parteien voraus. V und K haben einen Kaufvertrag (§ 433) über ein bestimmtes Rennrad zum Preis von 800,-- DM geschlossen.

2. Der Vertrag könnte jedoch gemäß § 306 nichtig sein.

a. Dann müßte die aus dem Vertrag resultierende Leistung objektiv unmöglich sein.

Der Vertrag beinhaltet als Leistung die Übereignung des Rades (§ 929 S. 1).

Die Leistung wäre objektiv unmöglich, wenn niemand dem K die Sache übereignen kann. Die Übereignung einer beweglichen Sache erfordert gemäß § 929 S. 1 eine Einigung über den Eigentumsübergang und die Übergabe der Sache. V kann dem K das Rad nicht übereignen, weil X immer noch dessen Eigentümer ist. X war ursprünglich Eigentümer. Er hat sein Eigentum auch nicht verloren, da V nicht gutgläubig Eigentum vom Nichtberechtigten D erwerben konnte. Ein derartiger Erwerb scheitert auf jeden Fall an § 935 I, da das Rad abhanden gekommen war. X kann aber (theoretisch) dem K Eigentum verschaffen. Also ist die Unmöglichkeit nicht objektiv, sondern subjektiv, da zwar nicht der Verkäufer, aber eine andere Person an den Käufer übereignen kann.

b. Somit sind die Voraussetzungen des § 306 nicht erfüllt. Der Vertrag ist nicht wegen § 306 nichtig.

3. Demnach ist der Anspruch entstanden.

II. Der Anspruch ist auch nicht untergegangen.

III. Er ist auch durchsetzbar.

IV. K hat gegen V einen Anspruch auf Übereignung des Rades nach § 433 I 1.

- K gegen V Schadensersatz gemäß §§ 440, 325 I

K könnte gegen V einen Anspruch auf Schadensersatz gemäß §§ 440, 325 I haben.

I. Dann müßte der Anspruch zunächst entstanden sein. Er wäre entstanden, wenn die Voraussetzungen der genannten Normen vorliegen.

1. Dies setzt ein wirksames Schuldverhältnis zwischen den Parteien voraus. V und K haben einen Kaufvertrag (§ 433) über ein Rennrad geschlossen. Also liegt ein wirksames Schuldverhältnis vor.

2. Weiterhin müßte die aus dem Vertrag resultierende Leistung subjektiv unmöglich sein. Da X nach wie vor Eigentümer der Sache ist (s.o.), kann zwar er, nicht aber der Verkäufer V dem K Eigentum verschaffen. Die Leistung ist demnach subjektiv unmöglich.

3. Außerdem müßte die Unmöglichkeit anfänglich (ursprünglich) sein. Sie ist anfänglich, wenn sie schon vor Vertragsschluß bestanden hat. Schon vor Vertragsschluß konnte V dem K das Rad nicht übereignen, weil er nicht Eigentümer war (s.o.). Die Unmöglichkeit ist somit anfänglich.

4. Nach allgemeiner Meinung ist beim Anspruch aus §§ 440, 325 I kein Vertretenmüssen des Schuldners erforderlich. Im Rahmen der anfänglichen subjektiven Unmöglichkeit verweist § 440 lediglich auf die Rechtsfolge des § 325 I (sog. Rechtsfolgeverweisung).

5. Fraglich ist, ob K auch einen Schaden erlitten hat. Bei einer erfolgten Übereignung hätte K ein Rad im Wert von 1.000,-- DM erhalten, aber nur einen Kaufpreis von 800,-- DM gezahlt. Die Differenz zwischen dem Wert des Kaufgegenstandes und dem vereinbarten Kaufpreis beträgt (1.000,-- DM - 800,-- DM =) 200,-- DM. K hat einen Schaden in dieser Höhe erlitten.

6. Also sind alle Voraussetzungen der §§ 440, 325 I erfüllt. Der dementsprechende Anspruch ist folglich entstanden.

II. Der Anspruch ist nicht untergegangen.

III. Er ist auch durchsetzbar.

IV. K hat gegen V einen Anspruch auf Schadensersatz in Höhe von 200,-- DM gemäß §§ 440, 325 I.

- Gesamtergebnis

K hat gegen V einen Anspruch auf Übereignung des Rades gemäß § 433 I 1 und einen Schadensersatzanspruch in Höhe von 200,-- DM gemäß §§ 440, 325 I.

Fazit

1. Wenn Ihr den Anspruch des K gegen V auf Übereignung des Rades (gemäß § 433 I 1) nach dem Schema: Anspruch entstanden? / untergegangen? / durchsetzbar? geprüft habt, seid Ihr bei der ***Durchsetzbarkeit*** u.U. auf ***Schwierigkeiten*** gestoßen. Denn es dürfte klar sein, daß der Anspruch niemals erfüllt werden kann, weil V dem K mangels Eigentümerstellung kein Eigentum an dem Rad verschaffen kann. Es geht aber in der Klausur nicht um die Darstellung praktischer Probleme bezüglich der Durchsetzbarkeit des Anspruchs. Ihr könnt auf rechtlicher Basis zur Lösung des Falls zu kommen. Der Anspruch ist dann aber durchsetzbar. Was nachher in der Praxis passiert, ist egal.

2. In einigen Lehrbüchern und ähnlichen Publikationen wird in solchen Fällen - unsystematisch - formuliert: "X hat gegen Y keinen Anspruch auf Übereignung, der Anspruch wandelt sich aber in einen Schadensersatzanspruch.". Aberrr Vorrrsicht! It's <u>un</u>cool, man! Das entspricht nicht der Systematik eines gutachterlichen Aufbaus, zumal sich ein Anspruch nicht in einen anderen Anspruch "wandeln" kann. Etwas ähnliches gibt es allenfalls in Horrorfilmen, etwa bei "Dr. Jekyll und Mr. Hide". Die aufgezeigte Praxis dient lediglich der Vereinfachung der vom Gesetz nicht geregelten Materie und ist zwar gut gemeint, aber eben nicht unbedingt richtig.

3. Nach der überwiegend vertretenen ***Theorie der Garantiehaftung*** ist beim Anspruch aus §§ 440, 325 I ***kein Vertretenmüssen*** des Schuldners erfor-

derlich. Im Rahmen der anfänglichen subjektiven Unmöglichkeit verweist § 440 lediglich auf die Rechtsfolge des § 325 I (sog. Rechtsfolgeverweisung).

Eines sollte klar sein: Wenn hier eine bestimmte Theorie angesprochen wird, gibt es natürlich noch andere Theorien. Und wie die aussehen könnten, dürfte auch klar sein. Nach einer Ansicht ist ein uneingeschränktes Verschulden des Leistungsschuldners erforderlich, andere Meinungen vertreten eine Zwischenlösung (Verschulden unter gewissen Umständen oder Frage, in wessen Sphäre die Unmöglichkeit aufgetreten ist). Die Relevanz einer Entscheidung ist in Klausuren selten und soll deshalb nicht Thema dieses Buchs sein. Wenn Ihr jedoch anhand des Sachverhalts ein Verschulden des zur Leistung Verpflichteten erkennen könnt, haftet er auf jeden Fall. Dann ist es logischerweise egal, welcher Meinung Ihr folgt. Ihr könnt dann den Streit auch in der Klausur ansprechen, die Streitentscheidung aber offenlassen.

Fall 6

K ist leidenschaftlicher Sammler von Wasserpistolen. Er erfährt, daß die S demselben Hobby frönt. Anläßlich eines Besuchs bei S am 01.12. interessiert sich K für eine kleine orange Pistole aus den 60er-Jahren. Das Sammlerstück hat einen Wert von 240,-- DM. S ist jedoch zunächst nicht bereit, die Pistole zu verkaufen. Drei Tage später treffen sich die beiden zufällig im Supermarkt. Nun schließen K und S einen mündlichen Kaufvertrag, da S dringend Geld benötigt. Als Kaufpreis wird 200,-- DM vereinbart. Der Kaufvertrag soll am 05.12. abgewickelt werden. Am 03.12. ist die Wasserpistole jedoch bei einem Einbruch entwendet worden.

Frage: Welche Ansprüche hat K gegen S ?

Lösungsskizze Fall 6

- K gegen S Übereignung der Wasserpistole gemäß § 433 I 1 ?

I. Anspruch entstanden ?

1. Vertrag ?

HIER (+) → Kaufvertrag, § 433 zwischen S und K

2. Nichtigkeitsgründe ?

- **§ 306 = anfängliche objektive Unmöglichkeit**

a. Objektive Unmöglichkeit der Leistung ?

aa. Vereinbarte Leistung = Übereignung der Pistole, § 929 S. 1

bb. Objektive Unmöglichkeit ?
= niemand kann die Leistung erbringen

HIER (−) → S kann dem K die Wasserpistole nicht übereignen; sie kann sich zwar mit K über den Eigentumsübergang einigen, die Pistole aber nicht übergeben; dies könnte nur der Dieb; er kann (theoretisch) dem K Eigentum verschaffen; also ist die Unmöglichkeit nicht objektiv, sondern subjektiv, da zwar nicht der Verkäufer, aber eine andere Person an den Käufer übereignen kann

cc. <u>also</u>: objektive Unmöglichkeit der Leistung **(−)**

b. <u>also</u>: § 306 und damit Nichtigkeit **(−)**

3. <u>also</u>: Anspruch entstanden **(+)**

II. Anspruch untergegangen ? **(−)**

III. Anspruch durchsetzbar ? **(+)**

IV. Ergebnis:

K gegen S Übereignung der Wasserpistole gemäß § 433 I 1 (+)

- K gegen S Schadensersatz gemäß §§ 440, 325 I ?

I. Anspruch entstanden ?

1. Wirksames Schuldverhältnis ?

HIER (+) → Kaufvertrag, § 433 zwischen S und K

2. Subjektive Unmöglichkeit (= Unvermögen) der Leistung ?

HIER (+) → s.o.

3. Anfängliche (ursprüngliche) Unmöglichkeit ?

= sie muß schon vor Vertragsschluß bestanden haben

HIER (+) → die Leistung war schon vor Vertragsschluß (04.12.) zwischen S und K unmöglich, da die Übergabe der Sache durch deren Diebstahl (03.12.) nicht mehr möglich war

4. Vertretenmüssen des Schuldners

ist beim Anspruch aus §§ 440, 325 I nach allgemeiner Ansicht nicht erforderlich; § 440 verweist in Fällen der anfänglichen subjektiven Unmöglichkeit lediglich auf die Rechtsfolge des § 325 I (= sog. Rechtsfolgeverweisung); eine Prüfung des in § 325 I benannten Merkmals "Vertretenmüssen" erübrigt sich also (str.)

5. Schaden ?

HIER (+) → Differenz zwischen Wert der Wasserpistole und Kaufpreis (240,-- DM - 200,-- DM) = 40,-- DM

***6. <u>also</u>: Anspruch entstanden* (+)**

***II. Anspruch untergegangen ?* (–)**

***III. Anspruch durchsetzbar ?* (+)**

IV. Ergebnis:

K gegen S Schadensersatz (40,-- DM) gemäß §§ 440, 325 I (+)

- Gesamtergebnis

K gegen S Übereignung der Wasserpistole gemäß § 433 I 1 (+); K gegen S Schadensersatz (40,-- DM) gemäß §§ 440, 325 I (+)

Formulierungsvorschlag Fall 6

- K gegen S Übereignung der Wasserpistole gemäß § 433 I 1

K könnte gegen S einen Anspruch auf Übereignung der Wasserpistole gemäß § 433 I 1 haben.

I. Dann müßte der Anspruch zunächst entstanden sein.

1. Dies setzt einen wirksamen Kaufvertrag zwischen den Parteien voraus. S und K haben einen Kaufvertrag (§ 433) über eine bestimmte Wasserpistole zum Preis von 240,-- DM geschlossen.

2. Der Vertrag könnte jedoch gemäß § 306 nichtig sein.

a. Dann müßte die aus dem Vertrag resultierende Leistung objektiv unmöglich sein.

Der Vertrag beinhaltet als Leistung die Übereignung einer Wasserpistole (§ 929 S. 1).

Die Leistung wäre objektiv unmöglich, wenn niemand dem K die Sache übereignen kann. Die Übereignung einer beweglichen Sache erfordert gemäß § 929 S. 1 eine Einigung über den Eigentumsübergang und die Übergabe der Sache. S kann dem K die Wasserpistole nicht übereignen. Sie kann sich zwar mit K über den Eigentumsübergang einigen, die Pistole aber nicht übergeben. Dies könnte nur der Dieb. Er kann (theoretisch) dem K Eigentum verschaffen. Also ist die Unmöglichkeit nicht objektiv, sondern subjektiv, da zwar nicht der Verkäufer, aber eine andere Person an den Käufer übereignen kann.

b. Somit sind die Voraussetzungen des § 306 nicht erfüllt. Der Vertrag ist nicht wegen § 306 nichtig.

3. Demnach ist der Anspruch entstanden.

II. Der Anspruch ist nicht untergegangen.

III. Er ist auch durchsetzbar.

IV. K hat gegen S einen Anspruch auf Übereignung der Wasserpistole gemäß § 433 I 1.

- K gegen S Schadensersatz gemäß §§ 440, 325 I

K könnte gegen S einen Anspruch auf Schadensersatz gemäß §§ 440, 325 I haben.

I. Dann müßte der Anspruch zunächst entstanden sein. Er wäre entstanden, wenn die Voraussetzungen der genannten Normen vorliegen.

1. Dies setzt ein wirksames Schuldverhältnis zwischen den Parteien voraus. S und K haben einen Kaufvertrag (§ 433) über eine Wasserpistole geschlossen. Also liegt ein wirksames Schuldverhältnis vor.

2. Weiterhin müßte die aus dem Vertrag resultierende Leistung subjektiv unmöglich sein. Da S sich nicht im Besitz der Pistole befindet, kann sie dem K mangels Übergabemöglichkeit kein Eigentum verschaffen (s.o.). Da jedoch der Dieb hierzu (theoretisch) in der Lage ist, kann zwar er, nicht aber die Verkäuferin S dem K Eigentum verschaffen. Die Leistung ist demnach subjektiv unmöglich.

3. Außerdem müßte die Unmöglichkeit anfänglich (ursprünglich) sein. Sie ist anfänglich, wenn sie schon vor Vertragsschluß bestanden hat. Schon vor

Vertragsschluß konnte S dem K die Pistole nicht übereignen, weil sie sich nicht in ihrem Besitz befand (s.o.). Die Unmöglichkeit ist somit anfänglich.

4. Nach allgemeiner Meinung ist beim Anspruch aus §§ 440, 325 I kein Vertretenmüssen des Schuldners erforderlich. Im Rahmen der anfänglichen subjektiven Unmöglichkeit verweist § 440 lediglich auf die Rechtsfolge des § 325 I (sog. Rechtsfolgeverweisung).

5. Fraglich ist, ob K auch einen Schaden erlitten hat. Bei einer erfolgten Übereignung hätte K eine Pistole im Wert von 240,-- DM erhalten, aber nur einen Kaufpreis von 200,-- DM gezahlt. Die Differenz zwischen dem Wert des Kaufgegenstandes und dem vereinbarten Kaufpreis beträgt (240,-- DM - 200,-- DM =) 40,-- DM. K hat einen Schaden in dieser Höhe erlitten.

6. Also sind alle Voraussetzungen der §§ 440, 325 I erfüllt. Der dementsprechende Anspruch ist folglich entstanden.

II. Der Anspruch ist nicht untergegangen.

III. Er ist auch durchsetzbar.

IV. K hat gegen S einen Anspruch auf Schadensersatz in Höhe von 40,-- DM gemäß §§ 440, 325 I.

- Gesamtergebnis

K hat gegen S einen Anspruch auf Übereignung der Wasserpistole gemäß § 433 I 1 und einen Schadensersatzanspruch in Höhe von 40,-- DM gemäß §§ 440, 325 I.

Fazit

Und noch einmal: Grundsätzlich geht die allgemeine Meinung in Fällen der anfänglichen subjektiven Unmöglichkeit (des anfänglichen Unvermögens) davon aus, daß § 440 lediglich auf die ***Rechtsfolge*** des § 325 verweist. Somit ist das ***Vertretenmüssen*** des Schuldners der Leistung ***nicht Voraussetzung*** eines Schadensersatzanspruchs gemäß §§ 440, 325 I.
Ob dieser Grundsatz auch dann unumschränkt gilt, wenn eine Sache deshalb nicht übereignet werden kann, weil sie vor Vertragsschluß gestohlen wurde, ist allerdings umstritten. Während der BGH auch beim Diebstahl der zu übereignenden Sache von der Rechtsfolgeverweisung ausgeht, will ein Teil des Schrifttums den Schuldner nur auf Schadensersatz haften lassen, wenn er die Unmöglichkeit verschuldet hat. Das Problem sollte in Hausarbeiten sicherlich erörtert werden. In Klausuren dürfte ein Hinweis auf die allgemeine Meinung ausreichen.

Fall 7

Schlitzohr S leidet unter chronischem Geldmangel. Er entschließt sich deshalb, mittels eines Tricks seine Kasse aufzubessern. Als Opfer wählt er O aus, den er für gutgläubig hält. S erzählt dem O, er habe dem X vor einiger Zeit einen Betrag von 10.000,-- DM geliehen. Die Summe sei in zwei Monaten zur Rückzahlung fällig. Da er aber schon jetzt dringend Geld benötige, bestehe für O die Möglichkeit, die Forderung für 8.000,-- DM zu kaufen, um sie dann bei Fälligkeit in der gesamten Höhe gegen X geltend zu machen. In Wirklichkeit hat S jedoch die ganze Geschichte erfunden. O ist hocherfreut und willigt in das Geschäft ein, da er sich über den bald anstehenden Gewinn von 2.000,-- DM freut.

Frage: Hat O gegen S einen Schadensersatzanspruch ?

Lösungsskizze Fall 7

- O gegen S Schadensersatz gemäß §§ 440, 325 I ?

I. Anspruch entstanden ?

1. Wirksames Schuldverhältnis ?

a. Vertrag ?

HIER (+) → Kaufvertrag, § 433 zwischen O und S

b. Nichtigkeitsgründe ?

- § 306 = anfängliche objektive Unmöglichkeit

aa. Objektive Unmöglichkeit der Leistung ?

(1) Vereinbarte Leistung
= Abtretung der Forderung, § 398

(2) Objektive Unmöglichkeit ?
= niemand kann die Leistung erbringen

HIER (+) → niemand - auch nicht S - kann dem O die Forderung abtreten, da sie nicht existiert

***(3) <u>also</u>: objektive Unmöglichkeit der Leistung* (+)**

bb. Anfängliche (ursprüngliche) Unmöglichkeit ?
= sie muß schon vor Vertragsschluß bestanden haben

HIER (+) → die Leistung (Abtretung) war schon vor Vertragsschluß zwischen S und O unmöglich

***cc. <u>also</u>: Voraussetzungen des § 306* (+)**

dd. <u>aber</u>: Ausnahme des § 437 I ?
= Besonderheit, wenn Leistung in der Abtretung einer Forderung besteht

HIER (+) → S hat an O eine angeblich gegen X bestehende Forderung verkauft; die Leistung besteht also in einer Forderungsabtretung; gemäß § 437 I haftet der Verkäufer einer Forderung für den rechtlichen Bestand der Forderung; dies bedeutet, daß der Vertrag nicht gemäß § 306 nichtig, sondern wirksam ist!!!

ee. <u>also</u>: Voraussetzungen des § 306 zwar (+), aber wegen § 437 I Wirksamkeit des Vertrags

c. <u>also</u>: wirksames Schuldverhältnis (+)

2. Subjektive Unmöglichkeit (= Unvermögen) der Leistung ?

= zwar kann der Schuldner die Leistung nicht erbringen, aber eine andere Person

HIER (−), aber irrelevant → zwar spricht die Tatsache, daß niemand die Forderung abtreten kann, weil sie nicht existiert, für eine objektive Unmöglichkeit der Leistung; da aber eine Nichtigkeit des Vertrags gemäß § 306 wegen § 437 I ausscheidet, kommt es letztlich nicht auf die subjektive Unmöglichkeit an; der Schuldner haftet nach der Intention des § 437 I für jede - auch die objektive - Unmöglichkeit der Leistung

3. Anfängliche (ursprüngliche) Unmöglichkeit ?

= sie muß schon vor Vertragsschluß bestanden haben

HIER (+) → die Leistung war schon vor Vertragsschluß zwischen S und O unmöglich, da die Forderung nicht existiert

4. Vertretenmüssen des Schuldners

ist beim Anspruch aus §§ 440, 325 I nach allgemeiner Ansicht nicht erforderlich; § 440 verweist in Fällen der anfänglichen subjektiven Unmöglichkeit lediglich auf die Rechtsfolge des § 325 I (= sog. Rechtsfolgeverweisung); eine Prüfung des in § 325 I benannten Merkmals "Vertretenmüssen" erübrigt sich also (str.)

5. Schaden ?

HIER (+) → Differenz zwischen Wert der angeblichen Forderung und Kaufpreis (10.000,-- DM - 8.000,-- DM) = 2000,-- DM

6. <u>also</u>: Anspruch entstanden (+)

II. Anspruch untergegangen ? (−)

III. Anspruch durchsetzbar ? (+)

IV. Ergebnis:

O gegen S Schadensersatz (2.000,-- DM) gemäß §§ 440, 325 I (+)

Formulierungsvorschlag Fall 7

- O gegen S Schadensersatz gemäß §§ 440, 325 I

O könnte gegen S einen Anspruch auf Schadensersatz gemäß §§ 440, 325 I haben.

I. Dann müßte der Anspruch zunächst entstanden sein. Er wäre entstanden, wenn die Voraussetzungen der genannten Normen vorliegen.

1. Dies setzt ein wirksames Schuldverhältnis zwischen den Parteien voraus.

a. S und O haben einen Kaufvertrag (§ 433) über eine Forderung geschlossen.

b. Der Vertrag könnte jedoch gemäß § 306 nichtig sein.

Dann müßte die aus dem Vertrag resultierende Leistung objektiv unmöglich sein.

Der Vertrag beinhaltet als Leistung die Abtretung einer Forderung (§ 398).

Die Leistung wäre objektiv unmöglich, wenn niemand dem O die Forderung abtreten kann. Die Abtretung einer Forderung erfordert gemäß § 398 eine Einigung über den Forderungsübergang. Da S aber nur zum Schein erklärt hat, eine Forderung gegen X zu besitzen und demnach die Forderung nicht existiert, kann niemand die Forderung abtreten.

Die Leistung ist also objektiv unmöglich.

Außerdem müßte die Unmöglichkeit anfänglich (ursprünglich) sein. Sie ist anfänglich, wenn sie schon vor Vertragsschluß bestanden hat. Schon vor Vertragsschluß konnte dem O niemand die Forderung abtreten, weil sie nie existierte. Die Unmöglichkeit ist somit anfänglich.

Also liegen alle Voraussetzungen des § 306 vor.

Eine Besonderheit könnte sich jedoch aus § 437 I ergeben, der eine Ausnahmeregelung zu § 306 enthält. S hat an O eine angeblich gegen X bestehende Forderung verkauft. Die Leistung besteht also in einer Forderungsabtretung. Gemäß § 437 I haftet der Verkäufer einer Forderung für den rechtlichen Bestand der Forderung. Dies bedeutet, daß der Vertrag nicht gemäß § 306 nichtig ist, sondern wirksam fortbesteht.

Demnach ist der Vertrag wegen § 437 I wirksam.

Der Vertrag ist wegen § 437 I nicht gemäß § 306 nichtig.

c. Also liegt ein wirksames Schuldverhältnis vor.

2. Weiterhin müßte die aus dem Vertrag resultierende Leistung subjektiv unmöglich sein. Sie wäre subjektiv unmöglich, wenn zwar der Verkäufer die Forderung nicht an den Käufer abtreten kann, aber eine andere Person. Die Voraussetzung ist an sich nicht gegeben, da mangels Existenz der Forderung niemand eine Abtretung an O vornehmen kann. Eine Verneinung der Voraussetzung hätte aber zur Folge, daß die Intention des § 437 I unterlaufen würde. Wegen der Wertung der genannten Norm muß der Verkäufer für jede Form der Unmöglichkeit haften.

3. Außerdem müßte die Unmöglichkeit anfänglich (ursprünglich) sein. Sie ist anfänglich, wenn sie schon vor Vertragsschluß bestanden hat. Schon vor Vertragsschluß konnte S dem O mangels Existenz der Forderung dieselbe nicht abtreten (s.o.). Die Unmöglichkeit ist somit anfänglich.

4. Nach allgemeiner Meinung ist beim Anspruch aus §§ 440, 325 I kein Vertretenmüssen des Schuldners erforderlich. Im Rahmen der anfänglichen subjektiven Unmöglichkeit verweist § 440 lediglich auf die Rechtsfolge des § 325 I (sog. Rechtsfolgeverweisung).

5. Fraglich ist, ob O auch einen Schaden erlitten hat. Bei einer erfolgten Abtretung hätte O eine Forderung im Wert von 10.000,-- DM erhalten, aber nur einen Kaufpreis von 8000,-- DM gezahlt. Die Differenz zwischen dem Wert der Forderung und dem vereinbarten Kaufpreis beträgt (10.000,-- DM - 8000,-- DM =) 2000,-- DM. O hat einen Schaden in dieser Höhe erlitten.

6. Also sind alle Voraussetzungen der §§ 440, 325 I erfüllt. Der dementsprechende Anspruch ist folglich entstanden.

II. Der Anspruch ist nicht untergegangen.

III. Er ist auch durchsetzbar.

IV. O hat gegen S einen Anspruch auf Schadensersatz in Höhe von 2000,-- DM gemäß §§ 440, 325 I.

Fazit

1. Lest noch einmal das Fazit zu Fall 4.
2. Wenn § 437 I bestimmt, daß der Verkäufer einer Forderung für deren Bestand haftet, kann dies nur bedeuten, daß der Verkäufer für jede Unmöglichkeit haftet. Das war insbesondere in diesem Fall zu beachten. Da eine Nichtigkeit des Vertrags gemäß § 306 wegen § 437 I ausscheiden mußte, kam es letztlich nicht auf die subjektive Unmöglichkeit an. Der Schuldner haftet nach der Intention des § 437 I für jede - auch die objektive - Unmöglichkeit der Leistung. Ansonsten würde die Wertung des § 437 I unterlaufen.

Fall 8

Der Industrielle I ist stolzer Eigentümer eines Porsche 911, Baujahr 1977. Wegen des Kaufs eines neuen Autos muß er sich von dem alten Wagen trennen. Er verkauft deshalb das Auto am 01.08. für 24.000,-- DM an K. Der Vertrag soll erst am 08.08. abgewickelt werden, da I das schöne Wetter noch für einige Ausfahrten nutzen will. Bei einer der Spritztouren wird I in einen Unfall verwickelt. Die allein von X verschuldete Karambolage führt dazu, daß der Porsche total zerstört ist.

Frage: Hat K gegen I einen Anspruch aus § 433 I 1 ?

Lösungsskizze Fall 8

- K gegen I Übereignung des KFZ gemäß § 433 I 1 ?

I. Anspruch entstanden ?

1. Vertrag ?

HIER (+) → Kaufvertrag, § 433 zwischen I und K

2. <u>also</u>: Anspruch entstanden (+)

II. Anspruch untergegangen ?

Anmerkung: Warum kann der Anspruch (bei Unmöglichkeit) nur nach § 275 I oder II i.V.m. I untergehen? Der Anspruch auf die Leistung (HIER Übereignung der Kaufsache) kann immer nur nach § 275 untergehen, der Anspruch auf die Gegenleistung (HIER Kaufpreiszahlung) immer nur nach § 323!!! Die Unterscheidung müßt Ihr beherrschen. Eine Fehlentscheidung in diesem Bereich mag der Korrektor überhaupt nicht!!!

- nach § 275 I oder II i.V.m. I

1. Wirksames Schuldverhältnis ?

HIER (+) → s.o.; Kaufvertrag, § 433 zwischen I und K

2. Objektive oder subjektive Unmöglichkeit der Leistung ?

a. Vereinbarte Leistung = Übereignung des PKW, § 929 S. 1

b. Objektive oder subjektive Unmöglichkeit ?

= niemand kann die Leistung erbringen (§ 275 I = objektive Unmöglichkeit) oder eine dritte Person, nicht aber der Schuldner kann die Leistung erbringen (§ 275 II i.V.m. I = subjektive Unmöglichkeit bzw. Unvermögen);
dies wiederum ist insbesondere dann denkbar, wenn es sich bei dem geschuldeten Gegenstand um eine Stückschuld oder eine konkretisierte Gattungsschuld (§ 243 II) handelt

aa. Stückschuld ?
= ein nur einmal existierender Gegenstand

HIER (+) → bei dem PKW handelt es sich um eine gebrauchte, d.h. einmalige Sache, also eine Stückschuld

bb. Unmöglichkeit ?
= ein nur einmal existierender Gegenstand kann nicht geleistet werden

HIER (+) → niemand kann den PKW an K übereignen, weil er zerstört ist

***cc. also: objektive Unmöglichkeit, § 275 I* (+)**

***c. also: Unmöglichkeit der Leistung* (+)**

3. Nachträgliche Unmöglichkeit ?
= sie darf erst nach Vertragsschluß entstanden sein

HIER (+) → die Leistung ist erst nach dem 01.08., also nach Vertragsschluß unmöglich geworden

4. Kein Vertretenmüssen des Schuldners der Leistung ?
= keine Haftung nach § 276 oder § 278

HIER (+) → der Schuldner haftet grundsätzlich für Vorsatz und jede Fahrlässigkeit; nicht I, sondern X allein hat den Unfall verschuldet; I hat die Unmöglichkeit der Leistung nicht zu vertreten

***5. also: Anspruch gemäß § 275 I untergegangen* (+)**

III. Ergebnis:
K gegen I Übereignung des PKW gemäß § 433 I 1 (–)

Formulierungsvorschlag Fall 8

- K gegen I Übereignung des KFZ gemäß § 433 I 1

K könnte gegen I einen Anspruch auf Übereignung des KFZ gemäß § 433 I 1 haben.

I. Dann müßte der Anspruch zunächst entstanden sein.

1. Dies setzt einen wirksamen Kaufvertrag zwischen den Parteien voraus. I und K haben einen Kaufvertrag (§ 433) über eine bestimmtes Auto zum Preis von 24.000,-- DM geschlossen.

2. Demnach ist der Anspruch entstanden.

II. Der Anspruch des K könnte jedoch gemäß § 275 I oder II i.V.m. I untergegangen sein.

1. Dann müßte ein Schuldverhältnis zwischen I und K vorliegen. I und K haben einen Kaufvertrag geschlossen, ein Schuldverhältnis liegt demnach vor.

2. Weiterhin müßte die aus dem Vertrag resultierende Leistung objektiv oder subjektiv unmöglich sein.

a. Der Vertrag beinhaltet als Leistung die Übereignung eines Autos (§ 929 S. 1).

b. Eine Unmöglichkeit wäre zu bejahen, wenn niemand die Leistung erbringen kann (§ 275 I, objektive Unmöglichkeit) oder wenn eine dritte Person, nicht aber der Schuldner die Leistung erbringen kann (§ 275 II i.V.m. I, subjektive Unmöglichkeit bzw. Unvermögen). Dies wiederum ist insbesondere dann denkbar, wenn es sich bei dem geschuldeten Gegenstand um eine Stückschuld oder eine konkretisierte Gattungsschuld (§ 243 II) handelt.

Bei dem geschuldeten Gegenstand könnte es sich um eine Stückschuld handeln. Eine Stückschuld liegt vor, wenn der geschuldete Gegenstand nur einmal existiert. Das ist insbesondere bei gebrauchten Gegenständen und bei neuen Einzelstücken zu bejahen. Der Kaufgegenstand ist eine gebrauchte Sache, also eine Stückschuld.

Die Übereignung einer beweglichen Sache erfordert gemäß § 929 S. 1 eine Einigung über den Eigentumsübergang und die Übergabe der Sache. Weder I noch eine andere Person kann die Übereignung vornehmen, da der PKW zerstört ist. Demnach liegt eine objektive Unmöglichkeit (§ 275 I) vor.

c. Die aus dem Vertrag resultierende Leistung ist somit unmöglich.

3. Außerdem müßte die Unmöglichkeit nachträglich sein. Sie ist nachträglich, wenn sie erst nach Vertragsschluß entsteht. Der Wagen ist erst nach Vertragsschluß zerstört worden. Damit ist die Leistung nachträglich unmöglich geworden.

4. Letztlich dürfte der Schuldner der Leistung die Unmöglichkeit nicht zu vertreten haben. Das Vertretenmüssen bemißt sich grundsätzlich nach den §§ 276, 278.

I hat jedoch weder vorsätzlich noch fahrlässig die Unmöglichkeit der Leistung verursacht. Das Auto ist durch das alleinige Verschulden des X zerstört worden.

5. Also sind alle Voraussetzungen des § 275 I erfüllt. Der Anspruch des K aus § 433 I ist folglich untergegangen.

III. K hat gegen I keinen Übereignungsanspruch gemäß § 433 I 1.

Fazit

1. Das war ein ***ganz einfacher Fall*** aus dem Bereich der nachträglichen Unmöglichkeit. Er sollte lediglich der Einführung in die äußerst umfangreiche und schwierige Materie dienen.

   Den ***Einstieg in die Fallösung*** habt Ihr hoffentlich ***über den Prüfungsläufer*** gefunden, den ich in der Einführung zur Unmöglichkeit dargestellt habe.

Aber noch einmal: Bevor Ihr mit der Lösung einer Aufgabenstellung beginnt, solltet Ihr zunächst die Fallfrage lesen. Gefragt war nach einem Anspruch des K gegen I auf Übereignung des Autos, also § 433 I 1.

Weiterhin müßt Ihr überlegen, welche ***Art der Unmöglichkeit*** (anfänglich oder nachträglich) vorliegt. In unserem Fall ist die Unmöglichkeit nachträglich, da die Leistung (Übereignung des Autos, § 929) erst nach Vertragsschluß zwischen K und I unmöglich geworden ist (Zerstörung des PKW).

Nach dem in der Einführung zur Unmöglichkeit aufgezeigten Prüfungsläufer kommt Ihr über die Beantwortung der Hilfsfrage (Steht die unmöglich gewordene Leistung zu einer anderen im Gegenseitigkeitsverhältnis?) zum Ergebnis, daß dies so ist (unmögliche Leistung = Übereignung des Autos → Gegenleistung = Kaufpreiszahlung).

Weil nach einem ***Anspruch auf Leistung*** (Übereignung des KFZ, § 433 I 1) gefragt ist, kommt Ihr zu den ***§§ 275 I / II i.V.m. I, 279, 325 und 281***.

Interessant sind im Rahmen eines Anspruchs auf die Leistung nur die §§ 275 I / II i.V.m. I und 279!!!
§ 325 wäre nur zu beachten, wenn Ihr einen Schadensersatzanspruch oder eine Rücktrittsmöglichkeit prüfen müßtet; § 281 wäre nur zu beachten, wenn Ihr Euch Gedanken über einen Anspruch auf das sog. stellvertretende commodum machen müßtet. Doch dazu später!

Und wie sind § 275 I / II i.V.m. I bzw. § 279 in die Lösung einzubauen? Der Anspruch auf die Leistung (Übereignung des Autos, § 433 I 1) kann untergehen (erlöschen). Ob er untergegangen ist, bestimmt sich nach § 275 I / II i.V.m. I. Wenn dessen Voraussetzungen nicht gegeben sind, kommt Ihr automatisch zu § 279. Das heißt: Der Schuldner ist nach wie vor zur Leistung verpflichtet, da der Anspruch eben nicht nach § 275 I / II i.V.m. I untergegangen ist.

2. ***Und abermals:*** Ein ***Anspruch auf Leistung*** (hier: Übereignung der Kaufsache aus § 433 I 1) ***kann*** wegen Unmöglichkeit der Leistung ***nur nach § 275 I oder II i.V.m. I untergehen***. Ein Anspruch auf Gegenleistung (Geldzahlung aus § 433 II) wegen Unmöglichkeit der Leistung kann nur nach § 323 I untergehen. Aber nach dem Zahlungsanspruch war eben nicht gefragt. Auch das kommt erst später.

3. ***Zur Unterscheidung und Klarstellung:*** Der Anspruch auf die ***Leistung*** betrifft immer den Vertragsgegenstand selbst. Das ist etwa beim Kaufvertrag (§ 433) die Übereignung der Kaufsache, beim Werkvertrag (§ 631) die Erstellung des Werks, beim Mietvertrag (§ 535) die Gebrauchsüberlassung der Mietsache. Der Anspruch auf die ***Gegenleistung*** betrifft immer eine Geldzahlung. Das ist beim Kaufvertrag (§ 433) die Kaufpreiszahlung, beim Werkvertrag (§ 631) die Zahlung der Vergütung, beim Mietvertrag (§ 535) die Zahlung des Mietzinses, ...

Fall 9

Der senile aber begüterte K kauft am 11.05. vom Spielzeughändler S anhand eines Katalogs ein Luxus-"Schiffe versenken"-Spiel aus seltenen Tropenhölzern (... der arme Regenwald!) und Edelmetallen. Das für ihn bestimmte Spiel muß erst von S bestellt werden. K will das Spiel abholen, sobald er von S benachrichtigt wird und dann den Kaufpreis zahlen. Am 18.05. ruft S den K an und erklärt ihm, das Spiel sei eingetroffen und abholbereit. Er habe es schon beiseite gestellt. Als K am nächsten Tag erscheint, muß er erfahren, daß eine durch einen Wasserrohrbruch ausgelöste Überschwemmung in der vorherigen Nacht mehrere Gegenstände, darunter "sein" Spiel zerstört hat. K will ein neues Spiel von S.

Frage: Hat K gegen S einen Anspruch aus § 433 I 1 ?

Lösungsskizze Fall 9

- K gegen S Übereignung eines neuen Spiels gemäß § 433 I 1 ?

I. Anspruch entstanden ?

1. Vertrag ?

HIER (+) → Kaufvertrag, § 433 zwischen S und K

2. <u>also</u>: Anspruch entstanden (+)

II. Anspruch untergegangen ?

- nach § 275 I oder II i.V.m. I

Anmerkung: Warum kann der Anspruch (bei Unmöglichkeit) nur nach § 275 I oder II i.V.m. I untergehen? Der Anspruch auf die Leistung (HIER Übereignung der Kaufsache) kann immer nur nach § 275 untergehen, der Anspruch auf die Gegenleistung (HIER Kaufpreiszahlung) immer nur nach § 323!!! Die Unterscheidung müßt Ihr beherrschen. Eine Fehlentscheidung in diesem Bereich mag der Korrektor überhaupt nicht!!!

1. Wirksames Schuldverhältnis ?

HIER (+) → s.o.; Kaufvertrag, § 433 zwischen S und K

2. Objektive oder subjektive Unmöglichkeit der Leistung ?

a. Vereinbarte Leistung = Übereignung eines Spiels, § 929 S. 1

b. Objektive oder subjektive Unmöglichkeit ?

= niemand kann die Leistung erbringen (§ 275 I = objektive Unmöglichkeit) oder eine dritte Person, nicht aber der Schuldner kann die Leistung erbringen (§ 275 II i.V.m. I = subjektive Unmöglichkeit bzw. Unvermögen);

dies wiederum ist insbesondere dann denkbar, wenn es sich bei dem geschuldeten Gegenstand um eine Stückschuld oder eine konkretisierte Gattungsschuld (§ 243 II) handelt

aa. Stückschuld ?

= ein nur einmal existierender Gegenstand kann nicht geleistet werden

HIER (–) → K hat sich anhand eines Katalogs für dieses Modell entschieden; die Parteien haben also nicht die Übereignung eines bestimmten Einzelstücks vereinbart; Gegenstand des Vertrags war eine Gattungsschuld

bb. gemäß § 243 II zur Stückschuld konkretisierte Gattungsschuld ?

= der Schuldner muß das seinerseits Erforderliche zur Leistung getan haben (§ 243 II); ob er das seinerseits Erforderliche getan hat, hängt davon ab, welche Art der Schuld (Holschuld, Bringschuld, Schickschuld) vorliegt

(1) Art der Schuld ?

HIER Holschuld → zwischen S und K war Abholung der Sache vereinbart

(2) Konkretisierung durch den Schuldner ?

= bei der Holschuld: Aussondern der Kaufsache und Benachrichtigung des Gläubigers von der Abholmöglichkeit

HIER (+) → dies hat S getan

(3) also: Konkretisierung (+)

cc. Unmöglichkeit ?

= die Leistung kann nicht erbracht werden

HIER (+) → S kann das ausgesonderte Spiel nicht an K übereignen (vgl. § 929 S. 1); es ist zerstört

dd. also: objektive Unmöglichkeit, § 275 I (+)

c. also: Unmöglichkeit der Leistung (+)

3. Nachträgliche Unmöglichkeit ?

= sie darf erst nach Vertragsschluß entstanden sein

HIER (+) → die Leistung ist erst nach dem 11.05., also nach Vertragsschluß unmöglich geworden

4. Kein Vertretenmüssen des Schuldners der Leistung ?

= keine Haftung nach § 276 oder § 278

HIER (+) → der Schuldner haftet grundsätzlich für Vorsatz und jede Fahrlässigkeit; es gibt keine Anhaltspunkte im Sachverhalt, die auf ein zumindest leicht fahrlässiges Verhalten des S schließen lassen; S hat die Unmöglichkeit der Leistung nicht zu vertreten

5. also: Anspruch gemäß § 275 I untergegangen (+)

III. Ergebnis:

K gegen S Übereignung eines neuen Spiels gemäß § 433 I 1 (–)

Formulierungsvorschlag Fall 9

- K gegen S Übereignung eines neuen Spiels gemäß § 433 I 1

K könnte gegen S einen Anspruch auf Übereignung eines neuen Spiels gemäß § 433 I 1 haben.

I. Dann müßte der Anspruch zunächst entstanden sein.

1. Dies setzt einen wirksamen Kaufvertrag zwischen den Parteien voraus. S und K haben einen Kaufvertrag (§ 433) über ein Spiel geschlossen.

2. Demnach ist der Anspruch entstanden.

II. Der Anspruch des K könnte jedoch gemäß § 275 I oder II i.V.m. I untergegangen sein.

1. Dann müßte ein Schuldverhältnis zwischen S und K vorliegen. S und K haben einen Kaufvertrag geschlossen, ein Schuldverhältnis liegt demnach vor.

2. Weiterhin müßte die aus dem Vertrag resultierende Leistung objektiv oder subjektiv unmöglich sein.

a. Der Vertrag beinhaltet als Leistung die Übereignung eines Spiels (§ 929 S. 1).

b. Eine Unmöglichkeit wäre zu bejahen, wenn niemand die Leistung erbringen kann (§ 275 I, objektive Unmöglichkeit) oder wenn eine dritte Person, nicht aber der Schuldner die Leistung erbringen kann (§ 275 II i.V.m. I, subjektive Unmöglichkeit bzw. Unvermögen). Dies wiederum ist insbesondere dann denkbar, wenn es sich bei dem geschuldeten Gegenstand um eine Stückschuld oder eine konkretisierte Gattungsschuld (§ 243 II) handelt.

Bei dem geschuldeten Gegenstand könnte es sich um eine Stückschuld handeln. Eine Stückschuld liegt vor, wenn der geschuldete Gegenstand nur einmal existiert. Das ist insbesondere bei gebrauchten Gegenständen und bei neuen Einzelstücken zu bejahen.
K hat sich anhand eines Katalogs für dieses Modell entschieden. Die Parteien haben also nicht die Übereignung eines bestimmten Einzelstücks vereinbart. Gegenstand des Vertrags war eine Gattungsschuld.

Das Schuldverhältnis könnte sich aber gemäß § 243 II auf eine bestimmte Sache beschränkt haben. Um eine solche Konkretisierung herbeizuführen, müßte der Schuldner das seinerseits Erforderliche zur Leistung getan haben.
Ob er das seinerseits Erforderliche getan hat, hängt davon ab, welche Art der Schuld (Hol-, Bring- oder Schickschuld) vorliegt.
Zwischen S und K war die Abholung des Spiels, also eine Holschuld vereinbart.

Bei der Holschuld tritt Konkretisierung der Gattungsschuld zur Stückschuld ein, wenn der Schuldner die Kaufsache ausgesondert und den Gläubiger über die Abholmöglichkeit benachrichtigt hat. S hat das Spiel beiseite gelegt und K telefonisch benachrichtigt, er könne es abholen.

Demnach ist eine Konkretisierung der ursprünglich bestehenden Gattungsschuld zur Stückschuld zu bejahen. Das Schuldverhältnis beschränkt sich also nach § 243 II auf dieses Spiel.

Die Übereignung einer beweglichen Sache erfordert gemäß § 929 S. 1 eine Einigung über den Eigentumsübergang und die Übergabe der Sache. S kann das ausgesonderte Spiel nicht an K übereignen (vgl. § 929 S. 1). Es ist zerstört. Demnach liegt eine objektive Unmöglichkeit (§ 275 I) vor.

c. Die aus dem Vertrag resultierende Leistung ist somit unmöglich.

3. Außerdem müßte die Unmöglichkeit nachträglich sein. Sie ist nachträglich, wenn sie erst nach Vertragsschluß entsteht. Das konkrete Spiel ist erst nach Vertragsschluß zerstört worden. Damit ist die Leistung nachträglich unmöglich geworden.

4. Letztlich dürfte der Schuldner der Leistung die Unmöglichkeit nicht zu vertreten haben. Das Vertretenmüssen bemißt sich grundsätzlich nach den §§ 276, 278.

S hat jedoch weder vorsätzlich noch fahrlässig die Unmöglichkeit der Leistung verursacht.

5. Also sind alle Voraussetzungen des § 275 I erfüllt. Der Anspruch des K aus § 433 I ist folglich untergegangen.

III. K hat gegen S keinen Anspruch auf Übereignung eines neuen Spiels gemäß § 433 I 1.

Fazit

1. Dieser Fall war schon erheblich schwieriger als der vorhergehende. Während die Parteien beim letzten Fall von vornherein die Übereignung einer Stückschuld vereinbart hatten, mußtet Ihr hier erkennen, daß der Kaufvertrag - zumindest zunächst, und nur das zählt - eine Gattungsschuld betraf.

   Der Käufer hat sich ***anhand eines Katalogs*** für den Kauf entschieden. Wenn der Käufer aber keine konkrete Sache kauft (dieses Stück!!), sondern sich anhand eines ***Katalogs*** / eines ***Modells*** / eines ***Ausstellungsstücks*** ... für den Kauf entscheidet oder einen Gegenstand des Typs XY kauft, betrifft der Vertrag eine ***Gattungsschuld***. Darauf müßt Ihr unbedingt achten. Dann ist natürlich zu fragen, ob der Schuldner der Leistung die ursprünglich existierende Gattungsschuld zur Stückschuld konkretisiert hat.

2. Wie Ihr schon in der Lösungsskizze gesehen habt, muß der Schuldner ***das seinerseits Erforderliche zu Leistung*** getan haben, ***§ 243 II***. Ob er das getan hat, hängt von der Art der Schuld ab. Es gilt also, die ***Art der Schuld*** (Hol-, Bring-, Schickschuld) zu bestimmen.

   Hierzu ein paar grundsätzliche Bemerkungen: ***Wenn*** die Parteien ***keine konkrete Regelung*** getroffen haben, gilt ***grundsätzlich*** eine ***Holschuld*** als vereinbart (vgl. § 269 I). ***Ausnahmsweise*** ist auch ohne konkrete Vereinbarung von einer ***Bringschuld*** auszugehen, wenn der Kaufgegenstand so groß, schwer oder unhandlich ist, daß ihn der Käufer gar nicht allein transportieren kann. Die ***Schickschuld*** (Versendung der Kaufsache) bedarf an sich immer der ***besonderen Absprache*** der Parteien Dort sind - im Gegensatz zur Hol- und Bringschuld - Leistungsort und Erfolgsort nicht identisch.

Bei der ***Holschuld*** ist sowohl Leistungsort als auch Erfolgsort der Wohn- bzw. Geschäftsort des Schuldners und bei der ***Bringschuld*** der Wohn- bzw. Geschäftsort des Gläubigers. Bei der ***Schickschuld*** ist der Leistungsort der Wohn- bzw. Geschäftsort des Schuldners. Hier kann der Schuldner das seinerseits Erforderliche zur Leistung tun. Er übergibt die Kaufsache einem Transporteur. Der Erfolgsort ist der Wohn- bzw. Geschäftsort des Gläubigers. Erst wenn die Kaufsache ihn erreicht, tritt der Erfolg ein.

Euer Gedankengang sollte demnach folgender sein:

- konkrete Vereinbarung der Parteien? wenn (–):
- grundsätzlich Holschuld; ausnahmsweise Bringschuld

3. ***In unserem Fall*** bestand eine Vereinbarung der Parteien bezüglich einer ***Holschuld***.

Konkretisierung tritt bei der Holschuld ein, wenn der Schuldner den Kaufgegenstand ausgesondert und den Käufer von der Abholmöglichkeit benachrichtigt hat.

Fall 10

K kauft am 10.04. im Sex-Shop der E für 200,-- DM eine aufblasbare Gummipuppe des Typs "Lolita". Die für ihn bestimmte Puppe muß erst von E bestellt werden, da sie nur noch das von K besichtigte Ausstellungsstück besitzt. K will die Gummipuppe abholen, sobald er von E benachrichtigt wird und dann den Kaufpreis zahlen. Am 18.05. wirft E eine an K adressierte Postkarte in den Postkasten, mit der sie K benachrichtigt, daß sie die eingetroffene Puppe ausgesondert habe und er sie abholen könne. Die Karte erreicht K jedoch nicht, da die Deutsche Post AG einmal mehr versagt. Als sich K am 30.05. bei E meldet und fragt, ob die Puppe bald verfügbar sei, muß er erfahren, daß das ausgesonderte Stück anläßlich eines Einbruchs am 28.05. bei E entwendet worden ist. K beansprucht eine neue Gummipuppe.

Frage: Hat K gegen E einen Anspruch aus § 433 I 1 ?

Lösungsskizze Fall 10

- K gegen E Übereignung einer neuen Gummipuppe gemäß § 433 I 1 ?

I. Anspruch entstanden ?

1. Vertrag ?

HIER (+) → Kaufvertrag, § 433 zwischen E und K

2. <u>also</u>: Anspruch entstanden **(+)**

II. Anspruch untergegangen ?

- nach § 275 I oder II i.V.m. I

Anmerkung: Der Anspruch auf die Leistung (HIER Übereignung der Kaufsache) kann immer nur nach § 275 I oder II i.V.m. I untergehen, der Anspruch auf die Gegenleistung (HIER Kaufpreiszahlung) immer nur nach § 323!!!

1. Wirksames Schuldverhältnis ?

HIER (+) → s.o.; Kaufvertrag, § 433 zwischen E und K

2. Objektive oder subjektive Unmöglichkeit der Leistung ?

a. Vereinbarte Leistung = Übereignung einer Puppe, § 929 S. 1

b. Objektive oder subjektive Unmöglichkeit ?

= niemand kann die Leistung erbringen (§ 275 I = objektive Unmöglichkeit) oder eine dritte Person, nicht aber der Schuldner kann die Leistung erbringen (§ 275 II i.V.m. I = subjektive Unmöglichkeit bzw. Unvermögen);
dies wiederum ist insbesondere dann denkbar, wenn es sich bei

dem geschuldeten Gegenstand um eine Stückschuld oder eine konkretisierte Gattungsschuld (§ 243 II) handelt

aa. Stückschuld ?

= ein nur einmal existierender Gegenstand

HIER (–) → K hat sich anhand eines Ausstellungsstücks für eine Puppe eines bestimmten Modells entschieden; die Parteien haben also nicht die Übereignung eines bestimmten Einzelstücks vereinbart; Gegenstand des Vertrags war eine Gattungsschuld

bb. gemäß § 243 II zur Stückschuld konkretisierte Gattungsschuld ?

= der Schuldner muß das seinerseits Erforderliche zur Leistung getan haben (§ 243 II);
ob er das seinerseits Erforderliche getan hat, hängt davon ab, welche Art der Schuld (Holschuld, Bringschuld, Schickschuld) vorliegt

(1) Art der Schuld ?

HIER Holschuld → zwischen E und K war Abholung der Sache vereinbart

(2) Konkretisierung durch den Schuldner ?

= bei der Holschuld: Aussondern der Kaufsache und Benachrichtigung des Gläubigers von der Abholmöglichkeit

HIER (+) → dies hat E getan; wichtig: die Benachrichtigung muß nicht beim Gläubiger ankommen. d.h. Zugang ist nicht erforderlich; die Absendung der Benachrichtigung reicht aus

(3) <u>also</u>: Konkretisierung (+)

cc. Unmöglichkeit ?

= die Leistung kann nicht erbracht werden

HIER (+) → S kann die ausgesonderte Puppe nicht an K übereignen (vgl. § 929 S. 1); sie kann sich zwar mit K über den Eigentumsübergang einigen; zur Übergabe der Puppe ist sie aber nicht in der Lage, da sie sich im Besitz des Diebes befindet

dd. <u>also</u>: subjektive Unmöglichkeit, § 275 II i.V.m. I (+)

c. <u>also</u>: Unmöglichkeit der Leistung (+)

3. Nachträgliche Unmöglichkeit ?

= sie darf erst nach Vertragsschluß entstanden sein

HIER (+) → die Leistung ist erst nach dem 10.04., also nach Vertragsschluß unmöglich geworden

4. Kein Vertretenmüssen des Schuldners der Leistung ?

= keine Haftung nach § 276 oder § 278

HIER (+) → der Schuldner haftet grundsätzlich für Vorsatz und jede Fahrlässigkeit; es gibt keine Anhaltspunkte im Sachverhalt, die auf ein zumindest leicht fahrlässiges Verhalten der E schließen lassen; E hat die Unmöglichkeit der Leistung nicht zu vertreten

*5. **also**: **Anspruch gemäß § 275 II i.V.m. I untergegangen (+)***

III. Ergebnis:

K gegen E Übereignung einer neuen Gummipuppe gemäß § 433 I 1 (–)

Formulierungsvorschlag Fall 10

- K gegen E Übereignung einer neuen Gummipuppe gemäß § 433 I 1

K könnte gegen E einen Anspruch auf Übereignung einer neuen Puppe gemäß § 433 I 1 haben.

I. Dann müßte der Anspruch zunächst entstanden sein.

1. Dies setzt einen wirksamen Kaufvertrag zwischen den Parteien voraus. E und K haben einen Kaufvertrag (§ 433) über eine Gummipuppe geschlossen.

2. Demnach ist der Anspruch entstanden.

II. Der Anspruch des K könnte jedoch gemäß § 275 I oder II i.V.m. I untergegangen sein.

1. Dann müßte ein Schuldverhältnis zwischen E und K vorliegen. E und K haben einen Kaufvertrag geschlossen, ein Schuldverhältnis liegt demnach vor.

2. Weiterhin müßte die aus dem Vertrag resultierende Leistung objektiv oder subjektiv unmöglich sein.

a. Der Vertrag beinhaltet als Leistung die Übereignung einer Gummipuppe (§ 929 S. 1).

b. Eine Unmöglichkeit wäre zu bejahen, wenn niemand die Leistung erbringen kann (§ 275 I, objektive Unmöglichkeit) oder wenn eine dritte Person, nicht aber der Schuldner die Leistung erbringen kann (§ 275 II i.V.m. I, subjektive Unmöglichkeit bzw. Unvermögen). Dies wiederum ist insbesondere dann denkbar, wenn es sich bei dem geschuldeten Gegenstand um eine Stückschuld oder eine konkretisierte Gattungsschuld (§ 243 II) handelt.

Bei dem geschuldeten Gegenstand könnte es sich um eine Stückschuld handeln. Eine Stückschuld liegt vor, wenn der geschuldete Gegenstand nur einmal existiert. Das ist insbesondere bei gebrauchten Gegenständen und bei neuen Einzelstücken zu bejahen.
K hat sich anhand eines Ausstellungsstücks für dieses Modell entschieden. Die Parteien haben also nicht die Übereignung eines bestimmten Einzelstücks vereinbart. Gegenstand des Vertrags war eine Gattungsschuld.

Das Schuldverhältnis könnte sich aber gemäß § 243 II auf eine bestimmte Sache beschränkt haben. Um eine solche Konkretisierung herbeizuführen, müßte die Schuldnerin das ihrerseits Erforderliche zur Leistung getan haben.

Ob sie das ihrerseits Erforderliche getan hat, hängt davon ab, welche Art der Schuld (Hol-, Bring- oder Schickschuld) vorliegt.

Zwischen E und K war die Abholung der Puppe, also eine Holschuld vereinbart.

Bei der Holschuld tritt Konkretisierung der Gattungsschuld zur Stückschuld ein, wenn der Schuldner die Kaufsache ausgesondert und den Gläubiger über die Abholmöglichkeit benachrichtigt hat. E hat die Puppe beiseite gelegt und eine Postkarte an K abgeschickt, mit der sie ihn über die Abholmöglichkeit informieren wollte.
Fraglich ist jedoch, wie es sich auswirkt, daß K von der Mitteilung niemals Kenntnis erhielt, weil ihn die Postkarte nicht erreicht hat. Nach allgemeiner Meinung reicht die alleinige Absendung einer Mitteilung aus. Ein Zugehen derselben beim Gläubiger ist nicht erforderlich. Somit hat E alles ihrerseits Erforderliche zur Leistung getan.

Demnach ist eine Konkretisierung der ursprünglich bestehenden Gattungsschuld zur Stückschuld zu bejahen. Das Schuldverhältnis beschränkt sich also nach § 243 II auf diese Puppe.

Die Übereignung einer beweglichen Sache erfordert gemäß § 929 S. 1 eine Einigung über den Eigentumsübergang und die Übergabe der Sache. E kann die ausgesonderte Puppe nicht an K übereignen (vgl. § 929 S. 1). Sie befindet sich im Besitz des Diebes. Demnach liegt eine subjektive Unmöglichkeit (§ 275 II i.V.m. I) vor.

c. Die aus dem Vertrag resultierende Leistung ist somit unmöglich.

3. Außerdem müßte die Unmöglichkeit nachträglich sein. Sie ist nachträglich, wenn sie erst nach Vertragsschluß entsteht. Die konkrete Puppe ist erst nach Vertragsschluß abhandengekommen. Damit ist die Leistung nachträglich unmöglich geworden.

4. Letztlich dürfte der Schuldner der Leistung die Unmöglichkeit nicht zu vertreten haben. Das Vertretenmüssen bemißt sich grundsätzlich nach den §§ 276, 278.
E hat jedoch weder vorsätzlich noch fahrlässig die Unmöglichkeit der Leistung verursacht. Die Puppe ist durch das alleinige Verschulden des Diebes abhandengekommen.

5. Also sind alle Voraussetzungen des § 275 II i.V.m. I erfüllt. Der Anspruch des K aus § 433 I ist folglich untergegangen.

III. K hat gegen E keinen Anspruch auf Übereignung einer neuen Gummipuppe gemäß § 433 I 1.

Fazit

1. Lest noch einmal das Fazit zu Fall 9, wenn Ihr in der Frage der Konkretisierung einer Gattungsschuld zur Stückschuld noch nicht ganz sattelfest seid.

2. Besonderheit des Falls war die eigentümliche Konstellation, daß der Schuldner die Kaufsache ausgesondert und auch ein Benachrichtigungsschreiben an den Gläubiger abgeschickt hat, die Karte aber nie angekommen ist. Der Gläubiger hat also ***nie Kenntnis von der Abholmöglichkeit*** erlangt. Man sollte meinen, daß es dann an einer "Benachrichtigung" fehlt. Das ist aber nicht so. Da es dem Schuldner grundsätzlich freisteht, in welcher Form er den Gläubiger benachrichtigt, kann er dies entweder mündlich oder schriftlich tun. Wenn er sich für die Schriftform entscheidet, ist die letzte Handlung, auf die er Einfluß hat, der Absendungsakt (Einwerfen in den Postkasten oder Aufgabe bei der Post). Mehr kann er nicht tun. Er hat dann das seinerseits Erforderliche getan. Das Schuldverhältnis beschränkt sich dann nach § 243 II auf den ausgesonderten Kaufgegenstand. Das nennt man Konkretisierung.

Fall 11

Der Neureiche N sieht sich am 02.01. im Nobelladen des D nach einem passenden Geschenk für seine Freundin um. Er entscheidet sich nach langem Suchen für einen Design-Mülleimer des Typs "Trashy", den D allerdings nur als Ausstellungsstück präsentieren kann. Deshalb vereinbaren die Parteien, daß D am 04.01. einen Eimer des gewünschten Typs an N liefern soll. Den Kaufpreis bezahlt N sofort. Am angegebenen Tag erscheint D jedoch nicht. Als N am 05.01. bei D anruft, muß er erfahren, daß der letzte im Laden vorrätige Mülleimer am 03.01. das Zeitliche gesegnet hat. Anläßlich eines Verkaufsgesprächs hat sich der wohlbeleibte Kunde A des D auf den Eimer gesetzt. Dieser ist ob der auf ihm ruhenden Last irreparabel in sich zusammengebrochen. N verlangt daraufhin von D einen neuen Mülleimer.

Frage: Hat N gegen D einen Anspruch aus § 433 I 1 ?

Lösungsskizze Fall 11

- N gegen D Übereignung eines neuen Mülleimers gemäß § 433 I 1 ?

I. Anspruch entstanden ?

1. Vertrag ?

HIER (+) → Kaufvertrag, § 433 zwischen D und N

2. <u>also</u>: Anspruch entstanden (+)

II. Anspruch untergegangen ?

- nach § 275 I oder II i.V.m. I

Anmerkung: Der Anspruch auf die Leistung (HIER Übereignung der Kaufsache) kann immer nur nach § 275 I oder II i.V.m. I untergehen, der Anspruch auf die Gegenleistung (HIER Kaufpreiszahlung) immer nur nach § 323!!!

1. Wirksames Schuldverhältnis ?

HIER (+) → s.o.; Kaufvertrag, § 433 zwischen D und N

2. Objektive oder subjektive Unmöglichkeit der Leistung ?

a. Vereinbarte Leistung = Übereignung eines Mülleimers, § 929 S. 1

b. Objektive oder subjektive Unmöglichkeit ?

= niemand kann die Leistung erbringen (§ 275 I = objektive Unmöglichkeit) oder eine dritte Person, nicht aber der Schuldner kann die Leistung erbringen (§ 275 II i.V.m. I = subjektive Unmöglichkeit bzw. Unvermögen);

dies wiederum ist insbesondere dann denkbar, wenn es sich bei dem geschuldeten Gegenstand um eine Stückschuld oder eine konkretisierte Gattungsschuld (§ 243 II) handelt

aa. Stückschuld ?

= ein nur einmal existierender Gegenstand

HIER (–) → N hat sich anhand eines Ausstellungsstücks für einen Eimer des Typs "Trashy" entschieden; die Parteien haben also nicht die Übereignung eines bestimmten Einzelstücks vereinbart; Gegenstand des Vertrags war eine Gattungsschuld

bb. gemäß § 243 II zur Stückschuld konkretisierte Gattungsschuld ?

= der Schuldner muß das seinerseits Erforderliche zur Leistung getan haben (§ 243 II);
ob er das seinerseits Erforderliche getan hat, hängt davon ab, welche Art der Schuld (Holschuld, Bringschuld, Schickschuld) vorliegt

(1) Art der Schuld ?

HIER Bringschuld → zwischen D und N war Lieferung der Sache durch den Verkäufer vereinbart

(2) Konkretisierung durch den Schuldner ?

= bei der Bringschuld: Anbieten der Kaufsache am Wohnort des Gläubigers

HIER (–) → dies hat D nicht getan

(3) also: Konkretisierung (–)

cc. also: objektive oder subjektive Unmöglichkeit (–)

c. also: Unmöglichkeit der Leistung (–)

3. also: Anspruch gemäß § 275 untergegangen (–); Rechtsfolge: § 279

= der Schuldner ist zur Übereignung einer neuen Gattungssache verpflichtet; die Zerstörung des Eimers führt nicht zu einem Untergang des Anspruchs

III. Anspruch durchsetzbar ?

- **§ 320 = Einrede des nichterfüllten Vertrags**

  = der Anspruchsgegner kann die Leistung verweigern, bis der Anspruchsteller seinerseits leistet

HIER (–) → D kann die Leistung nicht verweigern, da N den Kaufpreis schon gezahlt hat

IV. Ergebnis:

N gegen D Übereignung eines neuen Mülleimers gemäß § 433 I 1 (+)

Formulierungsvorschlag Fall 11

- N gegen D Übereignung eines neuen Mülleimers gemäß § 433 I 1

N könnte gegen D einen Anspruch auf Übereignung eines neuen Mülleimers gemäß § 433 I 1 haben.

I. Dann müßte der Anspruch zunächst entstanden sein.

1. Dies setzt einen wirksamen Kaufvertrag zwischen den Parteien voraus. D und N haben einen Kaufvertrag (§ 433) über einen Mülleimer geschlossen.

2. Demnach ist der Anspruch entstanden.

II. Der Anspruch des N könnte jedoch gemäß § 275 I oder II i.V.m. I untergegangen sein.

1. Dann müßte ein Schuldverhältnis zwischen D und N vorliegen. D und N haben einen Kaufvertrag geschlossen, ein Schuldverhältnis liegt demnach vor.

2. Weiterhin müßte die aus dem Vertrag resultierende Leistung objektiv oder subjektiv unmöglich sein.

a. Der Vertrag beinhaltet als Leistung die Übereignung eines Mülleimers. (§ 929 S. 1).

b. Eine Unmöglichkeit wäre zu bejahen, wenn niemand die Leistung erbringen kann (§ 275 I, objektive Unmöglichkeit) oder wenn eine dritte Person, nicht aber der Schuldner die Leistung erbringen kann (§ 275 II i.V.m. I, subjektive Unmöglichkeit bzw. Unvermögen). Dies wiederum ist insbesondere dann denkbar, wenn es sich bei dem geschuldeten Gegenstand um eine Stückschuld oder eine konkretisierte Gattungsschuld (§ 243 II) handelt.

Bei dem geschuldeten Gegenstand könnte es sich um eine Stückschuld handeln. Eine Stückschuld liegt vor, wenn der geschuldete Gegenstand nur einmal existiert. Das ist insbesondere bei gebrauchten Gegenständen und bei neuen Einzelstücken zu bejahen.
N hat sich für einen Eimer des Typs "Trashy" entschieden. Die Parteien haben also nicht die Übereignung eines bestimmten Einzelstücks vereinbart. Gegenstand des Vertrags war eine Gattungsschuld.

Das Schuldverhältnis könnte sich aber gemäß § 243 II auf eine bestimmte Sache beschränkt haben. Um eine solche Konkretisierung herbeizuführen, müßte der Schuldner das seinerseits Erforderliche zur Leistung getan haben.
Ob er das seinerseits Erforderliche getan hat, hängt davon ab, welche Art der Schuld (Hol-, Bring- oder Schickschuld) vorliegt.

Zwischen D und N war die Lieferung des Mülleimers durch D an N, also eine Bringschuld vereinbart.

Bei der Bringschuld tritt Konkretisierung der Gattungsschuld zur Stückschuld ein, wenn der Schuldner die Kaufsache dem Gläubiger an dessen Wohnort anbietet. D hat den Eimer nicht in der beschriebenen Weise angeboten, also nicht das seinerseits Erforderliche zur Leistung getan.

Demnach ist eine Konkretisierung der ursprünglich bestehenden Gattungsschuld zur Stückschuld zu verneinen. Das Schuldverhältnis beschränkt sich somit nicht nach § 243 II auf diesen Eimer.

c. Die aus dem Vertrag resultierende Leistung ist somit nicht unmöglich.

3. Die Voraussetzungen des § 275 liegen also nicht vor. Der Anspruch des N aus § 433 I ist folglich nicht untergegangen. Vielmehr ist der Schuldner der Leistung (D) gemäß § 279 nach wie vor zur Leistung verpflichtet.

III. Fraglich ist jedoch, ob der Anspruch durchsetzbar ist.

Für D kommt gegen den Anspruch des N die Einrede des nichterfüllten Vertrags gemäß § 320 in Betracht. Hiernach kann der Anspruchsgegner die Leistung solange verweigern, bis der Anspruchsteller seinerseits leistet. D kann die Leistung aber nicht verweigern, da N den Kaufpreis schon gezahlt hat. Der Anspruch ist mithin durchsetzbar.

IV. N hat also gegen D einen Anspruch auf Übereignung eines neuen Mülleimers gemäß § 433 I 1.

Fazit

1. Hier haben die Parteien eine ***Bringschuld*** vereinbart. Zum Verständnis: Laut Sachverhalt sollte der Schuldner der Leistung die Kaufsache "liefern". Wenn die "Lieferung" vom Schuldner persönlich erbracht werden soll, ist von einer Bringschuld auszugehen. Der Schuldner kann sich dann natürlich einer anderen Person bedienen, um seiner Verpflichtung nachzukommen.

   Wenn die Parteien allerdings vereinbaren, daß nicht der Schuldner persönlich, sondern eine dritte Person die "Lieferung" durchführen soll, ist von einem Versendungskauf, also von einer Schickschuld auszugehen.

   Der Terminus "Lieferung" ist demnach nicht automatisch mit einer Bringschuld zu verknüpfen. Es kann sich auch um eine Schickschuld handeln.

2. Bei der Bringschuld tritt Konkretisierung ein, wenn der Schuldner dem Gläubiger die Kaufsache an dessen Wohn- oder Geschäftsort (je nach Vereinbarung) tatsächlich anbietet.

3. Wenn Gegenstand eines Kaufvertrags eine Gattungsschuld ist und eine Konkretisierung zur Stückschuld nicht erfolgt ist, da die Voraussetzungen des § 275 I / II i.V.m. I nicht vorliegen, ist der Schuldner nach wie vor zur Leistung verpflichtet. Das stellt ***§ 279*** deklaratorisch fest. Die genannte Norm hat demnach an sich gar keine Bedeutung. Sie stellt nur fest, was jeder aufmerksame Prüfer längst schon weiß.

4. Achtet im Rahmen des Prüfungspunkts "III. Durchsetzbarkeit des Anspruchs" auf ***§ 320***. Möglicherweise scheitert ein Anspruch ganz am Ende der Prüfung wegen dieser Einrede.

Fall 12

Der ein wenig selbstverliebte K hat sich von seinem Lieblingsfriseur mit einer famosen Lockenpracht schmücken lassen. Am 11.05. kauft er bei der Elektrohändlerin E anhand eines Prospekts für 1.000,-- DM eine Trockenhaube des Modells "Narziß", die momentan nicht vorrätig ist. Er zahlt den Kaufpreis sofort und bittet um Versendung der Trockenhaube an seine Adresse. Daraufhin vereinbaren K und E den 22.05. als Lieferungstermin. E bringt die Trockenhaube am 21.05. zum Transporteur T, der die Haube ausliefern soll. Das Gerät wird jedoch schon auf dem Weg zu T von einem ausschließlich durch D verschuldeten Unfall zerstört. Als K von den Umständen hört, verlangt er Lieferung einer neuen Trockenhaube.

Frage: Hat K gegen E einen Anspruch aus § 433 I 1 ?

Lösungsskizze Fall 12

- K gegen E Übereignung eines neuen Trockenhaube gemäß § 433 I 1 ?

I. Anspruch entstanden ?

1. Vertrag ?

HIER (+) → Kaufvertrag, § 433 zwischen E und K

***2. <u>also</u>: Anspruch entstanden* (+)**

II. Anspruch untergegangen ?

- nach § 275 I oder II i.V.m. I

Anmerkung: Der Anspruch auf die Leistung (HIER Übereignung der Kaufsache) kann immer nur nach § 275 untergehen, der Anspruch auf die Gegenleistung (HIER Kaufpreiszahlung) immer nur nach § 323!!!

1. Wirksames Schuldverhältnis ?

HIER (+) → s.o.; Kaufvertrag, § 433 zwischen E und K

2. Objektive oder subjektive Unmöglichkeit der Leistung ?

a. Vereinbarte Leistung = Übereignung einer Trockenhaube, § 929 S. 1

b. Objektive oder subjektive Unmöglichkeit ?

= niemand kann die Leistung erbringen (§ 275 I = objektive Unmöglichkeit) oder eine dritte Person, nicht aber der Schuldner kann die Leistung erbringen (§ 275 II i.V.m. I = subjektive Unmöglichkeit bzw. Unvermögen);
dies wiederum ist insbesondere dann denkbar, wenn es sich bei dem geschuldeten Gegenstand um eine Stückschuld oder eine konkretisierte Gattungsschuld (§ 243 II) handelt

aa. Stückschuld ?
= ein nur einmal existierender Gegenstand

HIER (–) → K hat sich anhand eines Prospekts für eine Haube des Modells "Narziß" entschieden; die Parteien haben also nicht die Übereignung eines bestimmten Einzelstücks vereinbart; Gegenstand des Vertrags war eine Gattungsschuld

bb. gemäß § 243 II zur Stückschuld konkretisierte Gattungsschuld ?
= der Schuldner muß das seinerseits Erforderliche zur Leistung getan haben (§ 243 II);
ob er das seinerseits Erforderliche getan hat, hängt davon ab, welche Art der Schuld (Holschuld, Bringschuld, Schickschuld) vorliegt

(1) Art der Schuld ?

HIER Schickschuld → zwischen E und K war Lieferung der Sache durch eine dritte Person, d.h. Versendung vereinbart

(2) Konkretisierung durch den Schuldner ?
= bei der Schickschuld: Übergabe der Kaufsache an eine (sorgfältig ausgesuchte) Transportperson

HIER (–) → E hat die Haube nicht an die Transportperson übergeben; sie ist schon auf dem Weg zu T zerstört worden

(3) <u>also</u>: Konkretisierung (–)

cc. <u>also</u>: objektive oder subjektive Unmöglichkeit (–)

c. <u>also</u>: Unmöglichkeit der Leistung (–)

3. <u>also</u>: Anspruch gemäß § 275 untergegangen (–); Rechtsfolge: § 279
= der Schuldner ist zur Übereignung einer neuen Gattungssache verpflichtet; die Zerstörung der Trockenhaube führt nicht zu einem Untergang des Anspruchs

III. Anspruch durchsetzbar ?

- **§ 320 = Einrede des nichterfüllten Vertrags**
  = der Anspruchsgegner kann die Leistung verweigern, bis der Anspruchsteller seinerseits leistet

HIER (–) → E kann die Leistung nicht verweigern, da K den Kaufpreis schon gezahlt hat

IV. Ergebnis:

K gegen E Übereignung einer neuen Trockenhaube gemäß § 433 I 1 (+)

Formulierungsvorschlag Fall 12

- K gegen E Übereignung einer neuen Trockenhaube gemäß § 433 I 1

K könnte gegen E einen Anspruch auf Übereignung einer neuen Trockenhaube gemäß § 433 I 1 haben.

I. Dann müßte der Anspruch zunächst entstanden sein.

1. Dies setzt einen wirksamen Kaufvertrag zwischen den Parteien voraus. E und K haben einen Kaufvertrag (§ 433) über eine Trockenhaube geschlossen.

2. Demnach ist der Anspruch entstanden.

II. Der Anspruch des K könnte jedoch gemäß § 275 I oder II i.V.m. I untergegangen sein.

1. Dann müßte ein Schuldverhältnis zwischen E und K vorliegen. E und K haben einen Kaufvertrag geschlossen, ein Schuldverhältnis liegt demnach vor.

2. Weiterhin müßte die aus dem Vertrag resultierende Leistung objektiv oder subjektiv unmöglich sein.

a. Der Vertrag beinhaltet als Leistung die Übereignung einer Trockenhaube. (§ 929 S. 1).

b. Eine Unmöglichkeit wäre zu bejahen, wenn niemand die Leistung erbringen kann (§ 275 I, objektive Unmöglichkeit) oder wenn eine dritte Person, nicht aber der Schuldner die Leistung erbringen kann (§ 275 II i.V.m. I, subjektive Unmöglichkeit bzw. Unvermögen). Dies wiederum ist insbesondere dann denkbar, wenn es sich bei dem geschuldeten Gegenstand um eine Stückschuld oder eine konkretisierte Gattungsschuld (§ 243 II) handelt.

Bei dem geschuldeten Gegenstand könnte es sich um eine Stückschuld handeln. Eine Stückschuld liegt vor, wenn der geschuldete Gegenstand nur einmal existiert. Das ist insbesondere bei gebrauchten Gegenständen und bei neuen Einzelstücken zu bejahen.
K hat sich anhand eines Prospekts für eine Trockenhaube des Modells "Narziß" entschieden. Die Parteien haben also nicht die Übereignung eines bestimmten Einzelstücks vereinbart. Gegenstand des Vertrags war eine Gattungsschuld.

Das Schuldverhältnis könnte sich aber gemäß § 243 II auf eine bestimmte Sache beschränkt haben. Um eine solche Konkretisierung herbeizuführen, müßte der Schuldner das seinerseits Erforderliche zur Leistung getan haben.
Ob er das seinerseits Erforderliche getan hat, hängt davon ab, welche Art der Schuld (Hol-, Bring- oder Schickschuld) vorliegt.

Zwischen E und K war die Lieferung des Trockenhaube durch eine dritte Person (Versendung), also eine Schickschuld vereinbart.

Bei der Schickschuld tritt Konkretisierung der Gattungsschuld zur Stückschuld ein, wenn der Schuldner die Kaufsache einer sorgfältig ausgesuchten Transportperson übergibt. Dies hat E nicht getan. Die Haube ist schon auf dem Weg zur Transportperson T zerstört worden. E hat also nicht das ihrerseits Erforderliche zur Leistung getan.

Demnach ist eine Konkretisierung der ursprünglich bestehenden Gattungsschuld zur Stückschuld zu verneinen. Das Schuldverhältnis beschränkt sich somit nicht nach § 243 II auf diese Trockenhaube.

c. Die aus dem Vertrag resultierende Leistung ist somit nicht unmöglich.

3. Die Voraussetzungen des § 275 liegen also nicht vor. Der Anspruch des K aus § 433 I ist folglich nicht untergegangen. Vielmehr ist der Schuldner der Leistung (E) gemäß § 279 nach wie vor zur Leistung verpflichtet.

III. Fraglich ist jedoch, ob der Anspruch durchsetzbar ist.

Für E kommt gegen den Anspruch des K die Einrede des nichterfüllten Vertrags gemäß § 320 in Betracht. Hiernach kann der Anspruchsgegner die Leistung solange verweigern, bis der Anspruchsteller seinerseits leistet. E kann die Leistung aber nicht verweigern, da K den Kaufpreis schon gezahlt hat. Der Anspruch ist mithin durchsetzbar.

IV. K hat also gegen E einen Anspruch auf Übereignung einer neuen Trockenhaube gemäß § 433 I 1.

Fazit

1. Die Kaufvertragsparteien haben die Versendung der Kaufsache, d.h. die Lieferung durch eine dritte Person, vereinbart. Demnach handelt es sich um eine ***Schickschuld***. Bei der Schickschuld tritt Konkretisierung der Gattungsschuld zur Stückschuld ein, wenn der Schuldner der Leistung die Kaufsache einer sorgfältig ausgesuchten Transportperson übergibt. Der ***Leistungshandlungsort*** (Übergabe der Sache am Wohnort des Schuldners) ist also nicht mit dem ***Leistungserfolgsort*** (Wohnort des Gläubigers) identisch. Ganz anders ist das bei der Holschuld (alles am Wohnort des Schuldners) und bei der Bringschuld (alles am Wohnort des Gläubigers).
2. Die Kaufsache muß einer ***sorgfältig ausgesuchten Transportperson*** übergeben werden. Die Anforderungen solltet Ihr aber nicht überziehen. Nur wenn die vom Schuldner erwählte Person sichtlich ungeeignet erscheint (hochalkoholisierter Transporteur, minderjähriges Kind, ...) ist Vorsicht geboten. Dann erwartet der Korrektor Ausführungen.
3. Und abermals: Wenn Gegenstand eines Kaufvertrags eine Gattungsschuld ist und eine Konkretisierung zur Stückschuld nicht erfolgt ist, liegen die Voraussetzungen des § 275 I / II i.V.m. I nicht vor. Der Schuldner ist nach wie vor zur Leistung verpflichtet. Das stellt § 279 lediglich deklaratorisch fest.

Fall 13

Am 04.04. betritt der aus der Eifel stammende aufreizend geschminkte Transvestit K das Miederwarengeschäft des M in München. Nach langer Beratung schließt er mit M einen Kaufvertrag über einen Spitzen-BH des Modells "Standfest", den M allerdings erst beim Hersteller bestellen muß. Den Kaufpreis von 159,-- DM zahlt K sofort. Auf Bitten des K vereinbaren die Parteien die Versendung des BH an dessen Adresse. M bittet daraufhin nach Eintreffen des BH in seinem Laden den selbständigen Transportunternehmer T, den in einen adressierten Karton verpackten BH zur nächste Postfiliale zu bringen. T setzt sich in seinen Lieferwagen und fährt los. Beim unachtsamen Überfahren einer roten Ampel kommt es zu einem Verkehrsunfall. Der Lieferwagen fängt sofort Feuer. Während T sich retten kann, kommt für den BH jede Hilfe zu spät. Er verbrennt zu einem Häufchen Asche. Als K wenig später vom Schicksal des BH erfährt, verlangt er Lieferung eines neuen.

Frage: Hat K gegen M einen Anspruch aus § 433 I 1 ?

Lösungsskizze Fall 13

- K gegen M Übereignung eines neuen BH gemäß § 433 I 1 ?

I. Anspruch entstanden ?

1. Vertrag ?

HIER (+) → Kaufvertrag, § 433 zwischen M und K

2. <u>also</u>: Anspruch entstanden (+)

II. Anspruch untergegangen ?

- nach § 275 I oder II i.V.m. I

1. Wirksames Schuldverhältnis ?

HIER (+) → s.o.; Kaufvertrag, § 433 I 1 zwischen M und K

2. Objektive oder subjektive Unmöglichkeit der Leistung ?

a. Vereinbarte Leistung = Übereignung eines BH, § 929 S. 1

b. Objektive oder subjektive Unmöglichkeit ?

= niemand kann die Leistung erbringen (§ 275 I = objektive Unmöglichkeit) oder eine dritte Person, nicht aber der Schuldner kann die Leistung erbringen (§ 275 II i.V.m. I = subjektive Unmöglichkeit bzw. Unvermögen);
dies wiederum ist insbesondere dann denkbar, wenn es sich bei dem geschuldeten Gegenstand um eine Stückschuld oder eine konkretisierte Gattungsschuld (§ 243 II) handelt

aa. Stückschuld ?

= ein nur einmal existierender Gegenstand

HIER (–) → K hat sich für einen noch zu bestellenden BH eines bestimmten Modells entschieden; die Parteien haben also nicht die Übereignung eines bestimmten Einzelstücks vereinbart; Gegenstand des Vertrags war eine Gattungsschuld

bb. gemäß § 243 II zur Stückschuld konkretisierte Gattungsschuld ?

= der Schuldner muß das seinerseits Erforderliche zur Leistung getan haben (§ 243 II);
ob er das seinerseits Erforderliche getan hat, hängt davon ab, welche Art der Schuld (Holschuld, Bringschuld, Schickschuld) vorliegt

(1) Art der Schuld ?

HIER Schickschuld → zwischen M und K war Lieferung der Sache durch eine dritte Person, d.h. Versendung vereinbart

(2) Konkretisierung durch den Schuldner ?

= bei der Schickschuld: Übergabe der Kaufsache an eine (sorgfältig ausgesuchte) Transportperson

HIER (+) → M hat den BH an die Transportperson T übergeben

(3) also: Konkretisierung (+)

cc. Unmöglichkeit ?

= die Leistung kann nicht erbracht werden

HIER (+) → niemand kann den BH nicht an K übereignen (vgl. § 929 S. 1); die Kaufsache ist zerstört

dd. also: objektive Unmöglichkeit, § 275 I (+)

c. also: Unmöglichkeit der Leistung (+)

3. Nachträgliche Unmöglichkeit ?

= sie darf erst nach Vertragsschluß entstanden sein

HIER (+) → die Leistung ist erst nach dem 04.04., also nach Vertragsschluß unmöglich geworden

4. Kein Vertretenmüssen des Schuldners der Leistung ?

= keine Haftung nach § 276 oder § 278

HIER (+) → der Schuldner haftet grundsätzlich für Vorsatz und jede Fahrlässigkeit; es gibt keine Anhaltspunkte im Sachverhalt, die auf ein zumindest leicht fahrlässiges Verhalten der M schließen lassen; M haftet auch nicht gemäß § 278 für ein mögliches Verschulden es T; dieser ist nicht sein Erfüllungsgehilfe; mit der Übergabe der Kaufsache an T hat M wegen der Vereinbarung eines Versendungskaufs alles seinerseits Erforderliche zur Leistung getan; T hat nicht im Pflichtenkreis des M gearbeitet

5. also: Anspruch gemäß § 275 I untergegangen (+)

III. Ergebnis:

K gegen M Übereignung eines neuen BH gemäß § 433 I 1 (–)

Formulierungsvorschlag Fall 13

- K gegen M Übereignung eines neuen BH gemäß § 433 I 1

K könnte gegen M einen Anspruch auf Übereignung eines neuen BH gemäß § 433 I 1 haben.

I. Dann müßte der Anspruch zunächst entstanden sein.

1. Dies setzt einen wirksamen Kaufvertrag zwischen den Parteien voraus. M und K haben einen Kaufvertrag (§ 433) über einen BH geschlossen.

2. Demnach ist der Anspruch entstanden.

II. Der Anspruch des K könnte jedoch gemäß § 275 I oder II i.V.m. I untergegangen sein.

1. Dann müßte ein Schuldverhältnis zwischen M und K vorliegen. M und K haben einen Kaufvertrag geschlossen, ein Schuldverhältnis liegt demnach vor.

2. Weiterhin müßte die aus dem Vertrag resultierende Leistung objektiv oder subjektiv unmöglich sein.

a. Der Vertrag beinhaltet als Leistung die Übereignung eines BH (§ 929 S. 1).

b. Eine Unmöglichkeit wäre zu bejahen, wenn niemand die Leistung erbringen kann (§ 275 I, objektive Unmöglichkeit) oder wenn eine dritte Person, nicht aber der Schuldner die Leistung erbringen kann (§ 275 II i.V.m. I, subjektive Unmöglichkeit bzw. Unvermögen). Dies wiederum ist insbesondere dann denkbar, wenn es sich bei dem geschuldeten Gegenstand um eine Stückschuld oder eine konkretisierte Gattungsschuld (§ 243 II) handelt.

Bei dem geschuldeten Gegenstand könnte es sich um eine Stückschuld handeln. Eine Stückschuld liegt vor, wenn der geschuldete Gegenstand nur einmal existiert. Das ist insbesondere bei gebrauchten Gegenständen und bei neuen Einzelstücken zu bejahen.
K hat sich für dieses Modell entschieden, da der BH nicht vorrätig war. Die Parteien haben also nicht die Übereignung eines bestimmten Einzelstücks vereinbart. Gegenstand des Vertrags war eine Gattungsschuld.

Das Schuldverhältnis könnte sich aber gemäß § 243 II auf eine bestimmte Sache beschränkt haben. Um eine solche Konkretisierung herbeizuführen, müßte der Schuldner das seinerseits Erforderliche zur Leistung getan haben.
Ob er das seinerseits Erforderliche getan hat, hängt davon ab, welche Art der Schuld (Hol-, Bring- oder Schickschuld) vorliegt.

Zwischen M und K war die Versendung des BH, also eine Schickschuld vereinbart.

Bei der Schickschuld tritt Konkretisierung der Gattungsschuld zur Stückschuld ein, wenn der Schuldner die Kaufsache einer sorgfältig ausgesuchten Transportperson übergibt. Dies hat M getan. Erst nach der Übergabe an T ist die Kaufsache zerstört worden.

Demnach ist eine Konkretisierung der ursprünglich bestehenden Gattungsschuld zur Stückschuld zu bejahen. Das Schuldverhältnis beschränkt sich also nach § 243 II auf diesen BH.

Die Übereignung einer beweglichen Sache erfordert gemäß § 929 S. 1 eine Einigung über den Eigentumsübergang und die Übergabe der Sache. Niemand kann den BH an K übereignen, da er zerstört ist. Demnach liegt eine objektive Unmöglichkeit (§ 275 I) vor.

c. Die aus dem Vertrag resultierende Leistung ist somit unmöglich.

3. Außerdem müßte die Unmöglichkeit nachträglich sein. Sie ist nachträglich, wenn sie erst nach Vertragsschluß entsteht. Der konkrete BH ist erst nach Vertragsschluß abhanden gekommen. Damit ist die Leistung nachträglich unmöglich geworden.

4. Letztlich dürfte der Schuldner der Leistung die Unmöglichkeit nicht zu vertreten haben. Das Vertretenmüssen bemißt sich grundsätzlich nach den §§ 276, 278.
M selbst hat jedoch weder vorsätzlich noch fahrlässig die Unmöglichkeit der Leistung verursacht. Ein Verschulden gemäß § 276 scheidet also aus. T ist auch nicht als Erfüllungsgehilfe des M tätig geworden. Der Transport gehörte wegen des vereinbarten Versendungskaufs nicht zum Pflichtenkreis des M. Er haftet somit auch nicht gemäß § 278. Demnach hat M die Unmöglichkeit nicht zu vertreten.

5. Also sind alle Voraussetzungen des § 275 I erfüllt. Der Anspruch des K aus § 433 I ist folglich untergegangen.

III. K hat gegen M keinen Anspruch auf Übereignung eines neuen BH gemäß § 433 I 1.

Fazit

1. Und wieder einmal haben die Parteien eine ***Schickschuld*** vereinbart. Aber Ihr hattet mit einer kleinen Tücke zu kämpfen: Im Sachverhalt war von zwei Transport"personen" die Rede, nämlich vom Transportunternehmer T und von der Post. Welcher der Personen der Schuldner die Kaufsache übergeben muß, um eine Konkretisierung herbeizuführen, bestimmt sich nach der konkreten Parteivereinbarung. Hätten K und M eine Versendung durch die Post vereinbart, wäre eine Konkretisierung gescheitert, da die Kaufsache noch nicht der Post übergeben worden war. Die Parteien haben nicht verabredet, wer die Kaufsache transportieren soll. Das konnte sich der Schuldner M selbst aussuchen. Er hat sich für den Transporteur T entschieden. Mit der Übergabe des BH an T hat M das seinerseits Erforderliche getan (§ 243 II) und somit konkretisiert.
2. Das Ergebnis mutet vielleicht erst einmal ungerecht an, da K den Kaufpreis schon gezahlt hat. Ihr werdet in einem der folgenden Fälle sehen, daß K nicht schutzlos ist.

Fall 14

Die gehässige K kauft am 22.11. vom Tierhändler T eine Vogelspinne. Da sie die Spinne ihrem Schwiegervater zu Weihnachten schenken möchte, selbst aber in der Zwischenzeit keine Verwendung für das reizende Tier hat, vereinbart sie mit T, sie werde die Spinne am 23.12. abholen und dann den Kaufpreis zahlen. Außerdem vereinbaren die Parteien, daß die Leistungspflicht des auf seinen vorhandenen Spinnenvorrat beschränkt ist, da Tiere dieser Art nur schwer zu beschaffen sind. Als K am Abholtag in freudiger Erwartung erscheint, erfährt sie von T, daß alle vorrätigen Vogelspinnen in der Zwischenzeit von einer militanten Tierbefreiungsgruppe entführt worden sind. Obwohl T auf die Vorratsvereinbarung verweist, verlangt K ein neues Tier.

Frage: Hat K gegen T einen Anspruch aus § 433 I 1 ?

Lösungsskizze Fall 14

- K gegen T Übereignung eines neuen Vogelspinne gemäß § 433 I 1 ?

I. Anspruch entstanden ?

1. Vertrag ?

HIER (+) → Kaufvertrag, § 433 zwischen T und K

2. <u>also</u>: Anspruch entstanden (+)

II. Anspruch untergegangen ?

- nach § 275 I oder II i.V.m. I

1. Wirksames Schuldverhältnis ?

HIER (+) → s.o.; Kaufvertrag, § 433 zwischen T und K

2. Objektive oder subjektive Unmöglichkeit der Leistung ?

a. Vereinbarte Leistung = Übereignung einer Spinne, § 929 S. 1

b. Objektive oder subjektive Unmöglichkeit ?

= niemand kann die Leistung erbringen (§ 275 I = objektive Unmöglichkeit) oder eine dritte Person, nicht aber der Schuldner kann die Leistung erbringen (§ 275 II i.V.m. I = subjektive Unmöglichkeit bzw. Unvermögen);
dies wiederum ist insbesondere dann denkbar, wenn es sich bei dem geschuldeten Gegenstand um eine Stückschuld oder eine konkretisierte Gattungsschuld (§ 243 II) handelt

aa. Stückschuld ?

= ein nur einmal existierender Gegenstand

HIER (−) → K hat sich nicht für eine bestimmte Spinne aus dem Vorrat des T entschieden; Gegenstand des Vertrags war eine Gattungsschuld

bb. gemäß § 243 II zur Stückschuld konkretisierte Gattungsschuld ?
= der Schuldner muß das seinerseits Erforderliche zur Leistung getan haben (§ 243 II);
ob er das seinerseits Erforderliche getan hat, hängt davon ab, welche Art der Schuld (Holschuld, Bringschuld, Schickschuld) vorliegt

(1) Art der Schuld ?

HIER Holschuld → zwischen T und K war Abholung der Sache vereinbart

(2) Konkretisierung durch den Schuldner ?
= bei der Holschuld: Aussondern der Kaufsache und Benachrichtigung des Gläubigers von der Abholmöglichkeit

HIER (–) → die Parteien haben zwar einen Abholtag vereinbart, T hat aber keine der Spinnen ausgesondert

(3) <u>also</u>: Konkretisierung (–)

cc. Unmöglichkeit wegen "begrenzter Gattungsschuld" ?
= die Parteien haben vereinbart, daß nur aus einem bestimmten Vorrat bzw. Lager geleistet werden soll (deshalb auch: Vorratsschuld, Lagerschuld) <u>und</u> die Leistung kann nicht erbracht werden

HIER (+) → K und T haben bei Vertragsschluß vereinbart, daß sich die Verpflichtung des T nur auf seinen Spinnen-Vorrat beschränkt (begrenzte Gattungs-, Vorrats-, Lagerschuld) ; T kann keine der Spinnen an K übereignen (vgl. § 929 S. 1); er kann sich zwar mit K über den Eigentumsübergang einigen; zur Übergabe einer der Spinnen ist er aber nicht in der Lage; sie befinden sich im Besitz der Entführer

dd. <u>also</u>: subjektive Unmöglichkeit, § 275 II i.V.m. I (+)

c. <u>also</u>: Unmöglichkeit der Leistung (+)

3. Nachträgliche Unmöglichkeit ?
= sie darf erst nach Vertragsschluß entstanden sein

HIER (+) → die Leistung ist erst nach dem 22.11., also nach Vertragsschluß unmöglich geworden

4. Kein Vertretenmüssen des Schuldners der Leistung ?
= keine Haftung nach § 276 oder § 278

HIER (+) → der Schuldner haftet grundsätzlich für Vorsatz und jede Fahrlässigkeit; es gibt keine Anhaltspunkte im Sachverhalt, die auf ein zumindest leicht fahrlässiges Verhalten des T schließen lassen; T hat die Unmöglichkeit der Leistung nicht zu vertreten

5. <u>also</u>: Anspruch gemäß § 275 II i.V.m. I untergegangen (+)

III. Ergebnis:

K gegen T Übereignung einer neuen Vogelspinne gemäß § 433 I 1 (–)

Formulierungsvorschlag Fall 14

- K gegen T Übereignung einer neuen Vogelspinne gemäß § 433 I 1

K könnte gegen T einen Anspruch auf Übereignung einer neuen Vogelspinne gemäß § 433 I 1 haben.

I. Dann müßte der Anspruch zunächst entstanden sein.

1. Dies setzt einen wirksamen Kaufvertrag zwischen den Parteien voraus. T und K haben einen Kaufvertrag (§ 433) über eine Vogelspinne geschlossen.

2. Demnach ist der Anspruch entstanden.

II. Der Anspruch des K könnte jedoch gemäß § 275 I oder II i.V.m. I untergegangen sein.

1. Dann müßte ein Schuldverhältnis zwischen T und K vorliegen. T und K haben einen Kaufvertrag geschlossen, ein Schuldverhältnis liegt demnach vor.

2. Weiterhin müßte die aus dem Vertrag resultierende Leistung objektiv oder subjektiv unmöglich sein.

a. Der Vertrag beinhaltet als Leistung die Übereignung einer Vogelspinne (§ 929 S. 1).

b. Eine Unmöglichkeit wäre zu bejahen, wenn niemand die Leistung erbringen kann (§ 275 I, objektive Unmöglichkeit) oder wenn eine dritte Person, nicht aber der Schuldner die Leistung erbringen kann (§ 275 II i.V.m. I, subjektive Unmöglichkeit bzw. Unvermögen). Dies wiederum ist insbesondere dann denkbar, wenn es sich bei dem geschuldeten Gegenstand um eine Stückschuld oder eine konkretisierte Gattungsschuld (§ 243 II) handelt.

Bei dem geschuldeten Gegenstand könnte es sich um eine Stückschuld handeln. Eine Stückschuld liegt vor, wenn der geschuldete Gegenstand nur einmal existiert. Das ist insbesondere bei gebrauchten Gegenständen und bei neuen Einzelstücken zu bejahen.
K hat sich nicht für eine bestimmte Spinne aus dem Vorrat des T entschieden. Die Parteien haben also nicht die Übereignung eines bestimmten Einzelstücks vereinbart. Gegenstand des Vertrags war eine Gattungsschuld.

Das Schuldverhältnis könnte sich aber gemäß § 243 II auf eine bestimmte Sache beschränkt haben. Um eine solche Konkretisierung herbeizuführen, müßte der Schuldner das seinerseits Erforderliche zur Leistung getan haben.
Ob er das seinerseits Erforderliche getan hat, hängt davon ab, welche Art der Schuld (Hol-, Bring- oder Schickschuld) vorliegt.

Zwischen T und K war die Abholung der Spinne, also eine Holschuld vereinbart.

Bei der Holschuld tritt Konkretisierung der Gattungsschuld zur Stückschuld ein, wenn der Schuldner die Kaufsache ausgesondert und den Gläubiger über die Abholmöglichkeit benachrichtigt hat. Die Parteien haben zwar einen Abholtag vereinbart, T hat jedoch keine der Spinnen aus seinem Vorrat ausgesondert.

Demnach ist eine Konkretisierung der ursprünglich bestehenden Gattungsschuld zur Stückschuld zu verneinen.

Eine Unmöglichkeit der Leistung läge dennoch vor, wenn die Parteien vereinbart hätten, daß nur aus einem bestimmten Vorrat bzw. Lager geleistet werden soll ("begrenzte Gattungsschuld") und die Leistung nicht erbracht werden kann.
K und T haben bei Vertragsschluß vereinbart, daß sich die Verpflichtung des T nur auf seinen Spinnen-Vorrat beschränkt. T kann keine der Spinnen an K übereignen (vgl. § 929 S. 1). Er kann sich zwar mit K über den Eigentumsübergang einigen. Zur Übergabe einer der Spinnen ist er aber nicht in der Lage. Diese befinden sich im Besitz der "Entführer". Demnach liegt eine subjektive Unmöglichkeit (§ 275 II i.V.m. I) vor.

c. Die Leistung ist somit unmöglich.

3. Außerdem müßte die Unmöglichkeit nachträglich sein. Sie ist nachträglich, wenn sie erst nach Vertragsschluß entsteht. Die Spinnen sind erst nach Vertragsschluß abhanden gekommen. Damit ist die Leistung nachträglich unmöglich geworden.

4. Letztlich dürfte der Schuldner der Leistung die Unmöglichkeit nicht zu vertreten haben. Das Vertretenmüssen bemißt sich grundsätzlich nach den §§ 276, 278.
T hat jedoch weder vorsätzlich noch fahrlässig die Unmöglichkeit der Leistung verursacht. Die Spinnen sind durch das alleinige Verschulden der Entführer abhanden gekommen.

5. Also sind alle Voraussetzungen des § 275 II i.V.m. I erfüllt. Der Anspruch des K aus § 433 I ist folglich untergegangen.

III. K hat gegen T keinen Anspruch auf Übereignung einer neuen Vogelspinne gemäß § 433 I 1.

Fazit

1. Vor der Bearbeitung dieses Falls wußtet Ihr anhand des üblichen Prüfungsläufers nur, daß eine Unmöglichkeit der Leistung in zwei Fällen in Betracht kommt. Entweder handelt es sich beim Kaufgegenstand um eine Stückschuld oder um eine zur Stückschuld konkretisierte Gattungsschuld.

   Jetzt habt Ihr eine dritte Möglichkeit kennengelernt. Wenn die Parteien vereinbart haben, daß der Schuldner nur aus einem bestimmten Vorrat leisten soll, liegt eine sog. ***begrenzte Gattungsschuld (Vorratsschuld; Lagerschuld)*** vor. Sollte der Schuldner nicht mehr aus dem Vorrat leisten können, ist die Leistung ebenfalls unmöglich, obwohl er die Kaufsache noch nicht zur Stückschuld konkretisiert hat.

2. Prägt Euch deshalb (zunächst) ein, daß es (mindestens) ***drei Konstellationen der Unmöglichkeit einer Leistung*** gibt.

   - eine ***Stückschuld*** ...
   - eine zur Stückschuld ***konkretisierte Gattungsschuld*** ...
   - aus einer ***begrenzten Gattungsschuld*** ... kann nicht mehr geleistet werden

Fall 15

Der boshafte K kauft am 12.12. im Blumengeschäft des B einen von diesem gezüchteten äußerst giftigen Kaktus, von dem nur zwölf Exemplare existieren. Für ein bestimmtes Exemplar entscheidet er sich zu diesem Zeitpunkt nicht. Die Pflanze will er seiner Schwiegermutter zu Weihnachten schenken. Den von B geforderten Kaufpreis in Höhe von 80,-- DM zahlt er sofort. K und B vereinbaren den 23.12. als Abholtermin. Als K am auserkorenen Tag bei B erscheint, erzählt ihm dieser unter Tränen, daß sein Gewächshaus einschließlich aller Kakteen am Vortag einer Brandstiftung zum Opfer gefallen ist. Der entäuschte K verlangt trotzdem einen zumindest ähnlichen Kaktus.

Frage: Hat K gegen B einen Anspruch aus § 433 I 1 ?

Lösungsskizze Fall 15

- K gegen B Übereignung eines Kaktus gemäß § 433 I 1 ?

I. Anspruch entstanden ?

1. Vertrag ?

HIER (+) → Kaufvertrag, § 433 zwischen B und K

2. <u>also</u>: Anspruch entstanden (+)

II. Anspruch untergegangen ?

- nach § 275 I oder II i.V.m. I

1. Wirksames Schuldverhältnis ?

HIER (+) → s.o.; Kaufvertrag, § 433 zwischen B und K

2. Objektive oder subjektive Unmöglichkeit der Leistung ?

a. Vereinbarte Leistung = Übereignung eines Kaktus, § 929 S. 1

b. Objektive oder subjektive Unmöglichkeit ?

= niemand kann die Leistung erbringen (§ 275 I = objektive Unmöglichkeit) oder eine dritte Person, nicht aber der Schuldner kann die Leistung erbringen (§ 275 II i.V.m. I = subjektive Unmöglichkeit bzw. Unvermögen);
dies wiederum ist insbesondere dann denkbar, wenn es sich bei dem geschuldeten Gegenstand um eine Stückschuld oder eine konkretisierte Gattungsschuld (§ 243 II) handelt

aa. Stückschuld ?

= ein nur einmal existierender Gegenstand

HIER (–) → K hat sich nicht für einen bestimmten Kaktus des B entschieden; Gegenstand des Vertrags war eine Gattungsschuld

bb. gemäß § 243 II zur Stückschuld konkretisierte Gattungsschuld ?

= der Schuldner muß das seinerseits Erforderliche zur Leistung getan haben (§ 243 II);
ob er das seinerseits Erforderliche getan hat, hängt davon ab, welche Art der Schuld (Holschuld, Bringschuld, Schickschuld) vorliegt

(1) Art der Schuld ?

HIER Holschuld → zwischen B und K war Abholung der Sache vereinbart

(2) Konkretisierung durch den Schuldner ?

= bei der Holschuld: Aussondern der Kaufsache und Benachrichtigung des Gläubigers von der Abholmöglichkeit

HIER (–) → die Parteien haben zwar einen Abholtag vereinbart, B hat aber keinen Kaktus ausgesondert

(3) <u>also</u>: Konkretisierung (–)

cc. Unmöglichkeit wegen Zerstörung der gesamten Gattung ?

= die Leistung kann nicht erbracht werden, weil die gesamte Gattung nicht mehr existiert

HIER (+) → alle von T gezüchteten Kakteen sind einem Brand zum Opfer gefallen; niemand kann einen der Kakteen an K übereignen (vgl. § 929 S. 1), da alle Pflanzen zerstört sind

dd. <u>also</u>: objektive Unmöglichkeit, § 275 I (+)

c. <u>also</u>: Unmöglichkeit der Leistung (+)

3. Nachträgliche Unmöglichkeit ?

= sie darf erst nach Vertragsschluß entstanden sein

HIER (+) → die Leistung ist erst nach dem 12.12., also nach Vertragsschluß unmöglich geworden

4. Kein Vertretenmüssen des Schuldners der Leistung ?

= keine Haftung nach § 276 oder § 278

HIER (+) → der Schuldner haftet grundsätzlich für Vorsatz und jede Fahrlässigkeit; es gibt keine Anhaltspunkte im Sachverhalt, die auf ein zumindest leicht fahrlässiges Verhalten des T schließen lassen; T hat die Unmöglichkeit der Leistung nicht zu vertreten

5. <u>also</u>: Anspruch gemäß § 275 I untergegangen (+)

III. Ergebnis:

K gegen B Übereignung eines Kaktus gemäß § 433 I 1 (–)

Formulierungsvorschlag Fall 15

- K gegen B Übereignung eines Kaktus gemäß § 433 I 1

K könnte gegen B einen Anspruch auf Übereignung einer Kaktus gemäß § 433 I 1 haben.

I. Dann müßte der Anspruch zunächst entstanden sein.

1. Dies setzt einen wirksamen Kaufvertrag zwischen den Parteien voraus. T und B haben einen Kaufvertrag (§ 433) über einen Kaktus geschlossen.

2. Demnach ist der Anspruch entstanden.

II. Der Anspruch des K könnte jedoch gemäß § 275 I oder II i.V.m. I untergegangen sein.

1. Dann müßte ein Schuldverhältnis zwischen B und K vorliegen. B und K haben einen Kaufvertrag geschlossen, ein Schuldverhältnis liegt demnach vor.

2. Weiterhin müßte die aus dem Vertrag resultierende Leistung objektiv oder subjektiv unmöglich sein.

a. Der Vertrag beinhaltet als Leistung die Übereignung eines Kaktus (§ 929 S. 1).

b. Eine Unmöglichkeit wäre zu bejahen, wenn niemand die Leistung erbringen kann (§ 275 I, objektive Unmöglichkeit) oder wenn eine dritte Person, nicht aber der Schuldner die Leistung erbringen kann (§ 275 II i.V.m. I, subjektive Unmöglichkeit bzw. Unvermögen). Dies wiederum ist insbesondere dann denkbar, wenn es sich bei dem geschuldeten Gegenstand um eine Stückschuld oder eine konkretisierte Gattungsschuld (§ 243 II) handelt.

Bei dem geschuldeten Gegenstand könnte es sich um eine Stückschuld handeln. Eine Stückschuld liegt vor, wenn der geschuldete Gegenstand nur einmal existiert. Das ist insbesondere bei gebrauchten Gegenständen und bei neuen Einzelstücken zu bejahen.
K hat sich nicht für einen bestimmten Kaktus entschieden. Die Parteien haben also nicht die Übereignung eines bestimmten Einzelstücks vereinbart. Gegenstand des Vertrags war eine Gattungsschuld.

Das Schuldverhältnis könnte sich aber gemäß § 243 II auf eine bestimmte Sache beschränkt haben. Um eine solche Konkretisierung herbeizuführen, müßte der Schuldner das seinerseits Erforderliche zur Leistung getan haben.
Ob er das seinerseits Erforderliche getan hat, hängt davon ab, welche Art der Schuld (Hol-, Bring- oder Schickschuld) vorliegt.

Zwischen B und K war die Abholung des Kaktus, also eine Holschuld vereinbart.

Bei der Holschuld tritt Konkretisierung der Gattungsschuld zur Stückschuld ein, wenn der Schuldner die Kaufsache ausgesondert und den Gläubiger über die Abholmöglichkeit benachrichtigt hat. Die Parteien haben zwar einen Abholtag vereinbart, B hat jedoch keinen Kaktus ausgesondert.

Demnach ist eine Konkretisierung der ursprünglich bestehenden Gattungsschuld zur Stückschuld zu verneinen.

Eine Unmöglichkeit der Leistung läge dennoch vor, wenn die gesamte Gattung, aus der der Schuldner leisten sollte, nicht mehr existiert.
Da alle von B gezüchteten Kakteen durch den Brand vernichtet worden sind, existiert die gesamte Gattung nicht mehr. Wegen der Vernichtung der Pflanzen ist niemand in der Lage, die Leistung (§ 929 S. 1) zu erbringen. Demnach liegt eine objektive Unmöglichkeit (§ 275 I) vor.

c. Die Leistung ist somit unmöglich.

3. Außerdem müßte die Unmöglichkeit nachträglich sein. Sie ist nachträglich, wenn sie erst nach Vertragsschluß entsteht. Die Kakteen sind erst nach Vertragsschluß zerstört worden. Damit ist die Leistung nachträglich unmöglich geworden.

4. Letztlich dürfte der Schuldner der Leistung die Unmöglichkeit nicht zu vertreten haben. Das Vertretenmüssen bemißt sich grundsätzlich nach den §§ 276, 278.
B hat jedoch weder vorsätzlich noch fahrlässig die Unmöglichkeit der Leistung verursacht.

5. Also sind alle Voraussetzungen des § 275 I erfüllt. Der Anspruch des K aus § 433 I ist folglich untergegangen.

III. K hat gegen B keinen Anspruch auf Übereignung eines Kaktus gemäß § 433 I 1.

Fazit

1. Mit der Variante dieses Falls kennt Ihr jetzt alle ***vier Konstellationen*** der Unmöglichkeit einer Leistung:
   - eine ***Stückschuld*** ...
   - eine zur Stückschuld ***konkretisierte Gattungsschuld*** ...
   - aus einer ***begrenzten Gattungsschuld*** ...
   - aus der ***gesamten Gattung*** ... kann nicht mehr geleistet werden

2. Einigen könnte im Laufe der letzten beiden Fälle bezüglich des ***Aufbaus*** bzw. der ***Prüfungsreihenfolge*** ein ***anderer Gedanke*** gekommen sein, und zwar folgender: Wenn die Parteien Leistung aus einem bestimmten Vorrat vereinbart haben und die gesamte begrenzte Gattung zerstört ist, kann es doch eigentlich dahinstehen, ob konkretisiert wurde oder nicht. Auch wenn die gesamte Gattung nicht mehr existiert ist es doch eigentlich egal, ob eine Konkretisierung erfolgt ist. Dann erübrigt sich doch die Konkretisierungsprüfung. Oder?!

   Das ist nicht falsch, schneidet aber u.U. eine klausurerwünschte Prüfung eines Konkretisierungsproblems ab. Ein dort angesiedeltes Problem würdet Ihr nämlich regelmäßig ignorieren. Bei der Wahl des hier präsentierten Aufbaus geht Ihr dieses Risiko nicht ein. Schlimmstenfalls bringt Ihr ein paar "überflüssige" Sätze zu Papier.

Fall 16

K schließt mit dem Künstler O am 21.10. einen Kaufvertrag über eine große abstrakte Vase, die die seltsame Bezeichnung "Der dicke Helmut reitet nach Osten" trägt. Die Auflage ist auf 40 Exemplare limitiert. Für eine bestimmte Vase entscheidet sich K zu diesem Zeitpunkt nicht. Als Kaufpreis vereinbaren die Parteien 11.100,-- DM. Da O alle existierenden Vasen in einer Ausstellung des Galeristen G präsentieren will, erklärt er dem K, daß er eine der Vasen mit dessen Namenszettel kennzeichnen werde und K das Gefäß am 11.12. in der Galerie des G abholen könne. K ist mit der Regelung einverstanden und verspricht,. den Kaufpreis am Abholtag zu zahlen. Am 11.12. erscheint K jedoch nicht. Am 12.12. werden 39 Vasen zerstört, weil O leicht fahrlässig das in der Galerie stehende Präsentationsregal umstößt. Darunter befindet sich die Vase, die O schon mit dem Namenszettel des K versehen hat. Als K am 13.12. in der Galerie erscheint, erfährt er vom Mißgeschick des O. K bietet den vereinbarten Kaufpreis an und verlangt von O Übereignung der letzten intakten Vase.

Frage: Hat K gegen O einen Anspruch aus § 433 I 1 ?

Lösungsskizze Fall 16

- K gegen O Übereignung der (letzten) Vase gemäß § 433 I 1 ?

I. Anspruch entstanden ?

1. Vertrag ?

HIER (+) → Kaufvertrag, § 433 zwischen O und K

2. <u>also</u>: Anspruch entstanden (+)

II. Anspruch untergegangen ?

- nach § 275 I oder II i.V.m. I

1. Wirksames Schuldverhältnis ?

HIER (+) → s.o.; Kaufvertrag, § 433 zwischen O und K

2. Objektive oder subjektive Unmöglichkeit der Leistung ?

a. Vereinbarte Leistung = Übereignung einer Vase, § 929 S. 1

b. Objektive oder subjektive Unmöglichkeit ?

= niemand kann die Leistung erbringen (§ 275 I = objektive Unmöglichkeit) oder eine dritte Person, nicht aber der Schuldner kann die Leistung erbringen (§ 275 II i.V.m. I = subjektive Unmöglichkeit bzw. Unvermögen);
dies wiederum ist insbesondere dann denkbar, wenn es sich bei dem geschuldeten Gegenstand um eine Stückschuld oder eine konkretisierte Gattungsschuld (§ 243 II) handelt

aa. Stückschuld ?
= ein nur einmal existierender Gegenstand

HIER (–) → K hat sich nicht für eine bestimmte Vase des O entschieden; Gegenstand des Vertrags war eine Gattungsschuld

bb. gemäß § 243 II zur Stückschuld konkretisierte Gattungsschuld ?
= der Schuldner muß das seinerseits Erforderliche zur Leistung getan haben (§ 243 II);
ob er das seinerseits Erforderliche getan hat, hängt davon ab, welche Art der Schuld (Holschuld, Bringschuld, Schickschuld) vorliegt

(1) Art der Schuld ?

HIER Holschuld → zwischen O und K war Abholung der Sache vereinbart

(2) Konkretisierung durch den Schuldner ?
= bei der Holschuld: Aussondern der Kaufsache und Benachrichtigung des Gläubigers von der Abholmöglichkeit

HIER (+) → die Parteien haben einen Abholtag vereinbart und O hat eine Vase ausgesondert, indem er sie mit dem Namenszettel des K versehen hat

(3) <u>also</u>: Konkretisierung (+)

cc. Unmöglichkeit ?
= die Leistung kann nicht erbracht werden

HIER (+) → niemand kann die mit dem Namenszettel versehene Vase an K übereignen (vgl. § 929 S. 1); die Kaufsache ist zerstört

dd. <u>also</u>: objektive Unmöglichkeit, § 275 I (+)

c. <u>also</u>: Unmöglichkeit der Leistung (+)

3. Nachträgliche Unmöglichkeit ?
= sie darf erst nach Vertragsschluß entstanden sein

HIER (+) → die Leistung ist erst nach dem 21.10., also nach Vertragsschluß unmöglich geworden

4. Kein Vertretenmüssen des Schuldners der Leistung ?
= keine Haftung nach § 276 oder § 278

HIER (–) → der Schuldner haftet grundsätzlich für Vorsatz und jede Fahrlässigkeit; O hat die Vase leicht fahrlässig zerstört, also die Unmöglichkeit gemäß § 276 zu vertreten

<u>aber</u>: Ausschluß der Haftung des Schuldners ?
= vertragliche Vereinbarung oder gesetzliche Regelung erforderlich

HIER (+) → § 300 I = Annahmeverzug des Gläubigers; der Schuldner hat während des Verzugs des Gläubigers nur Vorsatz und grobe Fahrlässigkeit zu vertreten;
Gläubiger K befand sich im Annahmeverzug (vgl. §§ 293 ff): zwar hat der Schuldner die Leistung nicht - wie gemäß § 293 grundsätz-

lich erforderlich - angeboten; das Angebot war jedoch gemäß § 296 S. 1 entbehrlich; für die Leistung (Übereignung) war eine Zeit nach dem Kalender bestimmt; K sollte die Vase am 11.12. abholen; dies hat er nicht getan; mit Ablauf des genannten Tages befand er sich also im Annahmeverzug; erst danach ist die Vase zerstört worden, d.h. die Unmöglichkeit der Leistung eingetreten; Schuldner O hat die Vase nach Eintritt des Annahmeverzugs (nur) leicht fahrlässig zerstört; also kein Vertretenmüssen des Schuldners

***5. <u>also</u>: Anspruch gemäß § 275 I untergegangen* (+)**

III. Ergebnis:

K gegen O Übereignung der (letzten) Vase gemäß § 433 I 1 (–)

Formulierungsvorschlag Fall 16

- K gegen O Übereignung der (letzten) Vase gemäß § 433 I 1

K könnte gegen O einen Anspruch auf Übereignung der letzten intakten Vase gemäß § 433 I 1 haben.

I. Dann müßte der Anspruch zunächst entstanden sein.

1. Dies setzt einen wirksamen Kaufvertrag zwischen den Parteien voraus. K und O haben einen Kaufvertrag (§ 433) über eine Vase geschlossen.

2. Demnach ist der Anspruch entstanden.

II. Der Anspruch des K könnte jedoch gemäß § 275 I oder II i.V.m. I untergegangen sein.

1. Dann müßte ein Schuldverhältnis zwischen O und K vorliegen. O und K haben einen Kaufvertrag geschlossen, ein Schuldverhältnis liegt demnach vor.

2. Weiterhin müßte die aus dem Vertrag resultierende Leistung objektiv oder subjektiv unmöglich sein.

a. Der Vertrag beinhaltet als Leistung die Übereignung einer Vase (§ 929 S. 1).

b. Eine Unmöglichkeit wäre zu bejahen, wenn niemand die Leistung erbringen kann (§ 275 I, objektive Unmöglichkeit) oder wenn eine dritte Person, nicht aber der Schuldner die Leistung erbringen kann (§ 275 II i.V.m. I, subjektive Unmöglichkeit bzw. Unvermögen). Dies wiederum ist insbesondere dann denkbar, wenn es sich bei dem geschuldeten Gegenstand um eine Stückschuld oder eine konkretisierte Gattungsschuld (§ 243 II) handelt.

Bei dem geschuldeten Gegenstand könnte es sich um eine Stückschuld handeln. Eine Stückschuld liegt vor, wenn der geschuldete Gegenstand nur einmal existiert. Das ist insbesondere bei gebrauchten Gegenständen und bei neuen Einzelstücken zu bejahen.

K hat sich nicht für eine bestimmte Vase entschieden. Die Parteien haben also nicht die Übereignung eines bestimmten Einzelstücks vereinbart. Gegenstand des Vertrags war eine Gattungsschuld.

Das Schuldverhältnis könnte sich aber gemäß § 243 II auf eine bestimmte Sache beschränkt haben. Um eine solche Konkretisierung herbeizuführen, müßte der Schuldner das seinerseits Erforderliche zur Leistung getan haben.
Ob er das seinerseits Erforderliche getan hat, hängt davon ab, welche Art der Schuld (Hol-, Bring- oder Schickschuld) vorliegt.

Zwischen O und K war die Abholung der Vase, also eine Holschuld vereinbart.

Bei der Holschuld tritt Konkretisierung der Gattungsschuld zur Stückschuld ein, wenn der Schuldner die Kaufsache ausgesondert und den Gläubiger über die Abholmöglichkeit benachrichtigt hat. O hat eine der Vasen ausgesondert, indem er sie mit dem Namenszettel des K versehen hat und mit K einen Abholtag vereinbart.

Demnach ist eine Konkretisierung der ursprünglich bestehenden Gattungsschuld zur Stückschuld zu bejahen. Das Schuldverhältnis beschränkt sich also nach § 243 II auf diese Vase.
Die Übereignung einer beweglichen Sache erfordert gemäß § 929 S. 1 eine Einigung über den Eigentumsübergang und die Übergabe der Sache. Niemand kann die ausgesonderte Vase an K übereignen, da sie zerstört ist. Demnach liegt eine objektive Unmöglichkeit (§ 275 I) vor.

c. Die aus dem Vertrag resultierende Leistung ist somit unmöglich.

3. Außerdem müßte die Unmöglichkeit nachträglich sein. Sie ist nachträglich, wenn sie erst nach Vertragsschluß entsteht. Die Vase ist erst nach Vertragsschluß zerstört worden. Damit ist die Leistung nachträglich unmöglich geworden.

4. Letztlich dürfte der Schuldner der Leistung die Unmöglichkeit nicht zu vertreten haben. Das Vertretenmüssen bemißt sich grundsätzlich nach den §§ 276, 278.
O hat die Vase leicht fahrlässig zerstört, also grundsätzlich die Unmöglichkeit der Leistung gemäß § 276 zu vertreten.
Fraglich ist jedoch, ob der Schuldner der Leistung (O) ausnahmsweise nicht für leichte Fahrlässigkeit haftet. Dies wäre zu bejahen, wenn die Parteien einen Haftungsausschluß vereinbart hätten oder wenn ein Haftungsausschluß gesetzlich festgelegt ist.
In Betracht kommt die gesetzliche Regelung des § 300 I. Hiernach haftet der Schuldner während des Verzugs des Gläubigers nur für Vorsatz und grobe Fahrlässigkeit. § 300 I regelt die Folgen des Annahmeverzugs des Gläubigers. Zu prüfen ist also, ob sich K zum Zeitpunkt des Eintritts der Unmöglichkeit im Annahmeverzug befand. Dies wiederum bestimmt sich nach den §§ 293 ff.
Gemäß § 293 befindet sich der Gläubiger im Verzug, wenn er die ihm angebotene Leistung nicht annimmt. O hat dem K die Vase aber nicht angeboten. Gemäß § 296 S. 1 ist ein Angebot jedoch überflüssig, wenn für die

Leistung eine Zeit nach dem Kalender bestimmt ist. Nach der Vereinbarung der Parteien sollte K die Vase am 11.12. abholen. Es war also eine Zeit nach dem Kalender bestimmt. Ein Angebot war entbehrlich.
K hat die Vase nicht abgeholt und sich somit mit Ablauf des 11.12. in Annahmeverzug befunden. Erst am darauffolgenden Tag ist die Unmöglichkeit der Leistung eingetreten. Nach § 300 I haftet O somit nicht für leichte Fahrlässigkeit.
Er hat die Unmöglichkeit der Leistung nicht zu vertreten.

5. Also sind alle Voraussetzungen des § 275 I erfüllt. Der Anspruch des K aus § 433 I ist folglich untergegangen.

III. K hat gegen B keinen Anspruch auf Übereignung der letzten Vase gemäß § 433 I 1.

Fazit

1. Im Rahmen der Frage, ob der Schuldner der Leistung die Unmöglichkeit nicht zu vertreten hat, ist ***grundsätzlich*** ein mögliches Verschulden gemäß **§§ *276 und 278*** zu prüfen. Hiernach haftet der Schuldner für Vorsatz und jede Fahrlässigkeit.

Aber Achtung: Ihr müßt zusätzlich immer überlegen, ob vielleicht ***ausnahmsweise*** ein ***veränderter Haftungsmaßstab*** gilt. Zwei Ausnahmen sind denkbar:

- eine ***vertragliche*** Haftungsbeschränkung
  (dann ist aber u.U. das AGBG = Gesetz zur Regelung des Rechts der Allgemeinen Geschäftsbedingungen zu beachten)
- eine ***gesetzliche*** Haftungsbeschränkung (z.B. § 300 I; klausurträchtig!)

2. In unserem Fall war die Ausnahmevorschrift des § 300 I zu prüfen. Innerhalb der Prüfung sind die den Annahmeverzug regelnden §§ 293 ff zu beachten.

Fall 17

Der Industrielle I ist stolzer Eigentümer eines Porsche 911, Baujahr 1977. Wegen des Kaufs eines neuen Autos muß er sich von dem alten Wagen trennen. Er verkauft deshalb das Auto am 01.08. für 24.000,-- DM an K. Der Vertrag soll erst am 08.08. abgewickelt werden, da I das schöne Wetter noch für einige Ausfahrten nutzen will. Bei einer der Spritztouren wird I in einen Unfall verwikkelt. Die allein von X verschuldete Karambolage führt dazu, daß der Porsche total zerstört ist.

Frage: Hat I gegen K einen Anspruch aus § 433 II ?

Lösungsskizze Fall 17

- I gegen K Kaufpreiszahlung gemäß § 433 II ?

I. Anspruch entstanden ?

1. Vertrag ?

HIER (+) → Kaufvertrag, § 433 zwischen I und K

2. <u>also</u>: Anspruch entstanden **(+)**

II. Anspruch untergegangen ?

- nach § 323 I

Anmerkung: Warum kann der Anspruch (bei Unmöglichkeit) nur nach § 323 I untergehen? Der Anspruch auf die Gegenleistung (HIER Kaufpreiszahlung) kann immer nur nach § 323 I untergehen, der Anspruch auf die Leistung (HIER Übereignung der Kaufsache) immer nur nach § 275 I oder II i.V.m. I

1. Gegenseitiger Vertrag ?

HIER (+) → s.o.; Kaufvertrag, § 433 zwischen I und K

2. Objektive oder subjektive Unmöglichkeit der Leistung ?

a. Vereinbarte Leistung = Übereignung eines PKW, § 929 S. 1

b. Objektive oder subjektive Unmöglichkeit ?

= niemand kann die Leistung erbringen (objektive Unmöglichkeit) oder eine dritte Person, nicht aber der Schuldner kann die Leistung erbringen (subjektive Unmöglichkeit bzw. Unvermögen); dies wiederum ist insbesondere dann denkbar, wenn es sich bei dem geschuldeten Gegenstand um eine Stückschuld oder eine konkretisierte Gattungsschuld (§ 243 II) handelt

aa. Stückschuld ?

= ein nur einmal existierender Gegenstand

HIER (+) → bei dem PKW handelt es sich um eine gebrauchte, d.h. einmalige Sache, also eine Stückschuld

bb. Unmöglichkeit ?

HIER (+) → niemand kann den PKW an K übereignen, weil er zerstört ist

cc. also: objektive Unmöglichkeit (+)

c. also: Unmöglichkeit der Leistung (+)

3. Nachträgliche Unmöglichkeit ?
= sie darf erst nach Vertragsschluß entstanden sein

HIER (+) → die Leistung ist erst nach dem 01.08., also nach Vertragsschluß unmöglich geworden

4. Kein Vertretenmüssen des einen oder des anderen ?
= weder der eine (Schuldner der Leistung) noch der andere (Schuldner der Gegenleistung) haftet nach § 276 oder § 278

a. der eine ?
= I (Schuldner der Leistung)

HIER (+) → der Schuldner der Leistung haftet grundsätzlich für Vorsatz und jede Fahrlässigkeit; nicht I, sondern X allein hat den Unfall verschuldet; I hat die Unmöglichkeit der Leistung nicht zu vertreten

b. der andere ?
= K (Schuldner der Gegenleistung)

HIER (+) → er haftet zwar ebenfalls grundsätzlich für Vorsatz und jede Fahrlässigkeit; K ist aber ebenfalls schuldlos (s.o.)

c. also: kein Vertretenmüssen des einen oder des anderen (+)

5. also: Anspruch gemäß § 323 I untergegangen (+)

III. Ergebnis:
I gegen K Kaufpreiszahlung gemäß § 433 II (–)

Formulierungsvorschlag Fall 17

- I gegen K Kaufpreiszahlung gemäß § 433 II

I könnte gegen K einen Anspruch auf Kaufpreiszahlung gemäß § 433 II haben.

I. Dann müßte der Anspruch zunächst entstanden sein.

1. Dies setzt einen wirksamen Kaufvertrag zwischen den Parteien voraus. I und K haben einen Kaufvertrag (§ 433) über eine bestimmtes Auto zum Preis von 24000,-- DM geschlossen.

2. Demnach ist der Anspruch entstanden.

II. Der Anspruch des I könnte jedoch gemäß § 323 I untergegangen sein.

1. Dann müßte zwischen I und K ein gegenseitiger Vertrag vorliegen. I und K haben einen Kaufvertrag geschlossen, ein gegenseitiger Vertrag liegt demnach vor.

2. Weiterhin müßte die aus dem Vertrag resultierende Leistung objektiv oder subjektiv unmöglich sein.

a. Der Vertrag beinhaltet als Leistung die Übereignung eines Autos (§ 929 S. 1).

b. Eine Unmöglichkeit wäre zu bejahen, wenn niemand die Leistung erbringen kann (objektive Unmöglichkeit) oder wenn eine dritte Person, nicht aber der Schuldner die Leistung erbringen kann (subjektive Unmöglichkeit bzw. Unvermögen). Dies wiederum ist insbesondere dann denkbar, wenn es sich bei dem geschuldeten Gegenstand um eine Stückschuld oder eine konkretisierte Gattungsschuld (§ 243 II) handelt.

Bei dem geschuldeten Gegenstand könnte es sich um eine Stückschuld handeln. Eine Stückschuld liegt vor, wenn der geschuldete Gegenstand nur einmal existiert. Das ist insbesondere bei gebrauchten Gegenständen und bei neuen Einzelstücken zu bejahen.
Der Kaufgegenstand ist eine gebrauchte Sache, also eine Stückschuld.

Die Übereignung einer beweglichen Sache erfordert gemäß § 929 S. 1 eine Einigung über den Eigentumsübergang und die Übergabe der Sache. Weder I noch eine andere Person kann die Übereignung vornehmen, da der PKW zerstört ist. Demnach liegt eine objektive Unmöglichkeit vor.

c. Die aus dem Vertrag resultierende Leistung ist somit unmöglich.

3. Außerdem müßte die Unmöglichkeit nachträglich sein. Sie ist nachträglich, wenn sie erst nach Vertragsschluß entsteht. Der Wagen ist erst nach Vertragsschluß zerstört worden. Damit ist die Leistung nachträglich unmöglich geworden.

4. Letztlich dürften weder der Schuldner der Leistung (der eine) noch der Schuldner der Gegenleistung (der andere) die Unmöglichkeit zu vertreten haben. Das Vertretenmüssen bemißt sich grundsätzlich nach den §§ 276, 278.

a. I hat jedoch weder vorsätzlich noch fahrlässig die Unmöglichkeit der Leistung verursacht. Das Auto ist durch das alleinige Verschulden des X zerstört worden.

b. K ist ebenfalls schuldlos.

c. Somit hat weder der eine noch der andere die Unmöglichkeit zu vertreten.

5. Also sind alle Voraussetzungen des § 323 I erfüllt. Der Anspruch des I aus § 433 II ist folglich untergegangen.

III. I hat gegen K keinen Anspruch auf Kaufpreiszahlung gemäß § 433 II.

Fazit

1. Der Fall ist identisch mit dem Euch schon bekannten Fall 8. Gefragt war hier aber nicht nach dem Anspruch auf die Leistung, sondern nach dem Anspruch auf die ***Gegenleistung***. Der Gegenleistungsanspruch (Anspruch auf Kaufpreiszahlung, § 433 II; vgl. die Ausführungen im Fazit zu Fall 8) kann wegen Unmöglichkeit der Leistung nur nach ***§ 323 I*** untergehen!!!

2. Die Prüfungsläufer des § 275 und des § 323 I sind ***fast identisch***. Ihr müßt nur einige kleine Unterschiede beachten. Aber das habt Ihr ja schon in der Lösungsskizze gesehen.

3. ***In einem wesentlichen Prüfungspunkt unterscheiden sich die Prüfungsläufer*** des § 275 und des § 323 I ***nicht***. Ich führe das deshalb aus, weil es immer wieder mißverstanden und / oder falsch gemacht wird. Es handelt sich um den Prüfungspunkt: Objektive oder subjektive Unmöglichkeit der Leistung. Gefragt ist nach der ***Unmöglichkeit der Leistung*** (nicht etwa nach der Unmöglichkeit der Gegenleistung)!!!

   Noch einmal: Selbst bei der Prüfung des Anspruchs auf die Gegenleistung (HIER Kaufpreiszahlung) müßt Ihr im Rahmen des § 323 I ermitteln, ob eine ***Unmöglichkeit der Leistung*** zu bejahen ist. Das muß zwangsläufig so sein: Der Anspruch auf die Gegenleistung (= Zahlung) kann nicht unmöglich werden. Es spielt keine Rolle, ob man später kein Geld mehr hat. Wie sagt der Jurist in seiner bodenlosen Unverfrorenheit?!: Geld hat man zu haben!

4. Außerdem ist nicht danach zu fragen, ob der Schuldner die Unmöglichkeit der Leistung zu vertreten hat. Das wäre nur die "halbe Miete". Der entsprechende Prüfungspunkt im Rahmen des § 323 I lautet: ***Kein Vertretenmüssen des einen oder des anderen***.

   Ihr müßt überprüfen, ob weder der eine (= der Schuldner der Leistung) noch der andere Vertragspartner (= der Schuldner der Gegenleistung) nach § 276 oder § 278 haftet.

5. ***Seltener*** sind übrigens Klausurfälle, in denen der Schuldner der Gegenleistung die Unmöglichkeit der Leistung zu vertreten hat. Dann geht der Anspruch auf die Gegenleistung natürlich nicht nach § 323 I unter. Vielmehr bestimmt sich die Rechtsfolge nun nach ***§ 324 I 1*** Der Anspruchsteller behält demnach den Anspruch auf die Gegenleistung.

6. ***Zur Wiederholung und Gegenüberstellung:***

   Wenn der ***Leistungsanspruch*** nicht gemäß ***§ 275 I oder II i.V.m. I*** untergeht, bleibt der Schuldner der Leistung gemäß ***§ 279*** nach wie vor zur ***Leistung*** verpflichtet.

   Wenn der ***Gegenleistungsanspruch*** nicht gemäß ***§ 323 I*** untergeht, bleibt der Schuldner der ***Gegenleistung*** gemäß ***§ 324 I 1*** nach wie vor zur Gegenleistung verpflichtet.

Fall 18

K kauft am 10.04. im Sex-Shop der E für 200,-- DM eine aufblasbare Gummipuppe des Typs "Lolita". Die für ihn bestimmte Puppe muß erst von E bestellt werden, da sie nur noch das von K besichtigte Ausstellungsstück besitzt. K will die Gummipuppe abholen, sobald er von E benachrichtigt wird und dann den Kaufpreis zahlen. Am 18.05. wirft E eine an K adressierte Postkarte in den Postkasten, mit der sie K benachrichtigt, daß sie die eingetroffene Puppe ausgesondert habe und er sie abholen könne. Die Karte erreicht K jedoch nicht, da die Deutsche Post AG einmal mehr versagt. Als sich K am 30.05. bei E meldet und fragt, ob die Puppe bald verfügbar sei, muß er erfahren, daß das ausgesonderte Stück anläßlich eines Einbruchs am 28.05. bei E entwendet worden ist. E ist der Ansicht, sie habe durch die Benachrichtigung des K alle für sie aus dem Kaufvertrag resultierenden Verpflichtungen erfüllt und verlangt von K Zahlung des vereinbarten Kaufpreises.

Frage: Hat E gegen K einen Anspruch aus § 433 II ?

Lösungsskizze Fall 18

- E gegen K Kaufpreiszahlung gemäß § 433 II ?

I. Anspruch entstanden ?

1. Vertrag ?

HIER (+) → Kaufvertrag, § 433 zwischen E und K

2. <u>also</u>: Anspruch entstanden (+)

II. Anspruch untergegangen ?

- nach § 323 I

Anmerkung: Warum kann der Anspruch (bei Unmöglichkeit) nur nach § 323 I untergehen? Der Anspruch auf die Gegenleistung (HIER Kaufpreiszahlung) kann immer nur nach § 323 I untergehen, der Anspruch auf die Leistung (HIER Übereignung der Kaufsache) immer nur nach § 275 I oder II i.V.m. I

1. Gegenseitiger Vertrag ?

HIER (+) → s.o.; Kaufvertrag, § 433 zwischen E und K

2. Objektive oder subjektive Unmöglichkeit der Leistung ?

a. Vereinbarte Leistung = Übereignung einer Puppe, § 929 S. 1

b. Objektive oder subjektive Unmöglichkeit ?

= niemand kann die Leistung erbringen (objektive Unmöglichkeit) oder eine dritte Person, nicht aber der Schuldner kann die Leistung erbringen (subjektive Unmöglichkeit bzw. Unvermögen);

dies wiederum ist insbesondere dann denkbar, wenn es sich bei dem geschuldeten Gegenstand um eine Stückschuld oder eine konkretisierte Gattungsschuld (§ 243 II) handelt

aa. Stückschuld ?

= ein nur einmal existierender Gegenstand

HIER (–) → K hat sich anhand eines Ausstellungsstücks für eine Puppe eines bestimmten Modells entschieden; die Parteien haben also nicht die Übereignung eines bestimmten Einzelstücks vereinbart; Gegenstand des Vertrags war eine Gattungsschuld

bb. gemäß § 243 II zur Stückschuld konkretisierte Gattungsschuld ?

= der Schuldner muß das seinerseits Erforderliche zur Leistung getan haben (§ 243 II);
ob er das seinerseits Erforderliche getan hat, hängt davon ab, welche Art der Schuld (Holschuld, Bringschuld, Schickschuld) vorliegt

(1) Art der Schuld ?

HIER Holschuld → zwischen E und K war Abholung der Sache vereinbart

(2) Konkretisierung durch den Schuldner ?

= bei der Holschuld: Aussondern der Kaufsache und Benachrichtigung des Gläubigers von der Abholmöglichkeit

HIER (+) → dies hat E getan; wichtig: die Benachrichtigung muß nicht beim Gläubiger ankommen. d.h. Zugang ist nicht erforderlich; die Absendung der Benachrichtigung reicht aus

(3) also: Konkretisierung (+)

cc. Unmöglichkeit ?

= die Leistung kann nicht erbracht werden

HIER (+) → S kann die ausgesonderte Puppe nicht an K übereignen (vgl. § 929 S. 1); sie kann sich zwar mit K über den Eigentumsübergang einigen; zur Übergabe der Puppe ist er aber nicht in der Lage; sie befindet sich im Besitz des Diebes

dd. also: subjektive Unmöglichkeit (+)

c. also: Unmöglichkeit der Leistung (+)

3. Nachträgliche Unmöglichkeit ?

= sie darf erst nach Vertragsschluß entstanden sein

HIER (+) → die Leistung ist erst nach dem 10.04., also nach Vertragsschluß unmöglich geworden

4. Kein Vertretenmüssen des einen oder des anderen ?

= weder der eine (Schuldner der Leistung) noch der andere (Schuldner der Gegenleistung) haftet nach § 276 oder § 278

a. die eine ?
= E (Schuldnerin der Leistung)

HIER (+) → der Schuldner der Leistung haftet grundsätzlich für Vorsatz und jede Fahrlässigkeit; es gibt keine Anhaltspunkte im Sachverhalt, die auf ein zumindest leicht fahrlässiges Verhalten der E schließen lassen; E hat die Unmöglichkeit der Leistung nicht zu vertreten

b. der andere ?
= K (Schuldner der Gegenleistung)

HIER (+) → er haftet zwar ebenfalls grundsätzlich für Vorsatz und jede Fahrlässigkeit; K ist aber ebenfalls schuldlos

c. also: kein Vertretenmüssen des einen oder des anderen **(+)**

5. also: Anspruch gemäß § 323 I untergegangen **(+)**

III. Ergebnis:
E gegen K Kaufpreiszahlung gemäß § 433 II (–)

Formulierungsvorschlag Fall 18

- E gegen K Kaufpreiszahlung gemäß § 433 II

E könnte gegen K einen Anspruch auf Kaufpreiszahlung gemäß § 433 I 1 haben.

I. Dann müßte der Anspruch zunächst entstanden sein.

1. Dies setzt einen wirksamen Kaufvertrag zwischen den Parteien voraus. E und K haben einen Kaufvertrag (§ 433) über eine Gummipuppe geschlossen.

2. Demnach ist der Anspruch entstanden.

II. Der Anspruch der E könnte jedoch gemäß § 323 I untergegangen sein.

1. Dann müßte zwischen E und K ein gegenseitiger Vertrag vorliegen. E und K haben einen Kaufvertrag geschlossen, ein gegenseitiger Vertrag liegt demnach vor.

2. Weiterhin müßte die aus dem Vertrag resultierende Leistung objektiv oder subjektiv unmöglich sein.

a. Der Vertrag beinhaltet als Leistung die Übereignung einer Gummipuppe (§ 929 S. 1).

b. Eine Unmöglichkeit wäre zu bejahen, wenn niemand die Leistung erbringen kann (objektive Unmöglichkeit) oder wenn eine dritte Person, nicht aber der Schuldner die Leistung erbringen kann (subjektive Unmöglichkeit bzw. Unvermögen). Dies wiederum ist insbesondere dann denkbar, wenn es sich bei dem geschuldeten Gegenstand um eine Stückschuld oder eine konkretisierte Gattungsschuld (§ 243 II) handelt.

Bei dem geschuldeten Gegenstand könnte es sich um eine Stückschuld handeln. Eine Stückschuld liegt vor, wenn der geschuldete Gegenstand nur einmal existiert. Das ist insbesondere bei gebrauchten Gegenständen und bei neuen Einzelstücken zu bejahen.
K hat sich anhand eines Ausstellungsstücks für dieses Modell entschieden. Die Parteien haben also nicht die Übereignung eines bestimmten Einzelstücks vereinbart. Gegenstand des Vertrags war eine Gattungsschuld.

Das Schuldverhältnis könnte sich aber gemäß § 243 II auf eine bestimmte Sache beschränkt haben. Um eine solche Konkretisierung herbeizuführen, müßte die Schuldnerin das ihrerseits Erforderliche zur Leistung getan haben.
Ob sie das ihrerseits Erforderliche getan hat, hängt davon ab, welche Art der Schuld (Hol-, Bring- oder Schickschuld) vorliegt.

Zwischen E und K war die Abholung der Puppe, also eine Holschuld vereinbart.

Bei der Holschuld tritt Konkretisierung der Gattungsschuld zur Stückschuld ein, wenn der Schuldner die Kaufsache ausgesondert und den Gläubiger über die Abholmöglichkeit benachrichtigt hat. E hat die Puppe beiseite gelegt und eine Postkarte an K abgeschickt, mit der sie ihn über die Abholmöglichkeit informieren wollte.
Fraglich ist jedoch, wie es sich auswirkt, daß K von der Mitteilung niemals Kenntnis erhielt, weil ihn die Postkarte nicht erreicht hat. Nach allgemeiner Meinung reicht die alleinige Absendung einer Mitteilung aus. Ein Zugehen derselben beim Gläubiger ist nicht erforderlich. Somit hat E alles ihrerseits Erforderliche zur Leistung getan.

Demnach ist eine Konkretisierung der ursprünglich bestehenden Gattungsschuld zur Stückschuld zu bejahen. Das Schuldverhältnis beschränkt sich also nach § 243 II auf diese Puppe.

Die Übereignung einer beweglichen Sache erfordert gemäß § 929 S. 1 eine Einigung über den Eigentumsübergang und die Übergabe der Sache. E kann die ausgesonderte Puppe nicht an K übereignen (vgl. § 929 S. 1). Sie kann sich zwar mit K über den Eigentumsübergang einigen. Zur Übergabe der Puppe ist sie aber nicht in der Lage. Die Puppe befindet sich im Besitz des Diebes. Demnach liegt eine subjektive Unmöglichkeit vor.

c. Die aus dem Vertrag resultierende Leistung ist somit unmöglich.

3. Außerdem müßte die Unmöglichkeit nachträglich sein. Sie ist nachträglich, wenn sie erst nach Vertragsschluß entsteht. Die konkrete Puppe ist erst nach Vertragsschluß abhanden gekommen. Damit ist die Leistung nachträglich unmöglich geworden.

4. Letztlich dürften weder der Schuldner der Leistung (der eine) noch der Schuldner der Gegenleistung (der andere) die Unmöglichkeit zu vertreten haben. Das Vertretenmüssen bemißt sich grundsätzlich nach den §§ 276, 278.

a. E hat jedoch weder vorsätzlich noch fahrlässig die Unmöglichkeit der Leistung verursacht. Die Puppe ist durch das alleinige Verschulden des Diebes abhanden gekommen.

b. K ist ebenfalls schuldlos.

c. Somit hat weder der eine noch der andere die Unmöglichkeit zu vertreten.

5. Also sind alle Voraussetzungen des § 323 I erfüllt. Der Anspruch der E aus § 433 II ist folglich untergegangen.

III. E hat gegen K keinen Anspruch auf Kaufpreiszahlung gemäß § 433 II.

Fazit

1. Der Prüfungsläufer des § 323 I unterscheidet sich in zwei Punkten vom Prüfungsläufer des § 275. Und welche Punkte sind das? Hilfreich dürfte in diesem Zusammenhang das nochmalige Lesen des Fazits zum vorherigen Fall sein. Der Sachverhalt war dem Euch schon bekannten Fall 10 nachgebildet. Auch das Lesen des Fazit von Fall 10 dürfte nicht schaden.
   Hier ging es abermals nicht um den Leistungsanspruch gemäß § 433 I 1, sondern um den Gegenleistungsanspruch gemäß § 433 II.

2. ***Vielleicht habt Ihr es schon im vorherigen Fall 17 bemerkt:*** Wenn Ihr im Rahmen der Prüfung des § 323 I (Untergang des Gegenleistungsanspruchs) fragt, ob eine Unmöglichkeit der Leistung vorliegt, gibt es wiederum zwei Möglichkeiten. Die Leistung kann objektiv oder subjektiv (Unvermögen) unmöglich sein. Das ist genau so wie in der Prüfung des § 275 (Untergang des Leistungsanspruchs).

   Es gibt nur einen klitzekleinen Unterschied: Bei § 275 habt Ihr die beiden unterschiedlichen Arten der Unmöglichkeit mit Normen benannt (objektive Unmöglichkeit = § 275 I; subjektive Unmöglichkeit = § 275 II i.V.m. I).

Fall 19

K schließt mit dem Künstler O am 21.10. einen Kaufvertrag über eine große abstrakte Vase, die die seltsame Bezeichnung "Der dicke Helmut reitet nach Osten" trägt. Die Auflage ist auf 40 Exemplare limitiert. K entscheidet sich zu diesem Zeitpunkt nicht für eine bestimmte Vase. Als Kaufpreis vereinbaren die Parteien 11.100,-- DM. Da O alle existierenden Vasen in einer Ausstellung des Galeristen G präsentieren will, erklärt er dem K, daß er eine der Vasen am 11.12. in der Galerie des G abholen könne. K ist mit der Regelung einverstanden und verspricht, den Kaufpreis am Abholtag zu zahlen. Am 11.12. erscheint K jedoch nicht. Am 12.12. werden alle 40 Vasen zerstört, weil O leicht fahrlässig das in der Galerie stehende Präsentationsregal umstößt. Als K am 13.12. in der Galerie erscheint, erfährt er vom Mißgeschick des O. Dieser ist der Meinung er habe trotz allem einen Kaufpreisanspruch gegen K.

Frage: Hat O gegen K einen Anspruch aus § 433 II ?

Lösungsskizze Fall 19

- O gegen K Kaufpreiszahlung gemäß § 433 II ?

I. Anspruch entstanden ?

1. Vertrag ?

HIER (+) → Kaufvertrag, § 433 zwischen O und K

***2. <u>also</u>: Anspruch entstanden* (+)**

II. Anspruch untergegangen ?

- nach § 323 I

1. Gegenseitiger Vertrag ?

HIER (+) → s.o.; Kaufvertrag, § 433 zwischen O und K

2. Objektive oder subjektive Unmöglichkeit der Leistung ?

a. Vereinbarte Leistung = Übereignung einer Vase, § 929 S. 1

b. Objektive oder subjektive Unmöglichkeit ?

= niemand kann die Leistung erbringen (objektive Unmöglichkeit) oder eine dritte Person, nicht aber der Schuldner kann die Leistung erbringen (subjektive Unmöglichkeit bzw. Unvermögen); dies wiederum ist insbesondere dann denkbar, wenn es sich bei dem geschuldeten Gegenstand um eine Stückschuld oder eine konkretisierte Gattungsschuld (§ 243 II) handelt

aa. Stückschuld ?

= ein nur einmal existierender Gegenstand

HIER (–) → K hat sich nicht für eine bestimmte Vase des O entschieden; Gegenstand des Vertrags war eine Gattungsschuld

bb. gemäß § 243 II zur Stückschuld konkretisierte Gattungsschuld ?

= der Schuldner muß das seinerseits Erforderliche zur Leistung getan haben (§ 243 II);

ob er das seinerseits Erforderliche getan hat, hängt davon ab, welche Art der Schuld (Holschuld, Bringschuld, Schickschuld) vorliegt

(1) Art der Schuld ?

HIER Holschuld → zwischen O und K war Abholung der Sache vereinbart

(2) Konkretisierung durch den Schuldner ?

= bei der Holschuld: Aussondern der Kaufsache und Benachrichtigung des Gläubigers von der Abholmöglichkeit

HIER (+) → die Parteien haben zwar einen Abholtag vereinbart, O hat aber keine Vase ausgesondert

***(3) also: Konkretisierung* (–)**

cc. Unmöglichkeit wegen Zerstörung der gesamten Gattung ?

= die Leistung kann nicht erbracht werden, weil die gesamte Gattung nicht mehr existiert

HIER (+) → alle von O gefertigten Vasen sind zerstört; niemand kann eine der Vasen an K übereignen (vgl. § 929 S. 1)

***dd. also: objektive Unmöglichkeit* (+)**

***c. also: Unmöglichkeit der Leistung* (+)**

3. Nachträgliche Unmöglichkeit ?

= sie darf erst nach Vertragsschluß entstanden sein

HIER (+) → die Leistung ist erst nach dem 21.10., also nach Vertragsschluß unmöglich geworden

4. Kein Vertretenmüssen des einen oder des anderen ?

= weder der eine (Schuldner der Leistung) noch der andere (Schuldner der Gegenleistung) haftet nach § 276 oder § 278

a. der eine ?

= O (Schuldner der Leistung)

HIER (+) → der Schuldner der Leistung haftet grundsätzlich für Vorsatz und jede Fahrlässigkeit; O hat aber die Vase leicht fahrlässig zerstört, also die Unmöglichkeit gemäß § 276 zu vertreten

aber: ausnahmsweise keine Haftung des Schuldners für leichte Fahrlässigkeit ?

= vertragliche Vereinbarung oder gesetzliche Regelung erforderlich

HIER (+) → § 300 I = Annahmeverzug des Gläubigers; der Schuldner hat während des Verzugs des Gläubigers nur Vorsatz und grobe Fahrlässigkeit zu vertreten;

Gläubiger K befand sich im Annahmeverzug (bestimmt sich nach §§ 293 ff): zwar hat der Schuldner die Leistung nicht - wie gemäß § 293 grundsätzlich erforderlich - angeboten; das Angebot war jedoch gemäß § 296 S. 1 entbehrlich; für die Leistung (Übereignung) war eine Zeit nach dem Kalender bestimmt; K sollte die Vase am 11.12. abholen; dies hat er nicht getan; mit Ablauf des genannten Tages befand er sich also im Annahmeverzug; erst danach ist die Vase zerstört worden, d.h. die Unmöglichkeit der Leistung eingetreten; Schuldner O hat die Vase nach Eintritt des Annahmeverzugs (nur) leicht fahrlässig zerstört; also kein Vertretenmüssen des einen (Schuldner der Leistung)

b. der andere ?

= K (Schuldner der Gegenleistung)

HIER (+) → er haftet zwar ebenfalls grundsätzlich für Vorsatz und jede Fahrlässigkeit; K ist aber ebenfalls schuldlos

c. <u>also</u>: kein Vertretenmüssen des einen oder des anderen (+)

5. <u>also</u>: Voraussetzungen des § 323 I (+)

6. <u>aber</u>: Sonderregel zu § 323 I ?

= u.U. behält der Anspruchsteller den Anspruch auf die Gegenleistung trotz Vorliegens der Voraussetzungen des § 323 I wegen gesetzlicher Sonderregelungen; im Rahmen eines Kaufvertrags sind zu beachten: § 324 II i.V.m. I, § 446 I 1, § 447 I

- § 324 II i.V.m. I

HIER (+) → nach der genannten Norm behält der eine (= der Schuldner der Leistung) den Anspruch auf die Gegenleistung, wenn die ihm obliegende Leistung infolge eines von ihm nicht zu vertretenden Umstandes zu einer Zeit unmöglich wird, zu welcher der andere (= der Gläubiger der Leistung = der Schuldner der Gegenleistung) im Annahmeverzug ist;
K (= der Gläubiger der Leistung = der Schuldner der Gegenleistung) befand sich nach den §§ 293, 296 S. 1 in Annahmeverzug (s.o.); O (= der Schuldner der Leistung) hat die Unmöglichkeit wegen § 300 I nicht zu vertreten (s.o.)

7. <u>also</u>: Anspruch gemäß § 323 I untergegangen (–)

III. Anspruch durchsetzbar ?

- § 320 = Einrede des nichterfüllten Vertrags

= der Anspruchsgegner kann die Leistung verweigern, bis der Anspruchsteller seinerseits leistet

HIER (–) → K kann die Kaufpreiszahlung nicht verweigern, weil er seinerseits keinen Anspruch gegen O hat; dieser Anspruch ist gemäß § 275 I untergegangen

IV. Ergebnis:

O gegen K Kaufpreiszahlung gemäß § 433 II (+)

Formulierungsvorschlag Fall 19

- O gegen K Kaufpreiszahlung gemäß § 433 II

O könnte gegen K einen Anspruch auf Kaufpreiszahlung gemäß § 433 II haben.

I. Dann müßte der Anspruch zunächst entstanden sein.

1. Dies setzt einen wirksamen Kaufvertrag zwischen den Parteien voraus. K und O haben einen Kaufvertrag (§ 433) über eine Vase geschlossen.

2. Demnach ist der Anspruch entstanden.

II. Der Anspruch des O könnte jedoch gemäß § 323 I untergegangen sein.

1. Dann zwischen O und K ein gegenseitiger Vertrag vorliegen. O und K haben einen Kaufvertrag geschlossen, ein gegenseitiger Vertrag liegt demnach vor.

2. Weiterhin müßte die aus dem Vertrag resultierende Leistung objektiv oder subjektiv unmöglich sein.

a. Der Vertrag beinhaltet als Leistung die Übereignung einer Vase (§ 929 S. 1).

b. Eine Unmöglichkeit wäre zu bejahen, wenn niemand die Leistung erbringen kann (objektive Unmöglichkeit) oder wenn eine dritte Person, nicht aber der Schuldner die Leistung erbringen kann (subjektive Unmöglichkeit bzw. Unvermögen). Dies wiederum ist insbesondere dann denkbar, wenn es sich bei dem geschuldeten Gegenstand um eine Stückschuld oder eine konkretisierte Gattungsschuld (§ 243 II) handelt.

Bei dem geschuldeten Gegenstand könnte es sich um eine Stückschuld handeln. Eine Stückschuld liegt vor, wenn der geschuldete Gegenstand nur einmal existiert. Das ist insbesondere bei gebrauchten Gegenständen und bei neuen Einzelstücken zu bejahen.
K hat sich nicht für eine bestimmte Vase entschieden. Die Parteien haben also nicht die Übereignung eines bestimmten Einzelstücks vereinbart. Gegenstand des Vertrags war eine Gattungsschuld.

Das Schuldverhältnis könnte sich aber gemäß § 243 II auf eine bestimmte Sache beschränkt haben. Um eine solche Konkretisierung herbeizuführen, müßte der Schuldner das seinerseits Erforderliche zur Leistung getan haben.
Ob er das seinerseits Erforderliche getan hat, hängt davon ab, welche Art der Schuld (Hol-, Bring- oder Schickschuld) vorliegt.

Zwischen O und K war die Abholung der Vase, also eine Holschuld vereinbart.

Bei der Holschuld tritt Konkretisierung der Gattungsschuld zur Stückschuld ein, wenn der Schuldner die Kaufsache ausgesondert und den Gläubiger über die Abholmöglichkeit benachrichtigt hat. Die Parteien haben zwar einen Abholtag vereinbart, O hat jedoch keine der Vasen ausgesondert.

Demnach ist eine Konkretisierung der ursprünglich bestehenden Gattungsschuld zur Stückschuld zu verneinen.

Eine Unmöglichkeit der Leistung läge dennoch vor, wenn die gesamte Gattung, aus der der Schuldner leisten sollte, nicht mehr existiert.
Da alle von O gefertigten Vasen zerstört worden sind, existiert die gesamte Gattung nicht mehr. Wegen der Zerstörung der Vasen niemand in der Lage, die Leistung (§ 929 S. 1) zu erbringen. Demnach liegt eine objektive Unmöglichkeit vor.

c. Die Leistung ist somit unmöglich.

3. Außerdem müßte die Unmöglichkeit nachträglich sein. Sie ist nachträglich, wenn sie erst nach Vertragsschluß entsteht. Die Vase ist erst nach Vertragsschluß zerstört worden. Damit ist die Leistung nachträglich unmöglich geworden.

4. Letztlich dürften weder der Schuldner der Leistung (der eine) noch der Schuldner der Gegenleistung (der andere) die Unmöglichkeit zu vertreten haben. Das Vertretenmüssen bemißt sich grundsätzlich nach den §§ 276, 278.

a. O hat die Vase leicht fahrlässig zerstört, also grundsätzlich die Unmöglichkeit der Leistung gemäß § 276 zu vertreten.

Fraglich ist jedoch, ob der Schuldner der Leistung (O) ausnahmsweise nicht für leichte Fahrlässigkeit haftet. Dies wäre zu bejahen, wenn die Parteien einen Haftungsausschluß vereinbart hätten oder wenn ein Haftungsausschluß gesetzlich festgelegt ist.
In Betracht kommt die gesetzliche Regelung des § 300 I. Hiernach haftet der Schuldner während des Verzugs des Gläubigers nur für Vorsatz und grobe Fahrlässigkeit. § 300 I regelt die Folgen des Annahmeverzugs des Gläubigers. Zu prüfen ist also, ob sich K zum Zeitpunkt des Eintritts der Unmöglichkeit im Annahmeverzug befand. Dies wiederum bestimmt sich nach den §§ 293 ff.
Gemäß § 293 befindet sich der Gläubiger im Verzug, wenn er die ihm angebotene Leistung nicht annimmt. O hat dem K die Vase aber nicht angeboten. Gemäß § 296 S. 1 ist ein Angebot jedoch überflüssig, wenn für die Leistung eine Zeit nach dem Kalender bestimmt ist. Nach der Vereinbarung der Parteien sollte K die Vase am 11.12. abholen. Es war also eine Zeit nach dem Kalender bestimmt. Ein Angebot war entbehrlich.
K hat die Vase nicht abgeholt und sich somit mit Ablauf des 11.12. in Annahmeverzug befunden. Erst am darauffolgenden Tag ist die Unmöglichkeit der Leistung eingetreten. Nach § 300 I haftet O somit nicht für leichte Fahrlässigkeit.
Er hat die Unmöglichkeit der Leistung nicht zu vertreten.

b. K ist ebenfalls schuldlos.

c. Somit hat weder der eine noch der andere die Unmöglichkeit zu vertreten.

5. Also sind alle Voraussetzungen des § 323 I erfüllt.

6. Fraglich ist jedoch, ob es eine gesetzliche Sonderregel zu § 323 I gibt, die zu beachten ist.
In Betracht kommt § 324 II i.V.m. I. Nach der genannten Norm behält der eine (= der Schuldner der Leistung) den Anspruch auf die Gegenleistung, wenn die ihm obliegende Leistung infolge eines von ihm nicht zu vertreten-

den Umstandes zu einer Zeit unmöglich wird, zu welcher der andere im Annahmeverzug ist. K befand sich nach den §§ 293, 296 S. 1 in Annahmeverzug (s.o.). O hat die Unmöglichkeit wegen § 300 I nicht zu vertreten (s.o.).
Demnach sind die Voraussetzungen des § 324 II i.V.m. I erfüllt.

7. Der Anspruch des O aus § 433 II ist deshalb nicht untergegangen.

III. Fraglich ist jedoch, ob der Anspruch des O durchsetzbar ist.

Für K kommt gegen den Anspruch des O die Einrede des nichterfüllten Vertrags gemäß § 320 in Betracht. Hiernach kann der Anspruchsgegner die Leistung solange verweigern, bis der Anspruchsteller seinerseits leistet.
K kann die Kaufpreiszahlung aber nicht verweigern, weil er seinerseits keinen Anspruch aus § 433 I 1 gegen O hat. Dieser Anspruch ist gemäß § 275 I untergegangen. Der Anspruch ist mithin durchsetzbar.

IV. O hat gegen K einen Anspruch auf Kaufpreiszahlung gemäß § 433 II.

Fazit

1. ***Ein ganz teuflischer Fall:*** Der ***Annahmeverzug*** des Gläubigers ist nicht nur für das Verschulden (veränderter Haftungsmaßstab, § 300 I) interessant, sondern ***in einem zweiten Punkt*** der Prüfung ***zu beachten***.
2. ***Grundsätzlich:*** Wenn Ihr endlich zum Ergebnis gekommen seid, daß der Anspruch auf die Gegenleistung nach § 323 I untergegangen ist, könnt Ihr Euch noch nicht entspannt zurücklehnen und an die nachmittägliche Fußpflege denken. Es geht weiter.

   Die ***nächste Überlegung***, die Ihr immer anstellen solltet, lautet sinngemäß:

   Gibt es eine Sonderregel zu § 323 I, die zu beachten ist?

   Es handelt sich dabei im Rahmen eines ***Kaufvertrags*** um die Sonderregeln des **§ *324 II i.V.m. I***, des **§ *446 I 1*** und des **§ *447 I*** (unbedingt lesen!!!).
3. In unserem Fall war **§ *324 II i.V.m. I*** einschlägig. An dieser Stelle kam der Annahmeverzug noch einmal ins Spiel. Das führt dazu, daß der Anspruch des O auf Kaufpreiszahlung doch nicht gemäß § 323 I untergeht.
4. Und dann die nächste - aber immerhin letzte - Schweinerei des Falls: Wenn der Anspruch nicht untergeht, ist zu prüfen, ob er denn ***durchsetzbar*** ist.

   Das habt Ihr schon in einigen vorangegangenen Fällen überprüfen müssen. In diesem Zusammenhang habt Ihr auch schon einmal den hier relevanten § 320 kennengelernt.

   § *320* eröffnet für den armen (?!) Anspruchsgegner die ***Einrede des nichterfüllten Vertrags***. Er kann solange seine Verpflichtung (hier Kaufpreiszahlung) verweigern, bis der andere, d.h. der Anspruchsteller seinerseits leistet (hier Übereignung).

Und jetzt kommt der Clou: Er kann natürlich nur die Einrede erheben, wenn er auch einen Anspruch gegen den anderen hat. Hat K aber nicht! Um das herauszubekommen, mußtet Ihr aber - zugegebenermaßen - ein paarmal um die Ecke denken (wie schon mehrfach in diesem Fall).
Der denkbare Anspruch des K aus § 433 I 1 (Übereignung der Kaufsache) ist gemäß § 275 I untergegangen. Ihr hättet das natürlich im Rahmen des § 320 in epischer Breite prüfen können. Ich habe das nicht gemacht, weil es auf der Hand liegt. Denkt (noch) einmal mit:

I. Anspruch entstanden ? (+)

II. Anspruch untergegangen ?

- nach § 275 I oder II i.V.m. I

1. Schuldverhältnis ? (+)

2. Objektive oder subjektive Unmöglichkeit der Leistung ?

a. Vereinbarte Leistung = Übereignung einer Vase, § 929 S. 1

b. Objektive oder subjektive Unmöglichkeit ?

aa. Stückschuld ? (–)

bb. gemäß § 243 II zur Stückschuld konkretisierte Gattungsschuld ?

(1) Art der Schuld ? → Holschuld

(2) Konkretisierung durch den Schuldner ? (–)

(3) also: Konkretisierung (–)

cc. Unmöglichkeit wg. Zerstörung der gesamten Gattung ? (+)

dd. also: objektive Unmöglichkeit, § 275 I (+)

c. also: Unmöglichkeit der Leistung (+)

3. Nachträgliche Unmöglichkeit ? (+)

4. Kein Vertretenmüssen des Schuldners ? an sich (–)
aber: ausnahmsweise keine Haftung wegen § 300 I

5. also: Anspruch gemäß § 275 I untergegangen (+)

III. Anspruch durchsetzbar ? (+)

IV. Ergebnis:

K gegen O Übereignung einer Vase gemäß § 433 I 1 (–)

Grämt Euch nicht, wenn's nicht direkt beim ersten Mal geklappt hat. Der Fall war schwer!

Fall 20

Jurastudent K ist bei der T-Shirt-Sammlerin E fündig geworden. Endlich hält er das seit langem gesuchte und berüchtigte "Tötet Onkel Dittmeyer" - Shirt in Händen. Die Parteien vereinbaren als Kaufpreis 100,-- DM. Da K nicht "flüssig" ist, vereinbaren K und E eine bis zum 11.12. befristete Ratenzahlung. Außerdem soll E Eigentümerin des T-Shirts bleiben, bis K den Kaufpreis vollständig bezahlt hat. Als K mit seinem Auto nach Hause fährt, kommt es zu einem ausschließlich durch D verschuldeten Unfall. Dabei wird das T-Shirt zerstört. E ist der Ansicht, K sei nach wie vor zur Zahlung verpflichtet. K zahlt aber im folgenden keine Raten. Am 12.12. verlangt E von K Zahlung des gesamten Betrags.

Frage: Hat E gegen K einen Anspruch aus § 433 II ?

Lösungsskizze Fall 20

- E gegen K Kaufpreiszahlung gemäß § 433 II ?

I. Anspruch entstanden ?

1. Vertrag ?

HIER (+) → Kaufvertrag, § 433 zwischen E und K

2. <u>also</u>: Anspruch entstanden (+)

II. Anspruch untergegangen ?

- nach § 323 I

1. Gegenseitiger Vertrag ?

HIER (+) → s.o.; Kaufvertrag, § 433 zwischen E und K

2. Objektive oder subjektive Unmöglichkeit der Leistung ?

a. Vereinbarte Leistung = Übereignung eines T-Shirts, § 929 S. 1

b. Objektive oder subjektive Unmöglichkeit ?

= niemand kann die Leistung erbringen (objektive Unmöglichkeit) oder eine dritte Person, nicht aber der Schuldner kann die Leistung erbringen (subjektive Unmöglichkeit bzw. Unvermögen); dies wiederum ist insbesondere dann denkbar, wenn es sich bei dem geschuldeten Gegenstand um eine Stückschuld oder eine konkretisierte Gattungsschuld (§ 243 II) handelt

aa. Stückschuld ?

= ein nur einmal existierender Gegenstand

HIER (+) → K hat sich für ein bestimmtes T-Shirt entschieden

bb. Unmöglichkeit ?

= die Leistung kann nicht erbracht werden

HIER (+) → E hat sich das Eigentum an der Kaufsache bis zur vollständigen Kaufpreiszahlung vorbehalten (= Eigentumsvorbehalt); K sollte erst danach Eigentümer des Shirts werden; nach der Zerstörung kann jedoch niemand das Shirt an K übereignen (vgl. § 929 S. 1)

cc. also: objektive Unmöglichkeit **(+)**

c. also: Unmöglichkeit der Leistung **(+)**

3. Nachträgliche Unmöglichkeit ?

= sie darf erst nach Vertragsschluß entstanden sein

HIER (+) → die Leistung ist erst nach Vertragsschluß unmöglich geworden

4. Kein Vertretenmüssen des einen oder des anderen ?

= weder der eine (Schuldner der Leistung) noch der andere (Schuldner der Gegenleistung) haftet nach § 276 oder § 278

a. die eine ?

= E (Schuldnerin der Leistung)

HIER (+) → der Schuldner der Leistung haftet grundsätzlich für Vorsatz und jede Fahrlässigkeit; E hat die Unmöglichkeit nicht zu vertreten; die Trockenhaube ist durch das alleinige Verschulden des D zerstört worden

b. der andere ?

= K (Schuldner der Gegenleistung)

HIER (+) → er haftet zwar ebenfalls grundsätzlich für Vorsatz und jede Fahrlässigkeit; K ist aber ebenfalls schuldlos (s.o.)

c. also: kein Vertretenmüssen des einen oder des anderen **(+)**

5. also: Voraussetzungen des § 323 I **(+)**

6. aber: Sonderregel zu § 323 I ?

= u.U. behält der Anspruchsteller den Anspruch auf die Gegenleistung trotz Vorliegens der Voraussetzungen des § 323 I wegen gesetzlicher Sonderregelungen; im Rahmen eines Kaufvertrags sind zu beachten: § 324 II i.V.m. I, § 446 I 1, § 447 I

- § 446 I 1

HIER (+) → nach der genannten Norm geht die Gefahr des zufälligen Untergangs auf den Käufer über, wenn der Verkäufer ihm die Sache übergibt; dies bedeutet, daß der Schuldner der Leistung den Kaufpreisanspruch behält, wenn die Übereignung der Kaufsache nach der Übergabe aufgrund eines Umstandes unmöglich wird, den weder der eine (= der Schuldner der Leistung) noch der andere (= der Gläubiger der Leistung = der Schuldner der Gegenleistung) zu vertreten hat;
E hat dem K die Kaufsache übergeben; weder K (= der Gläubiger der Leistung = der Schuldner der Gegenleistung) noch E (= die Schuldnerin der Leistung) hat die Unmöglichkeit zu vertreten (s.o.); die Leistung der Kaufsache ist durch das alleinige Verschulden des D unmöglich geworden

7. also: Anspruch gemäß § 323 I untergegangen **(–)**

III. Anspruch durchsetzbar ?

- **§ 320 = Einrede des nichterfüllten Vertrags**
  = der Anspruchsgegner kann die Leistung verweigern, bis der Anspruchsteller seinerseits leistet

  HIER (–) → K kann die Kaufpreiszahlung nicht verweigern, weil er seinerseits keinen Anspruch aus § 433 I 1 gegen E hat; dieser Anspruch ist gemäß § 275 I untergegangen

IV. Ergebnis:

E gegen K Kaufpreiszahlung gemäß § 433 II (+)

Formulierungsvorschlag Fall 20

- E gegen K Kaufpreiszahlung gemäß § 433 II

E könnte gegen K einen Anspruch auf Kaufpreiszahlung gemäß § 433 II haben.

I. Dann müßte der Anspruch zunächst entstanden sein.

1. Dies setzt einen wirksamen Kaufvertrag zwischen den Parteien voraus. E und K haben einen Kaufvertrag (§ 433) über ein T-Shirt geschlossen.

2. Demnach ist der Anspruch entstanden.

II. Der Anspruch der E könnte jedoch gemäß § 323 I untergegangen sein.

1. Dann müßte ein gegenseitiger Vertrag zwischen E und K vorliegen. E und K haben einen Kaufvertrag geschlossen, ein gegenseitiger Vertrag liegt demnach vor.

2. Weiterhin müßte die aus dem Vertrag resultierende Leistung objektiv oder subjektiv unmöglich sein.

a. Der Vertrag beinhaltet als Leistung die Übereignung eines T-Shirts (§ 929 S. 1).

b. Eine Unmöglichkeit wäre zu bejahen, wenn niemand die Leistung erbringen kann (objektive Unmöglichkeit) oder wenn eine dritte Person, nicht aber der Schuldner die Leistung erbringen kann (subjektive Unmöglichkeit bzw. Unvermögen). Dies wiederum ist insbesondere dann denkbar, wenn es sich bei dem geschuldeten Gegenstand um eine Stückschuld oder eine konkretisierte Gattungsschuld (§ 243 II) handelt.

Bei dem geschuldeten Gegenstand könnte es sich um eine Stückschuld handeln. Eine Stückschuld liegt vor, wenn der geschuldete Gegenstand nur einmal existiert. Das ist insbesondere bei gebrauchten Gegenständen und bei neuen Einzelstücken zu bejahen.
K hat sich für ein bestimmtes T-Shirt entschieden. Gegenstand des Vertrags war also eine Stückschuld.

E hat sich das Eigentum an der Kaufsache bis zur vollständigen Kaufpreiszahlung vorbehalten. Die Übereignung einer beweglichen Sache erfordert gemäß § 929 S. 1 eine Einigung über den Eigentumsübergang und die Übergabe der Sache. Nach der Zerstörung kann niemand das Shirt an K übereignen. Demnach liegt eine objektive Unmöglichkeit vor.

c. Die aus dem Vertrag resultierende Leistung ist somit unmöglich.

3. Außerdem müßte die Unmöglichkeit nachträglich sein. Sie ist nachträglich, wenn sie erst nach Vertragsschluß entsteht. Das T-Shirt ist erst nach Vertragsschluß zerstört worden. Damit ist die Leistung nachträglich unmöglich geworden.

4. Letztlich dürften weder der Schuldner der Leistung (der eine) noch der Schuldner der Gegenleistung (der andere) die Unmöglichkeit zu vertreten haben. Das Vertretenmüssen bemißt sich grundsätzlich nach den §§ 276, 278.

a. E ist schuldlos, da das Shirt durch das alleinige Verschulden des D zerstört worden ist.

b. K ist ebenfalls schuldlos (s.o.).

c. Somit hat weder der eine noch der andere die Unmöglichkeit zu vertreten.

5. Also sind alle Voraussetzungen des § 323 I erfüllt.

6. Fraglich ist jedoch, ob es eine gesetzliche Sonderregel zu § 323 I gibt, die zu beachten ist.
In Betracht kommt § 446 I 1. Nach der genannten Norm geht die Gefahr des zufälligen Untergangs auf den Käufer über, wenn der Verkäufer ihm die Sache übergibt. Dies bedeutet, daß der Schuldner der Leistung den Kaufpreisanspruch behält, wenn die Übereignung der Kaufsache nach der Übergabe aufgrund eines Umstandes unmöglich wird, den weder der eine (= der Schuldner der Leistung) noch der andere (= der Gläubiger der Leistung = der Schuldner der Gegenleistung) zu vertreten hat.
E hat dem K die Kaufsache übergeben. Weder K (= der Gläubiger der Leistung = der Schuldner der Gegenleistung) noch E (= die Schuldnerin der Leistung) hat die Unmöglichkeit zu vertreten (s.o.). Die Leistung der Kaufsache ist durch das alleinige Verschulden des D unmöglich geworden.
Demnach sind die Voraussetzungen des § 446 I 1 erfüllt.

7. Der Anspruch der E aus § 433 II ist deshalb nicht untergegangen.

III. Fraglich ist jedoch, ob der Anspruch der E durchsetzbar ist.

Für K kommt gegen den Anspruch der E die Einrede des nichterfüllten Vertrags gemäß § 320 in Betracht. Hiernach kann der Anspruchsgegner die Leistung solange verweigern, bis der Anspruchsteller seinerseits leistet.
K kann die Kaufpreiszahlung aber nicht verweigern, weil er seinerseits keinen Anspruch aus § 433 I 1 gegen E hat. Dieser Anspruch ist gemäß § 275 I untergegangen. Der Anspruch ist mithin durchsetzbar.

IV. E hat gegen K einen Anspruch auf Kaufpreiszahlung gemäß § 433 II.

Fazit

1. ***Und wieder:*** Wenn Ihr zum Ergebnis gekommen seid, daß der Anspruch auf die Gegenleistung nach § 323 I untergegangen ist, könnt Ihr Euch noch nicht entspannt zurücklehnen. Es geht weiter.

   Die ***nächste Überlegung***, die Ihr immer anstellen solltet, lautet sinngemäß:

   Gibt es eine Sonderregel zu § 323 I, die zu beachten ist?

   Es handelt sich dabei im Rahmen eines Kaufvertrags um die Sonderregeln des § 324 II i.V.m. I, des § 446 I 1 und des § 447 I (spätestens jetzt unbedingt lesen!!!!).

2. In unserem Fall war ***§ 446 I 1*** einschlägig. Das führt dazu, daß der Anspruch der E auf Kaufpreiszahlung doch nicht gemäß § 323 I untergeht.

3. Wenn der Anspruch nicht untergeht, ist zu prüfen, ob er denn durchsetzbar ist. Abermals mußtet Ihr an ***§ 320*** denken. § 320 eröffnet für den Anspruchsgegner die Einrede des nichterfüllten Vertrags. Er kann solange seine Verpflichtung (hier Kaufpreiszahlung) verweigern, bis der andere, d.h. der Anspruchsteller seinerseits leistet (hier Übereignung). Aber er kann natürlich nur die Einrede erheben, wenn er auch einen Anspruch gegen den anderen hat. Hat K aber nicht!

   Der denkbare Anspruch des K aus § 433 I 1 (Übereignung der Kaufsache) ist gemäß § 275 I untergegangen. Noch einmal mitdenken:

I. Anspruch entstanden ? (+)

II. Anspruch untergegangen ?

- nach § 275 I oder II i.V.m. I

1. Schuldverhältnis ? (+)

2. Objektive oder subjektive Unmöglichkeit der Leistung ?

a. Vereinbarte Leistung = Übereignung des T-Shirts, § 929 S. 1

b. Objektive oder subjektive Unmöglichkeit ?

aa. Stückschuld ? (+)

bb. Unmöglichkeit ? (+)

cc. also: objektive Unmöglichkeit (+)

c. also: Unmöglichkeit der Leistung (+)

3. Nachträgliche Unmöglichkeit ? (+)

4. Kein Vertretenmüssen des Schuldners ? (+)

5. also: Anspruch gemäß § 275 I untergegangen (+)

IV. Ergebnis:

K gegen E Übereignung des T - Shirts gemäß § 433 I 1 (−)

Fall 21

Am 04.04. betritt der aus der Eifel stammende aufreizend geschminkte Transvestit K das Miederwarengeschäft des M in München. Nach langer Beratung schließt er mit M einen Kaufvertrag über einen bestimmten Spitzen-BH des Modells "Standfest". Den Kaufpreis von 159,-- DM zahlt er sofort. Auf Bitten des K vereinbaren die Parteien die Versendung des BH an dessen Adresse. M bringt daraufhin den in einen an K adressierten Karton verpackten BH zur nächste Postfiliale. Die Deutsche Post AG bedient sich bezüglich des Transports der Deutsche Bahn AG. Der Geisteskranke G, dem jeglicher Schienenverkehr zuwider ist, sprengt den den Karton befördernden Zug in die Luft. Dabei verbrennt das Päckchen einschließlich des BH. Als M von dem Unglück erfährt, benachrichtigt er K und verlangt Zahlung des Kaufpreises.

Frage: Hat M gegen K einen Anspruch aus § 433 II ?

Anmerkung: Die Durchsetzbarkeit des Anspruchs ist zu unterstellen.

Lösungsskizze Fall 21

- M gegen K Kaufpreiszahlung gemäß § 433 II ?

I. Anspruch entstanden ?

1. Vertrag ?

HIER (+) → Kaufvertrag, § 433 zwischen M und K

2. <u>also</u>: Anspruch entstanden (+)

II. Anspruch untergegangen ?

- nach § 323 I

1. Gegenseitiger Vertrag ?

HIER (+) → s.o.; Kaufvertrag, § 433 I 1 zwischen M und K

2. Objektive oder subjektive Unmöglichkeit der Leistung ?

a. Vereinbarte Leistung = Übereignung eines BH, § 929 S. 1

b. Objektive oder subjektive Unmöglichkeit ?

= niemand kann die Leistung erbringen (§ 275 I = objektive Unmöglichkeit) oder eine dritte Person, nicht aber der Schuldner kann die Leistung erbringen (§ 275 II i.V.m. I = subjektive Unmöglichkeit bzw. Unvermögen);
dies wiederum ist insbesondere dann denkbar, wenn es sich bei dem geschuldeten Gegenstand um eine Stückschuld oder eine konkretisierte Gattungsschuld (§ 243 II) handelt

aa. Stückschuld ?

= ein nur einmal existierender Gegenstand

HIER (+) → K hat sich für einen bestimmten BH eines bestimmten Modells entschieden; die Parteien haben also die Übereignung eines bestimmten Einzelstücks vereinbart; Gegenstand des Vertrags war eine Stückschuld

bb. Unmöglichkeit ?
= die Leistung kann nicht erbracht werden

HIER (+) → niemand kann den BH an K übereignen (vgl. § 929 S. 1); die Kaufsache ist zerstört

cc. <u>also</u>: objektive Unmöglichkeit (+)

c. <u>also</u>: Unmöglichkeit der Leistung (+)

3. Nachträgliche Unmöglichkeit ?
= sie darf erst nach Vertragsschluß entstanden sein

HIER (+) → die Leistung ist erst nach dem 04.04., also nach Vertragsschluß unmöglich geworden

4. Kein Vertretenmüssen des einen oder des anderen ?
= weder der eine (Schuldner der Leistung) noch der andere (Schuldner der Gegenleistung) haftet nach § 276 oder § 278

a. der eine ?
= M (Schuldner der Leistung)

HIER (+) → der Schuldner der Leistung haftet grundsätzlich für Vorsatz und jede Fahrlässigkeit; M hat die Unmöglichkeit nicht zu vertreten; der BH ist durch das alleinige Verschulden des G zerstört worden

b. der andere ?
= K (Schuldner der Gegenleistung)

HIER (+) → er haftet zwar ebenfalls grundsätzlich für Vorsatz und jede Fahrlässigkeit; K ist aber ebenfalls schuldlos (s.o.)

c. <u>also</u>: kein Vertretenmüssen des einen oder des anderen (+)

5. <u>also</u>: Voraussetzungen des § 323 I (+)

6. <u>aber</u>: Sonderregel zu § 323 I ?
= u.U. behält der Anspruchsteller den Anspruch auf die Gegenleistung trotz Vorliegens der Voraussetzungen des § 323 I wegen gesetzlicher Sonderregelungen; im Rahmen eines Kaufvertrags sind zu beachten: § 324 II i.V.m. I, § 446 I 1, § 447 I

- § 447 I

HIER (+) → nach der genannten Norm geht die Gefahr auf den Käufer über, sobald der Verkäufer die Sache dem Spediteur ... ausgeliefert hat; dies bedeutet, daß der Schuldner der Leistung den Kaufpreisanspruch behält, wenn die Übereignung der Kaufsache nach der Übergabe aufgrund eines Umstandes unmöglich wird, der nach der Übergabe der Kaufsache an den Spediteur eintritt;
die Übereignung des BH ist erst durch das alleinige Verschulden des G unmöglich geworden; die Unmöglichkeit ist erst nach der Übergabe

der Kaufsache an den Spediteur (= die Deutsche Post AG) eingetreten

*7. __also__: **Anspruch gemäß § 323 I untergegangen** (–)*

III. Anspruch durchsetzbar ? **(+, laut SV unterstellt)**

IV. Ergebnis:

M gegen K Kaufpreiszahlung gemäß § 433 II (+)

Formulierungsvorschlag Fall 21

- M gegen K Kaufpreiszahlung gemäß § 433 II

M könnte gegen K einen Anspruch auf Kaufpreiszahlung gemäß § 433 II haben.

I. Dann müßte der Anspruch zunächst entstanden sein.

1. Dies setzt einen wirksamen Kaufvertrag zwischen den Parteien voraus. M und K haben einen Kaufvertrag (§ 433) über einen BH geschlossen.

2. Demnach ist der Anspruch entstanden.

II. Der Anspruch des M könnte jedoch gemäß § 323 I untergegangen sein.

1. Dann müßte zwischen M und K ein gegenseitiger Vertrag vorliegen. M und K haben einen Kaufvertrag geschlossen, ein gegenseitiger Vertrag liegt demnach vor.

2. Weiterhin müßte die aus dem Vertrag resultierende Leistung objektiv oder subjektiv unmöglich sein.

a. Der Vertrag beinhaltet als Leistung die Übereignung eines BH (§ 929 S. 1).

b. Eine Unmöglichkeit wäre zu bejahen, wenn niemand die Leistung erbringen kann (§ 275 I, objektive Unmöglichkeit) oder wenn eine dritte Person, nicht aber der Schuldner die Leistung erbringen kann (§ 275 II i.V.m. I, subjektive Unmöglichkeit bzw. Unvermögen). Dies wiederum ist insbesondere dann denkbar, wenn es sich bei dem geschuldeten Gegenstand um eine Stückschuld oder eine konkretisierte Gattungsschuld (§ 243 II) handelt.

Bei dem geschuldeten Gegenstand könnte es sich um eine Stückschuld handeln. Eine Stückschuld liegt vor, wenn der geschuldete Gegenstand nur einmal existiert. Das ist insbesondere bei gebrauchten Gegenständen und bei neuen Einzelstücken zu bejahen.
K hat sich für einen bestimmten BH entschieden. Gegenstand des Vertrags war eine Stückschuld.

Die Übereignung einer beweglichen Sache erfordert gemäß § 929 S. 1 eine Einigung über den Eigentumsübergang und die Übergabe der Sache. Niemand kann den BH an K übereignen, da er zerstört ist. Demnach liegt eine objektive Unmöglichkeit (§ 275 I) vor.

c. Die aus dem Vertrag resultierende Leistung ist somit unmöglich.

3. Außerdem müßte die Unmöglichkeit nachträglich sein. Sie ist nachträglich, wenn sie erst nach Vertragsschluß entsteht. Der konkrete BH ist erst nach Vertragsschluß abhanden gekommen. Damit ist die Leistung nachträglich unmöglich geworden.

4. Letztlich dürften weder der Schuldner der Leistung (der eine) noch der Schuldner der Gegenleistung (der andere) die Unmöglichkeit zu vertreten haben. Das Vertretenmüssen bemißt sich grundsätzlich nach den §§ 276, 278.

a. M ist schuldlos, da der BH durch das alleinige Verschulden des G zerstört worden ist.

b. K ist ebenfalls schuldlos (s.o.).

c. Somit hat weder der eine noch der andere die Unmöglichkeit zu vertreten.

5. Also sind alle Voraussetzungen des § 323 I erfüllt.

6. Fraglich ist jedoch, ob es eine gesetzliche Sonderregel zu § 323 I gibt, die zu beachten ist.
In Betracht kommt § 447 I. Nach der genannten Norm geht die Gefahr auf den Käufer über, sobald der Verkäufer die Sache einem Spediteur ausgeliefert hat. Dies bedeutet, daß der Schuldner der Leistung den Kaufpreisanspruch behält, wenn die Übereignung der Kaufsache nach der Übergabe aufgrund eines Umstandes unmöglich wird, der nach der Übergabe der Kaufsache an den Spediteur eintritt.
Die Übereignung des BH ist erst durch das alleinige Verschulden des G unmöglich geworden. Die Unmöglichkeit ist erst nach der Übergabe der Kaufsache an den Spediteur (= die Deutsche Post AG) eingetreten.
Demnach sind die Voraussetzungen des § 447 I erfüllt.

7. Der Anspruch des M aus § 433 II ist deshalb nicht untergegangen.

III. Der Anspruch ist durchsetzbar (laut Sachverhalt unterstellt).

IV. M hat gegen K einen Anspruch auf Kaufpreiszahlung gemäß § 433 II.

Fazit

1. Ihr mußtet zum Ergebnis kommen, daß die Voraussetzungen des § 323 I vorliegen. Dann mußtet Ihr überlegen, ob es eine ***Sonderregel zu § 323 I*** gibt, die zu beachten ist.

   Im Rahmen eines Kaufvertrags sind die § 324 II i.V.m. I, § 446 I 1 und § 447 I zu berücksichtigen.

2. In unserem Fall war **§ *447 I*** einschlägig. Das führt dazu, daß der Anspruch der E auf Kaufpreiszahlung nicht gemäß § 323 I untergeht.

3. Laut Sachverhalt sollte unterstellt werden, daß der Anspruch durchsetzbar ist. Einige werden sich fragen, warum ich diese Anmerkung gemacht habe.

Denn das ist in Klausuren überhaupt nicht üblich. Um es vorwegzuschikken: Eine solche Klausur wird Euch niemals gestellt werden!! Und warum habe ich sie dann doch so und nicht anders gestellt? Mir ging es an dieser Stelle darum, Euch mit der dritten Ausnahmevorschrift zu § 323 I zu konfrontieren. § 447 sollte erkannt und in die Lösung eingebaut werden. Das ist schon schwierig genug. Den richtigen Pepp enthält aber der Prüfungspunkt "Anspruch durchsetzbar". Deshalb werdet Ihr Euch im Laufe des Buchs auch noch einmal mit einer vergleichbaren Konstellation auseinandersetzen dürfen. Im Rahmen der Frage, ob der Anspruch durchsetzbar ist, könnt Ihr Euch nämlich abermals mit § 320 (Einrede des nichterfüllten Vertrags) herumärgern. Und das wird - gelinde gesagt - heftig. Da übertreibe ich sicherlich nicht. Das Stichwort lautet dann: Drittschadensliquidation.

Der Fall sollte lediglich Eure Sinne für das schärfen, was Euch später erwartet. Er stellt eine schöne Basis dar. Nicht mehr, aber auch nicht weniger.

Aber wir können das Problem ja schon einmal andenken. Was jetzt folgt, geht allerdings nicht über das jeweilige Fazit von Fall 19 und 20 hinaus.

Wenn Ihr Euch mit der Durchsetzbarkeit des Anspruchs beschäftigt, müßt Ihr an § 320 denken. § 320 eröffnet für den Anspruchsgegner die Einrede des nichterfüllten Vertrags. Er kann solange seine Verpflichtung (hier Kaufpreiszahlung) verweigern, bis der andere, d.h. der Anspruchsteller seinerseits leistet (hier Übereignung). Aber er kann natürlich nur die Einrede erheben, wenn er auch einen Anspruch gegen den anderen hat.

Und eines hat dieser Fall mit den letzten beiden gemeinsam: Der Anspruchsgegner (K) hat gegen den Anspruchsteller (M) keinen Anspruch aus § 433 I 1 (Übereignung der Kaufsache). Dieser Anspruch ist gemäß § 275 I untergegangen:

I. Anspruch entstanden ? (+)

II. Anspruch untergegangen ?

- nach § 275 I oder II i.V.m. I

1. Schuldverhältnis ? (+)

2. Objektive oder subjektive Unmöglichkeit der Leistung ?

a. Vereinbarte Leistung = Übereignung eines BH, § 929 S. 1

b. Objektive oder subjektive Unmöglichkeit ?

aa. Stückschuld ? (+)

bb. Unmöglichkeit ? (+)

cc. also: objektive Unmöglichkeit (+)

c. also: Unmöglichkeit der Leistung (+)

3. Nachträgliche Unmöglichkeit ? (+)

4. Kein Vertretenmüssen des Schuldners ? (+)

5. also: Anspruch gemäß § 275 I untergegangen (+)

IV. Ergebnis:

K gegen M Übereignung eines BH gemäß § 433 I 1 (–)

4. Hat K trotzdem einen Anspruch gegen M? Welche kommen denn überhaupt in Betracht? Oder kann er sich vielleicht an T halten? Was ist ansonsten innerhalb des Prüfungspunkts "Anspruch durchsetzbar" zu beachten?

Fragen über Fragen. Unendliche Weiten. Wir schreiben das Jahr XY nach Aufnahme des Jurastudiums. Dies sind die Abenteuer ...

Ach, wie sagt Rudi C.? Laßt Euch überraschen.

Fall 22

Schiffmodellbastler K kauft vom Leidensgenossen L am 24.01. einen gebrauchten Elektromotor, um endlich seinen fernsteuerbaren "Panzerkreuzer Potemkin" fertigstellen zu können. Obwohl der Motor einen Wert von 160,-- DM hat, vereinbaren die Parteien einen Kaufpreis von 100,-- DM. Der Vertrag soll zwei Tage später abgewickelt werden. Am 25.01. wirft L den Elektromotor im Rahmen einer wilden Aufräumaktion versehentlich in den vor dem Haus stehenden Abfallcontainer. Der Inhalt des Containers wird alsbald von der schon herannahenden städtischen Müllbrigade entsorgt und in der neuerrichteten Müllverbrennungsanlage ein Raub der Flammen.

Frage: Hat K gegen L einen Schadensersatzanspruch ?

Lösungsskizze Fall 22

Vorüberlegung (gehört nicht in die Formulierung)*:*

Gefragt ist nach einem möglichen Schadensersatzanspruch des K gegen L. Einsichtig dürfte sein, daß sich der Fall im Bereich der nachträglichen Unmöglichkeit abspielt, weil die Unmöglichkeit nach Vertragsschluß eingetreten ist. In diesem Bereich stehen aber ***zwei denkbare Anspruchsgrundlagen*** zur Verfügung, nämlich entweder ***§ 280 oder § 325***. Die Frage lautet also immer: Welche Anspruchsgrundlage ist denn nun einschlägig? Auf die richtige Beantwortung dieser Frage legen Eure Korrektoren großen Wert. Die folgende ***Hilfsfrage*** (einprägen!) führt immer zum richtigen Ergebnis:

Steht die unmöglich gewordene Leistung zu einer anderen im Gegenseitigkeitsverhältnis?

wenn ***ja*** → ist ***§ 325 I 1*** die Anspruchsgrundlage
wenn ***nein*** → ist ***§ 280 I*** die Anspruchsgrundlage

HIER ist die Übereignung der Kaufsache unmöglich geworden, die in einem Gegenseitigkeitsverhältnis zur Kaufpreiszahlung steht (vgl. § 433).

Ergebnis der Vorüberlegung: Anspruchsgrundlage ist ***§ 325 I 1***.

Achtung: Es wäre falsch, wenn Ihr lapidar davon ausgehen würdet, daß im Falle eines gegenseitigen Vertrags immer § 325 I 1 die richtige Anspruchsgrundlage ist. Aber das werdet Ihr anhand der folgenden Fälle merken. Wichtig ist, daß Ihr stets mit der oben aufgeführten Hilfsfrage arbeitet.

- K gegen L Schadensersatz gemäß § 325 I 1 ?

I. Anspruch entstanden ?

1. Gegenseitiger Vertrag ?

HIER (+) → Kaufvertrag, § 433 zwischen L und K

2. Objektive oder subjektive Unmöglichkeit der Leistung ?

a. Vereinbarte Leistung = Übereignung des Elektromotors, § 929 S. 1

b. Objektive oder subjektive Unmöglichkeit ?
= niemand kann die Leistung erbringen (objektive Unmöglichkeit) oder eine dritte Person, nicht aber der Schuldner kann die Leistung erbringen (subjektive Unmöglichkeit bzw. Unvermögen); dies wiederum ist insbesondere dann denkbar, wenn es sich bei dem geschuldeten Gegenstand um eine Stückschuld oder um eine konkretisierte Gattungsschuld (§ 243 II) handelt

aa. Stückschuld ?
= ein nur einmal existierender Gegenstand

HIER (+) → es handelt es sich um eine gebrauchte, d.h. einmalige Sache

bb. Unmöglichkeit ?

HIER (+) → niemand kann den Motor an K übereignen, weil er zerstört ist

cc. <u>also</u>: objektive Unmöglichkeit **(+)**

c. <u>also</u>: Unmöglichkeit der Leistung **(+)**

3. Nachträgliche Unmöglichkeit ?
= sie darf erst nach Vertragsschluß entstanden sein

HIER (+) → die Leistung ist erst nach dem 24.01., also nach Vertragsschluß unmöglich geworden

4. Vertretenmüssen des Schuldners der Leistung ?
= Haftung nach § 276 oder § 278

HIER (+) → der Schuldner haftet grundsätzlich gemäß § 276 für eigenen Vorsatz und jede eigene Fahrlässigkeit; L hat den Motor fahrlässig weggeworfen; er hat die Unmöglichkeit zu vertreten

5. Schaden ?

HIER (+) → Differenz zwischen Wert des Motors und Kaufpreis (160,-- DM - 100,-- DM) = 60,-- DM

6. <u>also</u>: Anspruch entstanden **(+)**

II. Anspruch untergegangen ? **(–)**

III. Anspruch durchsetzbar ? **(+)**

IV. Ergebnis:
K gegen L Schadensersatz (60,-- DM) gemäß § 325 I 1 (+)

Formulierungsvorschlag Fall 22

- K gegen L Schadensersatz gemäß § 325 I 1

K könnte gegen L einen Anspruch auf Schadensersatz gemäß § 325 I 1 haben.

I. Dann müßte der Anspruch zunächst entstanden sein.

1. Dies setzt einen wirksamen gegenseitigen Vertrag zwischen den Parteien voraus. L und K haben einen Kaufvertrag (§ 433) über einen Elektromotor, also einen gegenseitigen Vertrag geschlossen.

2. Weiterhin müßte die aus dem Vertrag resultierende Leistung objektiv oder subjektiv unmöglich sein.

a. Der Vertrag beinhaltet als Leistung die Übereignung eines Elektromotors (§ 929 S. 1).

b. Eine Unmöglichkeit wäre zu bejahen, wenn niemand die Leistung erbringen kann (objektive Unmöglichkeit) oder wenn eine dritte Person, nicht aber der Schuldner die Leistung erbringen kann (subjektive Unmöglichkeit bzw. Unvermögen). Dies wiederum ist insbesondere dann denkbar, wenn es sich bei dem geschuldeten Gegenstand um eine Stückschuld oder eine konkretisierte Gattungsschuld (§ 243 II) handelt.

Bei dem geschuldeten Gegenstand könnte es sich um eine Stückschuld handeln. Eine Stückschuld liegt vor, wenn der geschuldete Gegenstand nur einmal existiert. Das ist insbesondere bei gebrauchten Gegenständen und bei neuen Einzelstücken zu bejahen.
Der Kaufgegenstand ist eine gebrauchte Sache, also eine Stückschuld.

Der Schuldner L kann die Übereignung der Kaufsache nicht vornehmen, da der Motor zerstört ist. Demnach liegt eine objektive Unmöglichkeit vor.

c. Die aus dem Vertrag resultierende Leistung ist somit unmöglich.

3. Außerdem müßte die Unmöglichkeit nachträglich sein. Sie ist nachträglich, wenn sie erst nach Vertragsschluß entsteht. Der Motor ist erst nach Vertragsschluß zerstört worden. Damit ist die Leistung nachträglich unmöglich geworden.

4. Schließlich müßte der Schuldner der Leistung die Unmöglichkeit zu vertreten haben. Das Vertretenmüssen bemißt sich grundsätzlich nach den §§ 276, 278.
L hat den Motor selbst fahrlässig weggeworfen und somit die Unmöglichkeit gemäß § 276 zu vertreten.

5. Fraglich ist, ob K auch einen Schaden erlitten hat. Bei einer erfolgten Übereignung hätte K einen Motor im Wert von 160,-- DM erhalten, aber nur einen Kaufpreis von 100,-- DM gezahlt. Die Differenz zwischen dem Wert des Kaufgegenstandes und dem vereinbarten Kaufpreis beträgt (160,-- DM - 100,-- DM =) 60,-- DM. K hat einen Schaden in dieser Höhe erlitten.

6. Also sind alle Voraussetzungen der § 325 I 1 erfüllt. Der Anspruch aus § 325 I 1 ist folglich entstanden.

II. Der Anspruch ist nicht untergegangen.

III. Er ist auch durchsetzbar.

IV. K hat gegen L einen Anspruch auf Schadensersatz in Höhe von 60,-- DM gemäß § 325 I 1.

Fazit

1. Wenn im Bereich der nachträglichen Unmöglichkeit nach Schadensersatz gefragt ist stehen ***zwei denkbare Anspruchsgrundlagen*** zur Verfügung, nämlich entweder ***§ 280 oder § 325***. Die folgende ***Hilfsfrage*** (einprägen!) führt immer zur richtigen Anspruchsgrundlage:

   Steht die unmögliche gewordene Leistung zu einer anderen im Gegenseitigkeitsverhältnis?

   wenn ***ja*** → ist ***§ 325 I 1*** die Anspruchsgrundlage
   wenn ***nein*** → ist ***§ 280 I*** die Anspruchsgrundlage

   Achtung: Es wäre falsch, wenn Ihr lapidar davon ausgehen würdet, daß im Falle eines gegenseitigen Vertrags immer § 325 I 1 die richtige Anspruchsgrundlage ist. Es gibt innerhalb gegenseitiger Verträge durchaus Leistungen, die zu keiner anderen Leistung im Gegenseitigkeitsverhältnis stehen. Dann aber ist § 280 I die richtige Anspruchsgrundlage.

2. ***Im übrigen:*** Einige Lehrbücher benennen den uns bekannten Schadensersatzanspruch aus § 325 I 1 anders. Sie bezeichnen ihn als Anspruch aus §§ 440, 325! Das ist nicht falsch, aber verwirrend, weil der Schadensersatzanspruch im Bereich der anfänglichen subjektiven Unmöglichkeit (erinnert Ihr Euch?) ebenfalls mit dieser Ziffernfolge bezeichnet wird. Tut Euch also selbst einen Gefallen und wählt für den Schadensersatzanspruch wegen nachträglicher Unmöglichkeit die einfachere Möglichkeit (nur § 325 I 1). Dann schafft Ihr Euch ein Unterscheidungsmerkmal und kommt bei der jeweiligen Prüfung der Ansprüche nicht durcheinander.

3. Die ***Prüfungsläufer*** des ***§ 275 I / II i.V.m. I*** und des ***§ 325 I 1*** unterscheiden sich nur unwesentlich. Es gibt ***nur zwei Unterschiede***.

   Der erste Unterschied: Während bei § 275 zu ermitteln ist, ob der Schuldner der Leistung die Unmöglichkeit nicht zu vertreten hat, gilt es, bei § 325 I 1 das Gegenteil zu prüfen. Gefragt ist ein ***Vertretenmüssen des Schuldners der Leistung***. Denn nur, wenn er die Unmöglichkeit verschuldet hat, ist er schadensersatzpflichtig.

   Der zweite Unterschied: Bei der Prüfung des Anspruchs aus § 325 I 1 kommt eine weitere Voraussetzung hinzu. Damit der Anspruchsgegner schadensersatzpflichtig ist, muß natürlich auch ein ***Schaden*** vorliegen.

4. Selten sind übrigens Klausurfälle, in denen sowohl der Schuldner der Leistung als auch der Schuldner der Gegenleistung die Unmöglichkeit zu vertreten haben. Diese Konstellation ist im Gesetz nicht geregelt (wen wundert's). Dann haftet zwar nach wie vor der Schuldner der Leistung. Über § 254 (Mitverschulden) ist aber das Verschulden des Schuldners der Gegenleistung (des Anspruchstellers aus § 325 I 1) mitzuberücksichtigen. Er bekommt dann nur einen Teil des Schadens (regelmäßig die Hälfte) ersetzt.

Fall 23

L, der einmal mehr vor sich hinvegetiert, leiht sich von Z einen Roman mit dem Titel "Bruno, der Bastard von Böblingen". Als Rückgabetermin wird der 24.12. vereinbart. Nachdem L mit Hochgenuß das Hochwerk der Weltliteratur gelesen hat, stellt er es in sein Bücherregal. Am 23.12. zwängt sich der Dieb D durch das von L offengelassene Toilettenfenster und erlangt so Zutritt zu dessen Wohnung. Er entwendet unter anderem das besagte Buch. Nach Ablauf der Leihzeit verlangt Z von L als Schadensersatz 10,-- DM für den schmerzlichen Verlust des Romans. Dieser Betrag entspricht dem Wert des Buchs.

Frage: Hat Z gegen L einen Schadensersatzanspruch ?

Lösungsskizze Fall 23

Vorüberlegung (gehört nicht in die Formulierung)*:*
Gefragt ist nach einem möglichen Schadensersatzanspruch des Z gegen L. Einsichtig dürfte sein, daß sich der Fall im Bereich der nachträglichen Unmöglichkeit abspielt, weil die Unmöglichkeit nach Vertragsschluß eingetreten ist. In diesem Bereich stehen aber ***zwei denkbare Anspruchsgrundlagen*** zur Verfügung, nämlich entweder ***§ 280 oder § 325***. Die Frage lautet also immer: Welche Anspruchsgrundlage ist denn nun einschlägig? Auf die richtige Beantwortung dieser Frage legen Eure Korrektoren großen Wert. Die folgende ***Hilfsfrage*** (einprägen!) führt immer zum richtigen Ergebnis:

Steht die unmöglich gewordene Leistung zu einer anderen im Gegenseitigkeitsverhältnis?

wenn ***ja*** → ist ***§ 325 I 1*** die Anspruchsgrundlage
wenn ***nein*** → ist ***§ 280 I*** die Anspruchsgrundlage

HIER ist die Rückgabe der Leihsache unmöglich geworden. Zur Rückgabeverpflichtung gibt es keine Leistung im Gegenseitigkeitsverhältnis (vgl. § 604 I).

Ergebnis der Vorüberlegung: Anspruchsgrundlage ist ***§ 280 I.***

- Z gegen L Schadensersatz gemäß § 280 I ?

I. Anspruch entstanden ?

1. Schuldverhältnis ?

HIER (+) → Leihvertrag, § 598 zwischen L und Z

2. Objektive oder subjektive Unmöglichkeit der Leistung ?

a. Vereinbarte (Neben-) Leistung
= Rückgabe der Leihsache, § 604 I am 24.12.

b. Objektive oder subjektive Unmöglichkeit ?

= niemand kann die Leistung erbringen (objektive Unmöglichkeit) oder eine dritte Person, nicht aber der Schuldner kann die Leistung erbringen (subjektive Unmöglichkeit bzw. Unvermögen)

= die in Frage stehende Leihsache kann nicht (mehr) zurückgegeben werden

HIER (+) → L kann dem Z das Buch nicht mehr zurückgeben; es befindet sich nicht mehr in seinem Besitz; da der Dieb (theoretisch) die Leistung erbringen könnte, handelt es sich um eine subjektive Unmöglichkeit

(Anmerkung:

Bei der Unmöglichkeit der Rückgabe einer Leihsache braucht Ihr natürlich nicht - wie beim Kaufvertrag üblich - weiterzuprüfen, ob es sich um eine Stückschuld ... handelt. Denn es ist ja gerade die Rückgabe dieser Sache unmöglich geworden.*)*

c. also: Unmöglichkeit der Leistung **(+)**

3. Nachträgliche Unmöglichkeit ?

= sie darf erst nach Vertragsschluß entstanden sein

HIER (+) → die Leistung ist erst nach Vertragsschluß unmöglich geworden

4. Vertretenmüssen des Schuldners der Leistung ?

= Haftung nach § 276 oder § 278

HIER (+) → der Schuldner haftet grundsätzlich gemäß § 276 für eigenen Vorsatz und jede eigene Fahrlässigkeit; L hat fahrlässig das Toilettenfenster offengelassen; dadurch hat er dem Dieb die Möglichkeit verschafft, das Buch zu stehlen; er hat die Unmöglichkeit zu vertreten

5. Schaden ?

HIER (+) → Wert des Buchs = 10,-- DM

6. also: Anspruch entstanden **(+)**

II. Anspruch untergegangen ? **(–)**

III. Anspruch durchsetzbar ? **(+)**

IV. Ergebnis:

Z gegen L Schadensersatz (10,-- DM) gemäß § 280 I (+)

Formulierungsvorschlag Fall 23

- Z gegen L Schadensersatz gemäß § 280 I

Z könnte gegen L einen Anspruch auf Schadensersatz gemäß § 280 I haben.

I. Dann müßte der Anspruch zunächst entstanden sein.

1. Dies setzt einen wirksames Schuldverhältnis zwischen den Parteien voraus. L und Z haben einen Leihvertrag (§ 598) über ein Buch geschlossen.

2. Weiterhin müßte die aus dem Vertrag resultierende Leistung objektiv oder subjektiv unmöglich sein.

a. Der Vertrag beinhaltet als (Neben-) Leistung die Rückgabe der Leihsache (§ 604 I).

b. Eine Unmöglichkeit wäre zu bejahen, wenn niemand die Leihsache zurückgeben kann (objektive Unmöglichkeit) oder wenn eine dritte Person, nicht aber der Schuldner die Leihsache zurückgeben kann (subjektive Unmöglichkeit bzw. Unvermögen).

Die Rückgabe setzt voraus, daß der Entleiher dem Verleiher Besitz an der Leihsache verschafft. L kann dem Z keinen Besitz verschaffen, weil sich das Buch im Besitz des Diebes befindet. Da dieser (theoretisch) die Leistung erbringen könnte, handelt es sich um eine subjektive Unmöglichkeit.

c. Die aus dem Vertrag resultierende (Neben-) Leistung ist somit unmöglich.

3. Außerdem müßte die Unmöglichkeit nachträglich sein. Sie ist nachträglich, wenn sie erst nach Vertragsschluß entsteht. Das Buch ist erst nach Vertragsschluß gestohlen worden. Damit ist die Leistung nachträglich unmöglich geworden.

4. Schließlich müßte der Schuldner der Leistung die Unmöglichkeit zu vertreten haben. Das Vertretenmüssen bemißt sich grundsätzlich nach den §§ 276, 278.
L hat fahrlässig das Toilettenfenster offengelassen. Dadurch hat er dem D die Möglichkeit verschafft, das Buch zu stehlen. Er hat somit die Unmöglichkeit gemäß § 276 zu vertreten.

5. Fraglich ist, ob Z auch einen Schaden erlitten hat. Bei einer erfolgten Rückgabe hätte Z ein Buch im Wert von 10,-- DM erhalten. Dieser Wert fehlt nun in seinem Vermögen. Z hat einen Schaden in dieser Höhe erlitten.

6. Also sind alle Voraussetzungen der § 280 I erfüllt. Der Anspruch aus § 280 I ist folglich entstanden.

II. Der Anspruch ist nicht untergegangen.

III. Er ist auch durchsetzbar.

IV. Z hat gegen L einen Anspruch auf Schadensersatz in Höhe von 10,-- DM gemäß § 280 I.

Fazit

1. ***Noch einmal:*** Im Bereich der nachträglichen Unmöglichkeit stehen ***zwei denkbare Schadensersatz-Anspruchsgrundlagen*** zur Verfügung, nämlich entweder **§ *280 oder* § *325***. Die folgende ***Hilfsfrage*** führt immer zur richtigen Anspruchsgrundlage:

   Steht die unmögliche gewordene Leistung zu einer anderen im Gegenseitigkeitsverhältnis?

   wenn ***ja*** → ist **§ *325 I 1*** die Anspruchsgrundlage
   wenn ***nein*** → ist **§ *280 I*** die Anspruchsgrundlage

2. Die ***Prüfungsläufer*** des **§ *275 I / II i.V.m. I*** und des **§ *280 I*** unterscheiden sich nur unwesentlich. Es gibt ***nur zwei Unterschiede***.

   Der erste Unterschied: Während bei § 275 zu ermitteln ist, ob der Schuldner der Leistung die Unmöglichkeit nicht zu vertreten hat, gilt es, bei § 280 I (wie beim Anspruch aus § 325 I 1) das Gegenteil zu prüfen. Gefragt ist ein ***Vertretenmüssen des Schuldners der Leistung***. Denn nur, wenn er die Unmöglichkeit verschuldet hat, ist er schadensersatzpflichtig.

   Der zweite Unterschied: Bei der Prüfung des Anspruchs aus § 280 I kommt (wie beim Anspruch aus § 325 I 1) eine weitere Voraussetzung hinzu. Damit der Anspruchsgegner schadensersatzpflichtig ist, muß natürlich auch ein ***Schaden*** vorliegen.

3. Die ***Prüfungsläufer*** des **§ *280 I*** und des **§ *325 I 1*** unterscheiden sich nur in einem einzigen Punkt.

   Der einzige Unterschied: Während bei § 325 I 1 ein gegenseitiger Vertrag vorliegen muß, reicht bei § 280 I ein Schuldverhältnis. Bitte mißversteht das nicht: Das Schuldverhältnis kann auch ein gegenseitiger Vertrag sein, muß es aber nicht. Bei § 325 I 1 muß ein gegenseitiger Vertrag existieren.

Fall 24

M fragt den zu einer Weltreise entschlossen X, ob er ihm für die Zeit der Abwesenheit sein Rennrad leihen könne, da sein eigenes Fahrrad gerade gestohlen worden ist. X, der keine Möglichkeit ausläßt, um Geld zu verdienen, lehnt die Bitte des M ab, schlägt aber vor, ihm das Rennrad gegen Zahlung einer Gebühr von 100,-- DM zu überlassen. M erklärt zähneknirschend sein Einverständnis [illegible] geforderte Geld. Während der Abwesenheit des X wird das Rennrad [illegible] M es nicht abgeschlossen hat. X verlangt nach seiner Rück[illegible]atz.

[illegible]n M einen Schadensersatzanspruch ?

Lösungsskizze Fall 24

Vorüberlegung (gehört nicht in die Formulierung)*:*

Gefragt ist nach einem möglichen Schadensersatzanspruch des X gegen M. Ob ***§ 280 oder § 325*** die richtige Anspruchsgrundlage ist, läßt sich anhand der folgenden ***Hilfsfrage*** ermitteln:

Steht die unmöglich gewordene Leistung zu einer anderen im Gegenseitigkeitsverhältnis?

wenn ***ja*** → ist **§ *325 I 1*** die Anspruchsgrundlage
wenn ***nein*** → ist **§ *280 I*** die Anspruchsgrundlage

HIER ist die Rückgabe der Mietsache unmöglich geworden. Zwar handelt es sich beim Mietvertrag um einen gegenseitigen Vertrag. Im Gegenseitigkeitsverhältnis stehen aber lediglich die Überlassung der Mietsache und die Zahlung des Mietzinses (vgl. § 535). Zur Rückgabeverpflichtung gibt es keine Leistung im Gegenseitigkeitsverhältnis (vgl. § 556 I).

Ergebnis der Vorüberlegung: Anspruchsgrundlage ist **§ *280 I*.**

- X gegen M Schadensersatz gemäß § 280 I ?

I. Anspruch entstanden ?

1. Schuldverhältnis ?

HIER (+) → Mietvertrag, § 535 zwischen X und M

2. Objektive oder subjektive Unmöglichkeit der Leistung ?

a. Vereinbarte (Neben-) Leistung

= Rückgabe der Mietsache nach der Rückkehr des X, § 556 I

b. Objektive oder subjektive Unmöglichkeit ?

= niemand kann die Leistung erbringen (objektive Unmöglichkeit) oder eine dritte Person, nicht aber der Schuldner kann die Leistung erbringen (subjektive Unmöglichkeit bzw. Unvermögen)

= die in Frage stehende Mietsache kann nicht (mehr) zurückgegeben werden

HIER (+) → M kann dem X das Fahrrad nicht mehr zurückgeben; es befindet sich nicht mehr in seinem Besitz; da der Dieb (theoretisch) die Leistung erbringen könnte, handelt es sich um eine subjektive Unmöglichkeit

(Anmerkung:

Bei der Unmöglichkeit der Rückgabe einer Mietsache braucht Ihr natürlich nicht - wie beim Kaufvertrag üblich - weiterzuprüfen, ob es sich um eine Stückschuld ... handelt. Denn es ist ja gerade die Rückgabe <u>dieser</u> Sache unmöglich geworden.*)*

c. <u>also</u>: Unmöglichkeit der Leistung (+)

3. Nachträgliche Unmöglichkeit ?

= sie darf erst nach Vertragsschluß entstanden sein

HIER (+) → die Leistung ist erst nach Vertragsschluß unmöglich geworden

4. Vertretenmüssen des Schuldners der Leistung ?

= Haftung nach § 276 oder § 278

HIER (+) → der Schuldner haftet grundsätzlich gemäß § 276 für eigenen Vorsatz und jede eigene Fahrlässigkeit; M hat zumindest fahrlässig versäumt, das Fahrrad abzuschließen; dadurch hat er dem Dieb die Möglichkeit verschafft, das Rad zu stehlen; er hat die Unmöglichkeit zu vertreten

5. Schaden ?

HIER (+) → Wert des Rennrads = unbeziffert

6. <u>also</u>: Anspruch entstanden (+)

II. Anspruch untergegangen ? (–)

III. Anspruch durchsetzbar ? (+)

IV. Ergebnis:

X gegen M Schadensersatz (Wert des Rennrads) gemäß § 280 I (+)

Formulierungsvorschlag Fall 24

- X gegen M Schadensersatz gemäß § 280 I

X könnte gegen M einen Anspruch auf Schadensersatz gemäß § 280 I haben.

I. Dann müßte der Anspruch zunächst entstanden sein.

1. Dies setzt einen wirksames Schuldverhältnis zwischen den Parteien voraus. X und M haben einen Mietvertrag (§ 535) über ein Fahrrad geschlossen.

2. Weiterhin müßte die aus dem Vertrag resultierende Leistung objektiv oder subjektiv unmöglich sein.

a. Der Vertrag beinhaltet als (Neben-) Leistung die Rückgabe der Mietsache (§ 556 I).

b. Eine Unmöglichkeit wäre zu bejahen, wenn niemand die Mietsache zurückgeben kann (objektive Unmöglichkeit) oder wenn eine dritte Person, nicht aber der Schuldner die Mietsache zurückgeben kann (subjektive Unmöglichkeit bzw. Unvermögen).

Die Rückgabe setzt voraus, daß der Mieter dem Vermieter Besitz an der Mietsache verschafft. M kann dem X keinen Besitz verschaffen, weil sich das Rad im Besitz des Diebes befindet. Da dieser (theoretisch) die Leistung erbringen könnte, handelt es sich um eine subjektive Unmöglichkeit.

c. Die aus dem Vertrag resultierende (Neben-) Leistung ist somit unmöglich.

3. Außerdem müßte die Unmöglichkeit nachträglich sein. Sie ist nachträglich, wenn sie erst nach Vertragsschluß entsteht. Das Fahrrad ist erst nach Vertragsschluß gestohlen worden. Damit ist die Leistung nachträglich unmöglich geworden.

4. Schließlich müßte der Schuldner der Leistung die Unmöglichkeit zu vertreten haben. Das Vertretenmüssen bemißt sich grundsätzlich nach den §§ 276, 278.

M hat zumindest fahrlässig das versäumt, das Fahrrad abzuschließen. Dadurch hat er dem Dieb die Möglichkeit verschafft, das Rad zu stehlen. Er hat somit die Unmöglichkeit gemäß § 276 zu vertreten.

5. Fraglich ist, ob X auch einen Schaden erlitten hat. Bei einer erfolgten Rückgabe hätte X das Fahrrad zurückerhalten. Der Wert des Rennrads fehlt nun in seinem Vermögen. X hat einen Schaden in Höhe des Werts des Rennrads erlitten.

6. Also sind alle Voraussetzungen der § 280 I erfüllt. Der Anspruch aus § 280 I ist folglich entstanden.

II. Der Anspruch ist nicht untergegangen.

III. Er ist auch durchsetzbar.

IV. X hat gegen M einen Anspruch auf Schadensersatz in Höhe des Werts des Fahrrads gemäß § 280 I.

Fazit

1. Hier ist die Rückgabe der Mietsache unmöglich geworden. Zur Rückgabeverpflichtung (§ 556 I) gibt es keine Gegenleistung. Anspruchsgrundlage kann also nur **§ *280 I*** sein.

2. ***Zum Einschleifen:*** Obwohl sich der Fall in einem gegenseitigen Vertrag (Mietvertrag, § 535) abspielt, kommt ***nicht* § *325 I 1, sondern* § *280 I*** als Anspruchsgrundlage zum Zuge. Das heißt aber nicht, daß in allen Fällen im Bereich des Mietrechts immer § 280 I die richtige Anspruchsgrundlage ist. Anders sieht es etwa aus, wenn der Schuldner die (Haupt-) Leistung, also die Überlassung der Mietsache, nicht erbringen kann. Diese Leistung steht zu einer anderen, der Verpflichtung zur Mietzinszahlung, im Gegenseitigkeitsverhältnis.

   Die dann grundsätzlich einschlägige Anspruchsgrundlage des § 325 I 1 wird aber meistens von der (nur im Mietrecht geltenden) Sonder-Anspruchsgrundlage der §§ 541, 538 verdrängt.

   Die Frage, wann der allgemeine Unmöglichkeitsanspruch aus § 325 I 1 durch die Sondervorschriften der §§ 537 ff verdrängt wird, habe ich im mittlerweile erschienenen Buch "Die Fälle - Schuldrecht BT Mängelhaftung" geklärt. Schaut dort einmal in Fall 42 (1. Auflage) oder - wenn sich in der folgenden Auflage bezüglich der Fallnumerierungen etwas geändert haben sollte - in den Index unter dem Stichwort "Unmöglichkeit".

Fall 25

Erbonkel E verspricht seinem mißratenen Neffen N zum Geburtstag einen in seinem Eigentum befindlichen alten Golddukaten. Das Versprechen wird notariell beurkundet. Als N an seinem Geburtstag händereibend bei E auftaucht, um die Münze in Empfang zu nehmen, fällt ihm dieser schluchzend in die Arme und offenbart, daß die Münze in der letzten Nacht unwiederbringlich in der Toilette verschwunden ist. Der "Unfall" basiert auf einem leicht fahrlässigen Verhalten des E. Der unerbittliche N verlangt von E Schadensersatz.

Frage: Hat N gegen E einen Schadensersatzanspruch ?

Lösungsskizze Fall 25

Vorüberlegung (gehört nicht in die Formulierung)*:*

Gefragt ist nach einem möglichen Schadensersatzanspruch des N gegen E. Ob **§ *280 oder*** **§ *325*** die richtige Anspruchsgrundlage ist, läßt sich anhand der folgenden ***Hilfsfrage*** ermitteln:

Steht die unmöglich gewordene Leistung zu einer anderen im Gegenseitigkeitsverhältnis?

wenn ***ja*** → ist **§ *325 I 1*** die Anspruchsgrundlage
wenn ***nein*** → ist **§ *280 I*** die Anspruchsgrundlage

HIER ist die Übereignung der Schenksache unmöglich geworden. Zu der Verpflichtung gibt es keine Leistung im Gegenseitigkeitsverhältnis (vgl. § 516 I).

Ergebnis der Vorüberlegung: Anspruchsgrundlage ist **§ *280 I*.**

- N gegen E Schadensersatz gemäß § 280 I ?

I. Anspruch entstanden ?

1. Schuldverhältnis ?

a. Vertrag ?

HIER (+) → Schenkungsvertrag, § 516 zwischen E und N

b. Nichtigkeitsgründe ?

HIER (−) → insbesondere ist der Vertrag nicht nach §§ 518 I, 125 S. 1 nichtig, da eine notarielle Beurkundung des Versprechens erfolgt ist

c. <u>also</u>: Schuldverhältnis **(+)**

2. Objektive oder subjektive Unmöglichkeit der Leistung ?

a. Vereinbarte Leistung = Übereignung der Münze, § 929 S. 1

b. Objektive oder subjektive Unmöglichkeit ?

= niemand kann die Leistung erbringen (objektive Unmöglichkeit) oder eine dritte Person, nicht aber der Schuldner kann die Leistung erbringen (subjektive Unmöglichkeit bzw. Unvermögen) dies wiederum ist insbesondere dann denkbar, wenn es sich bei dem geschuldeten Gegenstand um eine Stückschuld oder um eine konkretisierte Gattungsschuld (§ 243 II) handelt

aa. Stückschuld ?

= ein nur einmal existierender Gegenstand

HIER (+) → es handelt es sich um eine gebrauchte Sache, also um einen nur einmal existierenden Gegenstand

bb. Unmöglichkeit ?

HIER (+) → niemand kann die Münze an N übereignen, weil sie in der Kanalisation verschwunden ist

cc. also: objektive Unmöglichkeit (+)

c. also: Unmöglichkeit der Leistung (+)

3. Nachträgliche Unmöglichkeit ?

= sie darf erst nach Vertragsschluß entstanden sein

HIER (+) → die Leistung ist erst nach Vertragsschluß unmöglich geworden

4. Vertretenmüssen des Schuldners der Leistung ?

= Haftung nach § 276 oder § 278

HIER (+) → der Schuldner haftet grundsätzlich gemäß § 276 für eigenen Vorsatz und jede eigene Fahrlässigkeit; E hat auch leicht fahrlässig das Verschwinden der Münze verschuldet; insofern hätte er die Unmöglichkeit an sich zu vertreten;
von dieser grundsätzlichen Regelung trifft § 521 allerdings eine Ausnahme; ausnahmsweise haftet der Schuldner eines Schenkungsvertrags nur für grobe Fahrlässigkeit und Vorsatz; E hat aber nur leicht fahrlässig gehandelt, also die Unmöglichkeit nicht zu vertreten

5. also: Anspruch entstanden (–)

II. Ergebnis:

N gegen E Schadensersatz gemäß § 280 I (–)

Formulierungsvorschlag Fall 25

- N gegen E Schadensersatz gemäß § 280 I

N könnte gegen E einen Anspruch auf Schadensersatz gemäß § 280 I haben.

I. Dann müßte der Anspruch zunächst entstanden sein.

1. Dies setzt einen wirksames Schuldverhältnis zwischen den Parteien voraus. N und E haben einen Schenkungsvertrag (§ 516) über eine Münze des E geschlossen.

Der Vertrag ist auch nicht gemäß §§ 518 I, 125 S. 1 nichtig, da eine notarielle Beurkundung des Versprechens erfolgt ist.

2. Weiterhin müßte die aus dem Vertrag resultierende Leistung objektiv oder subjektiv unmöglich sein.

a. Der Vertrag beinhaltet als Leistung die Übereignung der Goldmünze (§ 929 S. 1).

b. Eine Unmöglichkeit wäre zu bejahen, wenn niemand die Leistung erbringen kann (objektive Unmöglichkeit) oder wenn eine dritte Person, nicht aber der Schuldner die Leistung erbringen kann (subjektive Unmöglichkeit bzw. Unvermögen). Dies wiederum ist insbesondere dann denkbar, wenn es sich bei dem geschuldeten Gegenstand um eine Stückschuld oder um eine konkretisierte Gattungsschuld (§ 243 II) handelt.

Bei dem geschuldeten Gegenstand könnte es sich um eine Stückschuld handeln. Eine Stückschuld liegt vor, wenn der geschuldete Gegenstand nur einmal existiert. Das ist insbesondere bei gebrauchten Gegenständen und bei neuen Einzelstücken zu bejahen.
Der Kaufgegenstand ist eine gebrauchte Sache, also eine Stückschuld.

Der Schuldner E kann die Übereignung der Kaufsache nicht vornehmen, da die Münze in der Kanalisation verschwunden ist. Demnach liegt eine objektive Unmöglichkeit vor.

c. Die aus dem Vertrag resultierende Leistung ist somit unmöglich.

3. Außerdem müßte die Unmöglichkeit nachträglich sein. Sie ist nachträglich, wenn sie erst nach Vertragsschluß entsteht. Das Münze ist erst nach Vertragsschluß in der Toilette verschwunden. Damit ist die Leistung nachträglich unmöglich geworden.

4. Schließlich müßte der Schuldner der Leistung die Unmöglichkeit zu vertreten haben. Das Vertretenmüssen bemißt sich grundsätzlich nach den §§ 276, 278.
E hat leicht fahrlässig das Verschwinden der Münze verursacht. Nach § 276 würde er deshalb für eigene leichte Fahrlässigkeit haften.
Nach der für Schenkungsverträge geltenden abweichenden Regel des § 521 haftet der Schuldner nur für Vorsatz und grobe Fahrlässigkeit. E hat aber nur leicht fahrlässig gehandelt. Er hat die Unmöglichkeit der Leistung somit nicht zu vertreten.

5. Also sind nicht alle Voraussetzungen der § 280 I erfüllt. Der Anspruch aus § 280 I ist folglich nicht entstanden.

II. N hat gegen E keinen Anspruch auf Schadensersatz gemäß § 280 I.

Fazit

1. Im Rahmen der Frage, ob ein (wirksames) Schuldverhältnis vorliegt, war kurz zu vermerken, daß der Vertrag nicht etwa wegen des Fehlens eines ***Formerfordernisses*** nichtig ist. Die notarielle ***Beurkundung*** des Schenkungsversprechens (§ 518) ist erfolgt.

2. Wenn Ihr fragt, ob der Schuldner der Leistung die Unmöglichkeit zu vertreten hat, sind grundsätzlich die §§ 276, 278 interessant. Nach den genannten Normen haftet der Schuldner für eigenen Vorsatz und jede eigene Fahrlässigkeit.

   Aber Achtung: Ihr müßt stets zusätzlich überdenken, ob vielleicht ***ausnahmsweise*** ein ***veränderter Haftungsmaßstab*** gilt. Bei der ***Haftungsbeschränkung*** sind ***zwei Ausnahmen*** sind denkbar:

   - eine ***vertragliche*** Haftungsbeschränkung (dann ist aber u.U. das AGBG = Gesetz zur Regelung des Rechts der Allgemeinen Geschäftsbedingungen zu beachten)
   - eine ***gesetzliche*** Haftungsbeschränkung

   In unserem Fall war die gesetzliche Ausnahmevorschrift des § 521 (Haftungserleichterung) zu prüfen.

3. Denkbar sind natürlich auch vertragliche oder gesetzliche Haftungserschwerungen. Eine gesetzlich erweiterte Haftung findet Ihr z.B. in § 287. Wenn sich der Schuldner der Leistung in Verzug befindet, haftet er sogar für eine ***zufällig eintretende Unmöglichkeit***. Vorsatz oder Fahrlässigkeit sind nicht erforderlich.

Fall 26

Am 31.03. kauft der ein wenig seltsam veranlagte K beim Autohändler H einen 1959er Cadillac Eldorado - Leichenwagen, dessen Wert laut Sachverständigengutachten 19.400,-- DM beträgt, für 17.000,-- DM. Der Kaufvertrag soll am 15.04. abgewickelt werden. Sechs Tage nach dem Vertragsabschluß unternimmt der Angestellte A des H mit dem Auto heimlich eine nächtliche Spritztour. Dabei kommt es zu einem von A leicht fahrlässig verschuldeten Unfall, bei dem der Leichenwagen völlig zerstört wird.

Frage: Hat K gegen H einen Schadensersatzanspruch ?

Lösungsskizze Fall 26

Vorüberlegung (gehört nicht in die Formulierung)*:*

Gefragt ist nach einem möglichen Schadensersatzanspruch des K gegen H. Ob ***§ 280 oder § 325*** die richtige Anspruchsgrundlage ist, läßt sich anhand der folgenden ***Hilfsfrage*** ermitteln:

Steht die unmöglich gewordene Leistung zu einer anderen im Gegenseitigkeitsverhältnis?

wenn ***ja*** → ist ***§ 325 I 1*** die Anspruchsgrundlage
wenn ***nein*** → ist ***§ 280 I*** die Anspruchsgrundlage

HIER ist die Übereignung der Kaufsache unmöglich geworden, die in einem Gegenseitigkeitsverhältnis zur Kaufpreiszahlung steht (vgl. § 433).

Ergebnis der Vorüberlegung: Anspruchsgrundlage ist ***§ 325 I 1***.

- K gegen H Schadensersatz gemäß § 325 I 1 ?

I. Anspruch entstanden ?

1. Gegenseitiger Vertrag ?

HIER (+) → Kaufvertrag, § 433 zwischen H und K

2. Objektive oder subjektive Unmöglichkeit der Leistung ?

a. Vereinbarte Leistung = Übereignung des Autos, § 929 S. 1

b. Objektive oder subjektive Unmöglichkeit ?

= niemand kann die Leistung erbringen (objektive Unmöglichkeit) oder eine dritte Person, nicht aber der Schuldner kann die Leistung erbringen (subjektive Unmöglichkeit bzw. Unvermögen); dies wiederum ist insbesondere dann denkbar, wenn es sich bei dem geschuldeten Gegenstand um eine Stückschuld oder um eine konkretisierte Gattungsschuld (§ 243 II) handelt

aa. Stückschuld ?
= ein nur einmal existierender Gegenstand

HIER (+) → es handelt es sich um eine gebrauchte, d.h. einmalige Sache

bb. Unmöglichkeit ?
HIER (+) → niemand kann den Wagen an K übereignen, weil er zerstört ist

***cc. <u>also</u>: objektive Unmöglichkeit* (+)**

***c. <u>also</u>: Unmöglichkeit der Leistung* (+)**

3. Nachträgliche Unmöglichkeit ?
= sie darf erst nach Vertragsschluß entstanden sein

HIER (+) → die Leistung ist erst nach Vertragsschluß unmöglich geworden

4. Vertretenmüssen des Schuldners der Leistung ?
= Haftung nach § 276 oder § 278

HIER (–) → der Schuldner haftet zwar gemäß § 276 grundsätzlich für eigenen Vorsatz und jede eigene Fahrlässigkeit; H selbst hat aber den Wagen nicht zerstört;
ein Vertretenmüssen für ein Verschulden des Erfüllungsgehilfen (Person, deren er sich zur Erfüllung seiner Verbindlichkeit bedient) gemäß § 278 scheidet ebenfalls aus; Erfüllungsgehilfe ist (einprägen!), wer mit Wissen und Wollen des Anspruchsgegners in dessen Pflichtenkreis tätig wird; A hat zwar den Wagen leicht fahrlässig zerstört und ist Angestellter des Anspruchsgegners H; er ist aber deshalb nicht Erfüllungsgehilfe, weil er bei der Spritztour nicht in dessen Pflichtenkreis tätig geworden ist

***5. <u>also</u>: Anspruch entstanden* (–)**

II. Ergebnis:
K gegen H Schadensersatz gemäß § 325 I 1 (–)

Formulierungsvorschlag Fall 26

- K gegen H Schadensersatz gemäß § 325 I 1

K könnte gegen H einen Anspruch auf Schadensersatz gemäß § 325 I 1 haben.

I. Dann müßte der Anspruch zunächst entstanden sein.

1. Dies setzt einen wirksamen gegenseitigen Vertrag zwischen den Parteien voraus. H und K haben einen Kaufvertrag (§ 433) über einen Leichenwagen des H, also einen gegenseitigen Vertrag geschlossen.

2. Weiterhin müßte die aus dem Vertrag resultierende Leistung objektiv oder subjektiv unmöglich sein.

a. Der Vertrag beinhaltet als Leistung die Übereignung des Wagens (§ 929 S. 1).

b. Eine Unmöglichkeit wäre zu bejahen, wenn niemand die Leistung erbringen kann (objektive Unmöglichkeit) oder wenn eine dritte Person, nicht aber der Schuldner die Leistung erbringen kann (subjektive Unmöglichkeit bzw. Unvermögen). Dies wiederum ist insbesondere dann denkbar, wenn es sich bei dem geschuldeten Gegenstand um eine Stückschuld oder eine konkretisierte Gattungsschuld (§ 243 II) handelt.

Bei dem geschuldeten Gegenstand könnte es sich um eine Stückschuld handeln. Eine Stückschuld liegt vor, wenn der geschuldete Gegenstand nur einmal existiert. Das ist insbesondere bei gebrauchten Gegenständen und bei neuen Einzelstücken zu bejahen.
Der Kaufgegenstand ist eine gebrauchte Sache, also eine Stückschuld.

Der Schuldner H kann die Übereignung der Kaufsache nicht vornehmen, da sie zerstört ist. Demnach liegt eine objektive Unmöglichkeit vor.

c. Die aus dem Vertrag resultierende Leistung ist somit unmöglich.

3. Außerdem müßte die Unmöglichkeit nachträglich sein. Sie ist nachträglich, wenn sie erst nach Vertragsschluß entsteht. Der Wagen ist erst nach Vertragsschluß zerstört worden. Damit ist die Leistung nachträglich unmöglich geworden.

4. Schließlich müßte der Schuldner der Leistung die Unmöglichkeit zu vertreten haben. Das Vertretenmüssen bemißt sich grundsätzlich nach den §§ 276, 278.

H selbst hat den Wagen nicht zerstört. Also haftet er nicht für eigenen Vorsatz oder eigene Fahrlässigkeit gemäß § 276. Fraglich ist, ob H für das Verschulden eines Erfüllungsgehilfen gemäß § 278 haftet. A könnte Erfüllungsgehilfe des H sein. Erfüllungsgehilfe ist, wer mit Wissen und Wollen des Anspruchsgegners in dessen Pflichtenkreis tätig wird. A hat zwar den Wagen leicht fahrlässig zerstört. Die Tatsache, daß A Angestellter des H ist, reicht nicht aus, um ihn als Erfüllungsgehilfe zu klassifizieren. Bei der Spritztour ist A nicht im Pflichtenkreis des Anspruchsgegners H tätig geworden. H haftet demnach nicht gemäß § 278.

H hat somit die Unmöglichkeit weder nach § 276 noch nach § 278 zu vertreten.

5. Also sind nicht alle Voraussetzungen des § 325 I 1 erfüllt. Der Anspruch aus § 325 I 1 ist folglich nicht entstanden.

II. K hat gegen H keinen Anspruch auf Schadensersatz gemäß § 325 I 1.

Fazit

1. Der Anspruchsgegner hat gemäß **_§ 278_** auch ein schuldhaftes Handeln einer Person, deren er sich zur Erfüllung seiner Verbindlichkeit bedient, zu vertreten. So sagt man das aber nie in der Klausur oder Hausarbeit. Allgemein wird diese in § 278 angesprochene Person als **_Erfüllungsgehilfe_** bezeichnet. Der Anspruchsgegner haftet also, wenn sein Erfüllungsgehilfe vorsätzlich oder fahrlässig (jede Fahrlässigkeit ist erfaßt) die Unmöglichkeit der Leistung verursacht. Voraussetzung ist allerdings immer, daß der schuldhaft Handelnde tatsächlich sein Erfüllungsgehilfe ist. Die folgende Definition ist durchaus gängig:

   Erfüllungsgehilfe ist, wer mit Wissen und Wollen des Anspruchsgegners in dessen Pflichtenkreis tätig wird.

   Der Pflichtenkreis bestimmt sich nach der vom Anspruchsgegner übernommenen Verpflichtung. Die Handlung des für den Anspruchsgegner Tätigen muß in einer direkten Beziehung zur bestehenden Verpflichtung stehen. Dies wird man verneinen müssen, wenn die Handlung mit der Verpflichtung nichts zu tun hat. In unserem Fall (heimliche nächtliche Spritztour) sollte das verneint werden.

2. Ganz allgemein ist wichtig, daß Ihr **_zwei_** immer wieder auftauchende **_Personen unterscheiden_** könnt. Es handelt sich um den Erfüllungsgehilfen und den Verrichtungsgehilfen.

   Der **_Erfüllungsgehilfe_** taucht in **_§ 278_** auf. Es ist eine Person, die für den Anspruchsgegner tätig wird. Sollte der Erfüllungsgehilfe schuldhaft eine Pflicht des Anspruchsgegners verletzen, haftet der Anspruchsgegner (gegenüber dem Anspruchsteller) für das Verschulden seines Gehilfen. Es handelt sich also um eine **_Haftung für fremdes Verschulden_**.

   Der **_Verrichtungsgehilfe_** taucht in **_§ 831 I_** auf. Es ist ebenfalls eine Person, die für den Anspruchsgegner tätig wird. Sollte der Verrichtungsgehilfe tatbestandsmäßig und rechtswidrig (schuldhaft ist nicht erforderlich!) in Ausführung der Verrichtung einen Schaden verursachen, haftet der Anspruchsgegner (gegenüber dem Anspruchsteller) - im Gegensatz zu § 278 - nicht für das Verschulden seines Gehilfen. Es handelt sich vielmehr um eine Haftung für die falsche Auswahl, Beaufsichtigung ... des Gehilfen (vgl. § 831 I 2), also um eine **_Haftung für eigenes Verschulden_**.

   Die Unterscheidung ist insofern relevant, weil in (Anfänger-) Klausuren und Hausarbeiten die Begriffe Erfüllungsgehilfe und Verrichtungsgehilfe gerne verwechselt werden.

3. **_Und zur Klarstellung:_** Während **_§ 831 I 1_** (Haftung für den Verrichtungsgehilfen) eine **_eigene Anspruchsgrundlage_** darstellt, ist dies bei **_§ 278_** (Haftung für den Erfüllungsgehilfenq) **_nicht_** der Fall. Ihr braucht immer einen eigenen vertraglichen Schadensersatzanspruch (z.B. aus Unmöglichkeit, aus Verzug, aus p.V.V.). Erst innerhalb der Prüfung des Anspruchs ist über § 278 zu ermitteln, ob der Anspruchsgegner für ein Verschulden des Gehilfen haftet. § 278 ist also lediglich eine Zurechnungsnorm.

   Das alles wird Euch in einigen Fällen des Buchs nochmals beschäftigen.

Fall 27

K, der sich seit seiner frühesten Kindheit nur für Walt-Disney-Figuren begeistert, schließt am 07.08. mit dem Comicladen-Inhaber C in dessen Geschäft einen schriftlichen Kaufvertrag über eine große Gipsbüste seines "Lieblingshelden" Goofy zum Preis von 800,-- DM. K und C einigen sich darüber, daß C eine neue Büste beim Großhändler G bestellt, weil er nur noch über ein einziges Ausstellungsstück verfügt. K zahlt den Kaufpreis sofort. Auf der Vorderseite der von beiden Parteien unterzeichneten Vertragsurkunde findet sich der dick aufgedruckte Hinweis: "Bestandteil dieses Vertrags sind die Allgemeinen Geschäftsbedingungen des C-Comicladens". K nimmt jedoch keinen Einblick in die im Laden ausliegenden Bedingungen. Am 11.08. verständigt C den K telefonisch darüber, daß er die zwischenzeitlich eingetroffene Büste ausgesondert habe und sie zur Abholung bereitstehe. Am selben Abend stößt C die Figur grob fahrlässig zu Boden. Sie zerbricht irreparabel. Als K hiervon am nächsten Tag erfährt, verlangt er von C Schadensersatz in Höhe von 200,-- DM, da ein plötzlicher Sammlerboom die Preise für Goofy-Büsten auf 1000,-- DM katapultiert hat. C verweist auf Ziffer 8. seiner allgemeinen Geschäftsbedingungen, in der es heißt: "Der Verkäufer haftet nur für Vorsatz, nicht jedoch für Fahrlässigkeit." und verweigert die Zahlung.

Frage: Hat K gegen C einen Schadensersatzanspruch ?

Lösungsskizze Fall 27

Vorüberlegung (gehört nicht in die Formulierung)*:*

Ob **§ *280 oder* § *325*** die richtige Anspruchsgrundlage ist, läßt sich anhand der folgenden ***Hilfsfrage*** ermitteln:

Steht die unmöglich gewordene Leistung zu einer anderen im Gegenseitigkeitsverhältnis?

wenn ***ja*** → ist **§ *325 I 1*** die Anspruchsgrundlage
wenn ***nein*** → ist **§ *280 I*** die Anspruchsgrundlage

HIER ist die Übereignung der Kaufsache unmöglich geworden, die in einem Gegenseitigkeitsverhältnis zur Kaufpreiszahlung steht (vgl. § 433).

Ergebnis der Vorüberlegung: Anspruchsgrundlage ist **§ *325 I 1*.**

- K gegen C Schadensersatz gemäß § 325 I 1 ?

I. Anspruch entstanden ?

1. Gegenseitiger Vertrag ?

HIER (+) → Kaufvertrag, § 433 zwischen C und K

2. Objektive oder subjektive Unmöglichkeit der Leistung ?

a. Vereinbarte Leistung = Übereignung der Büste, § 929 S. 1

b. Objektive oder subjektive Unmöglichkeit ?

= niemand kann die Leistung erbringen (objektive Unmöglichkeit) oder eine dritte Person, nicht aber der Schuldner kann die Leistung erbringen (subjektive Unmöglichkeit bzw. Unvermögen); dies wiederum ist insbesondere dann denkbar, wenn es sich bei dem geschuldeten Gegenstand um eine Stückschuld oder um eine konkretisierte Gattungsschuld (§ 243 II) handelt

aa. Stückschuld ?

= ein nur einmal existierender Gegenstand

HIER (–) → K hat sich anhand eines Ausstellungsstücks für die Büste entschieden; die Parteien haben also nicht die Übereignung eines bestimmten Einzelstücks vereinbart; Gegenstand des Vertrags war eine Gattungsschuld

bb. gemäß § 243 II zur Stückschuld konkretisierte Gattungsschuld ?

= der Schuldner muß das seinerseits Erforderliche zur Leistung getan haben (§ 243 II);
ob er das seinerseits Erforderliche getan hat, hängt davon ab, welche Art der Schuld (Holschuld, Bringschuld, Schickschuld) vorliegt

(1) Art der Schuld ?

HIER Holschuld → zwischen C und K war Abholung der Sache vereinbart

(2) Konkretisierung durch den Schuldner ?

= bei der Holschuld: Aussondern der Kaufsache und Benachrichtigung des Gläubigers von der Abholmöglichkeit

HIER (+) → dies hat C getan

***(3) <u>also</u>: Konkretisierung* (+)**

cc. Unmöglichkeit ?

= die Leistung kann nicht erbracht werden

HIER (+) → C kann die Büste nicht an K übereignen (vgl. § 929 S. 1); sie ist zerstört

***dd. <u>also</u>: objektive Unmöglichkeit* (+)**

***c. <u>also</u>: Unmöglichkeit der Leistung* (+)**

3. Nachträgliche Unmöglichkeit ?

= sie darf erst nach Vertragsschluß entstanden sein

HIER (+) → die Leistung ist erst nach Vertragsschluß unmöglich geworden

4. Vertretenmüssen des Schuldners der Leistung ?

= Haftung nach § 276 oder § 278

HIER (+) → C hat die Büste grob fahrlässig zerstört; insofern haftet er gemäß § 276; zwar hat C in Ziffer 8. seiner Allgemeinen Geschäftsbedingungen eine Haftung für fahrlässiges Handel ausgeschlossen; die Klausel entspricht auch den Voraussetzungen des § 1 AGBG (Gesetz zur Regelung des Rechts der allgemeinen Geschäftsbedin-

gungen) und ist gemäß § 2 I AGBG Bestandteil des Vertrags geworden;
der Ausschluß verstößt aber gegen § 11 Ziffer 8.b) i.V.m. Ziffer 7. AGBG; hiernach ist in Allgemeinen Geschäftsbedingungen ein Ausschluß der Haftung für grob fahrlässiges oder vorsätzliches Verhalten unwirksam;
es bleibt also bei der grundsätzlichen Haftung aus § 276

5. Schaden ?

HIER (+) → Differenz zwischen Wert der Büste und Kaufpreis (1.000,-- DM - 800,-- DM) = 200,-- DM

***6. also: Anspruch entstanden* (+)**

***II. Anspruch untergegangen ?* (–)**

***III. Anspruch durchsetzbar ?* (+)**

IV. Ergebnis:

K gegen C Schadensersatz (200,-- DM) gemäß § 325 I 1 (+)

Formulierungsvorschlag Fall 27

- K gegen C Schadensersatz gemäß § 325 I 1

K könnte gegen C einen Anspruch auf Schadensersatz gemäß § 325 I 1 haben.

I. Dann müßte der Anspruch zunächst entstanden sein.

1. Dies setzt einen wirksamen gegenseitigen Vertrag zwischen den Parteien voraus. C und K haben einen Kaufvertrag (§ 433) über eine Gipsbüste, also einen gegenseitigen Vertrag geschlossen.

2. Weiterhin müßte die aus dem Vertrag resultierende Leistung objektiv oder subjektiv unmöglich sein.

a. Der Vertrag beinhaltet als Leistung die Übereignung einer Büste (§ 929 S. 1).

b. Eine Unmöglichkeit wäre zu bejahen, wenn niemand die Leistung erbringen kann (objektive Unmöglichkeit) oder wenn eine dritte Person, nicht aber der Schuldner die Leistung erbringen kann (subjektive Unmöglichkeit bzw. Unvermögen). Dies wiederum ist insbesondere dann denkbar, wenn es sich bei dem geschuldeten Gegenstand um eine Stückschuld oder eine konkretisierte Gattungsschuld (§ 243 II) handelt.

Bei dem geschuldeten Gegenstand könnte es sich um eine Stückschuld handeln. Eine Stückschuld liegt vor, wenn der geschuldete Gegenstand nur einmal existiert. Das ist insbesondere bei gebrauchten Gegenständen und bei neuen Einzelstücken zu bejahen.

K hat sich anhand eines Ausstellungsstücks für die Büste entschieden. Die Parteien haben also nicht die Übereignung eines bestimmten Einzelstücks vereinbart. Gegenstand des Vertrags war eine Gattungsschuld.

Das Schuldverhältnis könnte sich aber gemäß § 243 II auf eine bestimmte Sache beschränkt haben. Um eine solche Konkretisierung herbeizuführen, müßte der Schuldner das seinerseits Erforderliche zur Leistung getan haben.
Ob er das seinerseits Erforderliche getan hat, hängt davon ab, welche Art der Schuld (Hol-, Bring- oder Schickschuld) vorliegt.

Zwischen C und K war die Abholung der Büste, also eine Holschuld vereinbart.

Bei der Holschuld tritt Konkretisierung der Gattungsschuld zur Stückschuld ein, wenn der Schuldner die Kaufsache ausgesondert und den Gläubiger über die Abholmöglichkeit benachrichtigt hat. C hat die Büste beiseite gelegt und K telefonisch benachrichtigt, er könne sie abholen.

Demnach ist eine Konkretisierung der ursprünglich bestehenden Gattungsschuld zur Stückschuld zu bejahen (§ 243 II). Das Schuldverhältnis beschränkt sich also auf diese Büste.

Die Übereignung einer beweglichen Sache erfordert gemäß § 929 S. 1 eine Einigung über den Eigentumsübergang und die Übergabe der Sache. C kann die ausgesonderte Büste nicht an K übereignen (vgl. § 929 S. 1). Sie ist zerstört. Demnach liegt eine objektive Unmöglichkeit vor.

c. Die aus dem Vertrag resultierende Leistung ist somit unmöglich.

3. Außerdem müßte die Unmöglichkeit nachträglich sein. Sie ist nachträglich, wenn sie erst nach Vertragsschluß entsteht. Die Büste ist erst nach Vertragsschluß zerstört worden. Damit ist die Leistung nachträglich unmöglich geworden.

4. Schließlich müßte der Schuldner der Leistung die Unmöglichkeit zu vertreten haben. Das Vertretenmüssen bemißt sich grundsätzlich nach den §§ 276, 278.

C hat die Büste grob fahrlässig zerstört. Gemäß § 276 hätte er somit die Unmöglichkeit zu vertreten.

Fraglich ist, ob der Schuldner der Leistung (C) ausnahmsweise nicht für grobe Fahrlässigkeit haftet.
In Betracht kommt ein vertraglicher Haftungsausschluß gemäß Ziffer 8. der Allgemeinen Geschäftsbedingungen des C. Hiernach haftet der Verkäufer nur für Vorsatz, nicht aber für Fahrlässigkeit. Möglicherweise ist der Haftungsausschluß jedoch unwirksam, da er gegen die gesetzlichen Regelungen des AGBG verstößt. Zwar entspricht die Klausel den Voraussetzungen des § 1 AGBG und ist gemäß § 2 I AGBG Bestandteil des Vertrags geworden. Der Haftungsausschluß verstößt aber gegen § 11 Ziffer 8.b) i.V.m. Ziffer 7. AGBG. Hiernach ist in Allgemeinen Geschäftsbedingungen ein Ausschluß der Haftung für grob fahrlässiges oder vorsätzliches Verhalten unwirksam.

Folglich hat C die Unmöglichkeit wegen der grob fahrlässigen Zerstörung der Büste gemäß § 276 zu vertreten.

5. Fraglich ist, ob K auch einen Schaden erlitten hat. Bei einer erfolgten Übereignung hätte K eine Büste im Wert von 1.000,-- DM erhalten, aber nur einen Kaufpreis von 800,-- DM gezahlt. Die Differenz zwischen dem Wert des Kaufgegenstandes und dem vereinbarten Kaufpreis beträgt (1.000,-- DM - 800,-- DM =) 200,-- DM. K hat einen Schaden in dieser Höhe erlitten.

6. Also sind alle Voraussetzungen der § 325 I 1 erfüllt. Der Anspruch aus § 325 I 1 ist folglich entstanden.

II. Der Anspruch ist nicht untergegangen.

III. Er ist auch durchsetzbar.

IV. K hat gegen C einen Anspruch auf Schadensersatz in Höhe von 200,-- DM gemäß § 325 I 1.

Fazit

1. Grundsätzlich haftet der Schuldner der Leistung gemäß § 276 bzw. § 278. Er haftet also für eigenen Vorsatz und jede eigene Fahrlässigkeit (§ 276) bzw. für Vorsatz und jede Fahrlässigkeit seines Erfüllungsgehilfen (§ 278).

   Aber Achtung: Ihr müßt stets zusätzlich überdenken, ob vielleicht ***ausnahmsweise*** ein ***veränderter Haftungsmaßstab*** gilt (vgl. schon Fall 25). Bei der ***Haftungsbeschränkung*** sind ***zwei Ausnahmen*** sind denkbar:

   - eine ***vertragliche*** Haftungsbeschränkung
     (dann ist aber u.U. - wie hier - das AGBG = Gesetz zur Regelung des Rechts der Allgemeinen Geschäftsbedingungen zu beachten)
   - eine ***gesetzliche*** Haftungsbeschränkung

   In unserem Fall hat der Verkäufer die Haftung durch die "Allgemeinen Geschäftsbedingungen" - also vertraglich - auf Vorsatz beschränkt.

   Wenn Euch so etwas in einer Fallbearbeitung über den Weg läuft, könnt Ihr anhand des schon erwähnten AGBG überprüfen, ob der Haftungsausschluß oder die Haftungsbeschränkung wirksam ist. Sollte Sie unwirksam sein, gilt wieder die "normale" Haftung der §§ 276, 278.

2. ***Die AGB-Prüfung beschränkt sich im Regelfall auf vier Punkte:***

   - Ist das ***AGBG*** überhaupt ***anwendbar***, ***§ 24 AGBG***?
   - Liegen ***Allgemeine Geschäftsbedingungen*** i.S.d. ***§ 1 AGBG*** vor?
   - Sind sie ***wirksam in den Vertrag einbezogen*** worden, ***§ 2 AGBG***?
   - Ist die ***Klausel unwirksam***, §§ 9, 10, 11 AGBG? → sinnvollerweise ist die ***Prüfungsreihenfolge*** umgekehrt ***§ 11 - § 10 - § 9 AGBG***!!

Fall 28

Antiquitätenhändler A bietet der historisch interessierten K eine alte aztekische Tonfigur, die eine beleibte Fruchtbarkeitsgöttin zeigt, für 2.300,-- DM an. Die allwissende A erkennt sofort, daß das seltene Stück 4.000,-- DM wert ist und akzeptiert erfreut das Angebot. Den Kaufpreis zahlt sie sofort. A verspricht der K, die Figur am nächsten Tag mit seinem Auto zu liefern. Die Übereignung soll dann erfolgen. Auf der Fahrt zu K wird A in einen allein von Bauunternehmer B fahrlässig verursachten Unfall verwickelt. Hierbei zerbricht die Tonfigur in 17 Teile. Ein eilig herbeigerufener Restaurator erklärt dem A, eine Wiederherstellung sei aussichtslos. Nachdem K Kenntnis von der Sachlage erhält, macht sie darauf aufmerksam, daß sie finanziell so gestellt werden möchte, wie sie gestanden hätte, wenn eine Übereignung der Göttin möglich gewesen und erfolgt wäre. A verweist auf die Schuldlosigkeit am Unfall und äußert, er werde deshalb nicht für einen etwaigen Verlust der K aufkommen. K beharrt auf Ihrer Forderung.

Frage: Hat K einen verlustausgleichenden Anspruch gegen A ?

Lösungsskizze Fall 28

Vorüberlegung (gehört nicht in die Formulierung)*:*

Wegen der Zerstörung der Figur (Unmöglichkeit) ist ein Anspruch auf Übereignung der Kaufsache gemäß ***§ 433 I 1*** gemäß § 275 I untergegangen. Deshalb möchte K ihren finanziellen Verlust (sie hätte für 2.300,-- DM eine Sache im Wert von 4.000,-- DM bekommen) ausgeglichen wissen.
Der Anspruch auf Schadensersatz gemäß ***§ 325 I 1*** greift nicht, da Anspruchsgegner A die Unmöglichkeit nicht zu vertreten hat. Für Fälle wie diesen (Schuldner hat Unmöglichkeit nicht verschuldet, aber ein Dritter) steht eine weitere Anspruchsgrundlage zur Verfügung, nämlich ***§ 281 I*** (lesen!). Danach kann der Gläubiger (hier K) u.U. Herausgabe des vom Schuldner seitens des Dritten (Schädigers) erlangten Ersatzes verlangen. Wenn der Schuldner noch nichts vom Dritten bekommen hat, kann der Gläubiger auch Abtretung des dem Schuldner gegen den Dritten zustehenden Ersatzanspruchs verlangen.

HIER hat A vom Dritten B noch keinen Ersatz erlangt. Sinnvoll ist also, einen Anspruch auf Abtretung des Ersatzanspruchs zu prüfen.

- K gegen A Abtretung des Ersatzanspruchs (A gegen B) gemäß § 281 I ?

I. Anspruch entstanden ?

1. Schuldverhältnis ?

HIER (+) → Kaufvertrag, § 433 zwischen K und A

2. Objektive oder subjektive Unmöglichkeit der Leistung ?

a. Vereinbarte Leistung = Übereignung der Tonfigur, § 929 S. 1

b. Objektive oder subjektive Unmöglichkeit ?
= niemand kann die Leistung erbringen (objektive Unmöglichkeit) oder eine dritte Person, nicht aber der Schuldner kann die Leistung erbringen (subjektive Unmöglichkeit bzw. Unvermögen); dies wiederum ist insbesondere dann denkbar, wenn es sich bei dem geschuldeten Gegenstand um eine Stückschuld oder um eine konkretisierte Gattungsschuld (§ 243 II) handelt

aa. Stückschuld ?
= ein nur einmal existierender Gegenstand

HIER (+) → es handelt sich um eine gebrauchte Sache

bb. Unmöglichkeit ?
= die Leistung kann nicht erbracht werden

HIER (+) → A kann die Figur nicht an K übereignen (vgl. § 929 S. 1); sie ist zerstört

***dd. <u>also</u>: objektive Unmöglichkeit* (+)**

***c. <u>also</u>: Unmöglichkeit der Leistung* (+)**

3. Nachträgliche Unmöglichkeit ?
= sie darf erst nach Vertragsschluß entstanden sein

HIER (+) → die Leistung ist erst nach Vertragsschluß unmöglich geworden

4. Ersatzanspruch des Schuldners der Leistung gegen einen Dritten ?

Anmerkung:
jetzt folgt also die Prüfung eines Anspruchs des A gegen B innerhalb der Anspruchs des K gegen A

- A gegen B Schadensersatz gemäß § 823 I ?

a. Anspruch entstanden ?

aa. Verletzung eines Rechtsguts des § 823 I ?
= die aufgeführten Rechtsgüter oder ein sonstiges Recht i.S.d. Norm (insb.: berechtigter Besitz, Persönlichkeitsrecht, eingerichteter und ausgeübter Gewerbebetrieb)

HIER (+) → Eigentum des A an der Tonfigur; er war zum Zeitpunkt des Unfalls immer noch Eigentümer, da die Übereignung an K erst stattfinden sollte

bb. (durch eine) Handlung des Anspruchsgegners ?
= Tun oder Unterlassen

HIER (+) → durch die Unfallverursachung seitens B

***cc. Rechtswidrigkeit der Rechtsgutverletzung ?* (+)**

dd. Vertretenmüssen des Anspruchsgegners ?
= Haftung gemäß § 823 I

HIER (+) → er haftet grundsätzlich für eigenen Vorsatz und jede eigene Fahrlässigkeit; B hat den Unfall fahrlässig verursacht

ee. (auf der Rechtsgutverletzung beruhender) Schaden ?

HIER (+) → die Figur ist zerstört worden; Schaden ist der Wert des Gegenstands = 4.000,-- DM

ff. also: Anspruch entstanden (+)

b. Anspruch untergegangen ? (−)

c. Anspruch durchsetzbar ? (+)

d. Ergebnis:

A gegen B Schadensersatz (4.000,-- DM) gemäß § 823 I (+)

5. Erlangen des Ersatzanspruchs infolge eines Umstands, der zur Unmöglichkeit geführt hat ? (+)

6. also: Anspruch entstanden (+)

II. Anspruch untergegangen ? (−)

III. Anspruch durchsetzbar ?

- **§ 320 = Einrede des nichterfüllten Vertrags**

= der Anspruchsgegner kann die Leistung verweigern, bis der Anspruchsteller seinerseits leistet

HIER (−) → K kann die Leistung nicht verweigern, da A den Kaufpreis schon gezahlt hat

IV. Ergebnis:

K gegen A Abtretung des Ersatzanspruchs (A gegen B) aus § 823 I (4.000,-- DM) gemäß § 281 I (+)

Formulierungsvorschlag Fall 28

- K gegen A Abtretung des Ersatzanspruchs (A gegen B) gemäß § 281 I

K könnte gegen A einen Anspruch auf Abtretung eines möglichen Ersatzanspruchs gegen B gemäß § 281 I haben.

I. Dann müßte der Anspruch zunächst entstanden sein.

1. Dies setzt ein wirksames Schuldverhältnis zwischen den Parteien voraus. A und K haben einen Kaufvertrag (§ 433) über eine Tonfigur geschlossen. Also liegt ein wirksames Schuldverhältnis vor.

2. Weiterhin müßte die aus dem Vertrag resultierende Leistung objektiv oder subjektiv unmöglich sein.

a. Der Vertrag beinhaltet als Leistung die Übereignung einer Tonfigur (§ 929 S. 1).

b. Eine Unmöglichkeit wäre zu bejahen, wenn niemand die Leistung erbringen kann (objektive Unmöglichkeit) oder wenn eine dritte Person, nicht aber der Schuldner die Leistung erbringen kann (subjektive Unmöglichkeit bzw. Unvermögen). Dies wiederum ist insbesondere dann denkbar, wenn es sich bei dem geschuldeten Gegenstand um eine Stückschuld oder eine konkretisierte Gattungsschuld (§ 243 II) handelt.

Bei dem geschuldeten Gegenstand könnte es sich um eine Stückschuld handeln. Eine Stückschuld liegt vor, wenn der geschuldete Gegenstand nur einmal existiert. Das ist insbesondere bei gebrauchten Gegenständen und bei neuen Einzelstücken zu bejahen.
Bei der Figur handelt es sich um eine antike, d.h. gebrauchte Sache, also um eine Stückschuld.

Die Übereignung einer beweglichen Sache erfordert gemäß § 929 S. 1 eine Einigung über den Eigentumsübergang und die Übergabe der Sache. A kann die Figur nicht an K übereignen (vgl. § 929 S. 1). Sie ist zerstört. Demnach liegt eine objektive Unmöglichkeit vor.

c. Die aus dem Vertrag resultierende Leistung ist somit unmöglich.

3. Außerdem müßte die Unmöglichkeit nachträglich sein. Sie ist nachträglich, wenn sie erst nach Vertragsschluß entsteht. Die Tonfigur ist erst nach Vertragsschluß zerstört worden. Damit ist die Leistung nachträglich unmöglich geworden.

4. Zudem müßte der Schuldner (A) gegen einen Dritten einen Ersatzanspruch erlangt haben.

A könnte **gegen B** einen **Schadensersatzanspruch gemäß § 823 I** erlangt haben.

a. Dann müßte wiederum dieser Anspruch entstanden sein.

Zunächst müßte ein durch § 823 I geschütztes Rechtsgut des A verletzt worden sein. A war zum Zeitpunkt des Unfalls immer noch Eigentümer der Figur, da die Übereignung an K erst stattfinden sollte. Durch die Zerstörung der Figur ist das Eigentum des A, ein Rechtsgut des § 823 I, verletzt worden.

Das Rechtsgut müßte durch eine Handlung des Anspruchsgegners B verletzt worden sein. Die im Eigentum des A Tonfigur ist durch den von B verursachten Unfall zerstört worden.

Die Rechtsgutverletzung ist auch rechtswidrig.

Weiterhin müßte der Anspruchsgegner die Rechtsgutverletzung zu vertreten haben. Das Verschulden bemißt sich direkt nach § 823 I. Der Handelnde haftet für Vorsatz und jede Fahrlässigkeit. A hat fahrlässig gehandelt, als er den Unfall verursachte. Er hat somit die Rechtsgutverletzung zu vertreten.

Außerdem müßte durch die Rechtsgutverletzung ein Schaden entstanden sein. Durch die Zerstörung der im Eigentum des A stehenden Figur ist ihm ein Schaden in Höhe des Werts des Gegenstandes (4.000,-- DM) entstanden.

Demnach ist der Anspruch entstanden.

b. Der Anspruch ist nicht untergegangen.

c. Er ist auch durchsetzbar.

d. A hat also gegen B wegen der Zerstörung der Tonfigur einen Anspruch auf Schadensersatz in Höhe von 4.000,-- DM gemäß § 823 I.

5. Letztlich hat der Schuldner den Ersatzanspruch auch infolge des Umstands erlangt haben, der zur Unmöglichkeit der Leistung geführt hat.

6. Also sind alle Voraussetzungen der § 281 I erfüllt. Der Anspruch aus § 281 I ist folglich entstanden.

II. Der Anspruch ist nicht untergegangen.

III. Fraglich ist jedoch, ob der Anspruch durchsetzbar ist.

Für A kommt gegen den Anspruch des K die Einrede des nichterfüllten Vertrags gemäß § 320 in Betracht. Hiernach kann der Anspruchsgegner die Leistung solange verweigern, bis der Anspruchsteller seinerseits leistet. K kann die Leistung aber nicht verweigern, da A den Kaufpreis schon gezahlt hat. Der Anspruch ist mithin durchsetzbar.

IV. K hat gegen A einen Anspruch auf Abtretung des Ersatzanspruchs (A gegen B) aus § 823 I in Höhe von 4.000,-- DM gemäß § 281 I.

Fazit

1. Wenn der Schuldner der Leistung die Unmöglichkeit nicht zu vertreten hat, scheitert ein Schadensersatzanspruch des Gläubigers gemäß § 325 I 1. Sollte allerdings ein Dritter die Unmöglichkeit der Leistung verschuldet haben, erlangt der Schuldner regelmäßig vom schädigenden Dritten einen Ersatz oder Ersatzanspruch (z.B. aus § 823 I). Verzichtet habe ich auf eine Prüfung etwaiger Ansprüche aus dem StVG (Straßenverkehrsgesetz). Achtet darauf, ob Euer Dozent solche Ansprüche in diesem Problemkreis erwähnt. Dann solltet Ihr sie auch prüfen.

   Auf diesen Ersatz oder Ersatzanspruch kann der Gläubiger zugreifen. Anspruchsgrundlage ist § 281 I.

2. Der genannte Anspruch erscheint besonders schwierig, weil der Wortlaut des § 281 I erst einmal kaum nachvollziehbar ist. Wichtig ist, daß Ihr Euch (noch einmal) die Fall-Konstellation einprägt, in der § 281 anwendbar sein kann. Es ist immer dieselbe:

   - der Schuldner kann nicht mehr leisten, da die Leistung unmöglich ist
   - der Schuldner hat die Unmöglichkeit nicht zu vertreten
   - aber ein Dritter hat die Unmöglichkeit zu vertreten
     (nicht der Erfüllungsgehilfe, § 278 des Schuldners!)

3. Wenn Ihr das alles (gedanklich) bejahen könnt, solltet Ihr den Anspruch aus § 281 I in Angriff nehmen.

Wie Ihr schon gesehen habt, ist innerhalb der Prüfung u.a. zu fragen, ob der Schuldner gegen einen Dritten einen Ersatz oder Ersatzanspruch erlangt hat. Es folgt die - eingeschobene - Prüfung eines Schadensersatzanspruchs des Anspruchsgegners gegen eine dritte Person. Der Anspruch wird im Regelfall ein deliktischer Anspruch sein (v.a. § 823 I) und ist nach dem altbewährten Schema entstanden / untergegangen / durchsetzbar zu bearbeiten.

4. Sollte der Schuldner vom Dritten schon Ersatz bekommen haben, kann der Gläubiger gemäß § 281 I direkt Herausgabe des Ersatzes fordern.

Fall 29

In einem Anflug von Kaufrausch betritt der ein wenig extrovertierte K den Laden des Juweliers J. Er hat im Schaufenster einen als Sonderangebot angepriesenen großen gebrauchten Nasenring gesichtet. Kurze Zeit später schließen J und K einen Kaufvertrag über den Ring. Der Kaufpreis soll 600,-- DM betragen. Die Parteien vereinbaren, den Vertrag erst am nächsten Tag abzuwickeln, weil K das für den Kauf benötigte Geld in der Zwischenzeit von seiner vermögenden Oma erbetteln will. Nachdem K seiner Großmutter die Sachlage geschildert hat, winkt diese erschreckt ab. Sie ist der Meinung, daß die grüngefärbten Haare des K schon für genug Aufsehen in der Öffentlichkeit sorgen. Nun bereut K bitterlich den Kauf. Er möchte vom Vertrag loskommen. Am darauffolgenden Tag erscheint er zerknirscht bei J, erfährt aber zu seiner Freude, daß J den Ring beim Aufräumen versehentlich in den Mülleimer geworfen hat, der inzwischen geleert worden ist. K denkt daraufhin, für ihn sei alles erledigt. J erklärt aber sofort, er werde selbstverständlich einen anderen identischen Ring besorgen und übereignen. Auf das Geschäft wolle er nicht verzichten. Verunsichert begibt sich K zu seinem Rechtsanwalt. Er ist der Ansicht, er könne den Vertrag mit J lösen.

Frage: Kann K vom Kaufvertrag loskommen ?

Lösungsskizze Fall 29

Vorüberlegung (gehört nicht in die Formulierung)*:*

K kann den Vertrag mit J nur lösen, wenn ihm ein vertragliches oder gesetzliches Rücktrittsrecht zusteht. Da die Parteien nichts dergleichen im Vertrag vereinbart haben, kommt nur ein gesetzlicher Rücktritt in Betracht. Da u.U. eine von J zu vertretende nachträgliche Unmöglichkeit vorliegt, eröffnet sich für K ein ***gesetzlicher Vertragsrücktritt gemäß § 325 I 1***.

- K gegen J Rücktrittsrecht gemäß § 325 I 1 ?

I. Voraussetzungen des § 325 I 1 ?

1. Gegenseitiger Vertrag ?

HIER (+) → Kaufvertrag, § 433 zwischen J und K

2. Objektive oder subjektive Unmöglichkeit der Leistung ?

a. Vereinbarte Leistung = Übereignung des Nasenrings, § 929 S. 1

b. Objektive oder subjektive Unmöglichkeit ?

= niemand kann die Leistung erbringen (objektive Unmöglichkeit) oder eine dritte Person, nicht aber der Schuldner kann die Leistung erbringen (subjektive Unmöglichkeit bzw. Unvermögen); dies wiederum ist insbesondere dann denkbar, wenn es sich bei dem geschuldeten Gegenstand um eine Stückschuld oder um eine konkretisierte Gattungsschuld (§ 243 II) handelt

aa. Stückschuld ?
= ein nur einmal existierender Gegenstand

HIER (+) → es handelt es sich um eine gebrauchte, d.h. einmalige Sache

bb. Unmöglichkeit ?

HIER (+) → niemand kann den Ring an K übereignen, da er im Müll verschwunden ist

cc. <u>also</u>: objektive Unmöglichkeit **(+)**

c. <u>also</u>: Unmöglichkeit der Leistung **(+)**

3. Nachträgliche Unmöglichkeit ?
= sie darf erst nach Vertragsschluß entstanden sein

HIER (+) → die Leistung ist erst nach Vertragsschluß unmöglich geworden

4. Vertretenmüssen des Schuldners der Leistung ?
= Haftung nach § 276 oder § 278

HIER (+) → der Schuldner haftet grundsätzlich für Vorsatz und jede Fahrlässigkeit; J hat den Ring fahrlässig weggeworfen; er hat die Unmöglichkeit zu vertreten

5. <u>also</u>: Voraussetzungen des § 325 I 1 **(+)**

II. Ergebnis:

K gegen J Rücktrittsrecht gemäß § 325 I 1 (+)

Formulierungsvorschlag Fall 29

- K gegen J Rücktrittsrecht gemäß § 325 I 1

K könnte gegen J ein Rücktrittsrecht gemäß § 325 I 1 zustehen.

I. Dann müßten die Voraussetzungen des § 325 I 1 vorliegen.

1. Dies setzt einen wirksamen gegenseitigen Vertrag zwischen den Parteien voraus. J und K haben einen Kaufvertrag (§ 433) über einen Nasenring, also einen gegenseitigen Vertrag geschlossen.

2. Weiterhin müßte die aus dem Vertrag resultierende Leistung objektiv oder subjektiv unmöglich sein.

a. Der Vertrag beinhaltet als Leistung die Übereignung eines Nasenrings (§ 929 S. 1).

b. Eine Unmöglichkeit wäre zu bejahen, wenn niemand die Leistung erbringen kann (objektive Unmöglichkeit) oder wenn eine dritte Person, nicht aber der Schuldner die Leistung erbringen kann (subjektive Unmöglichkeit bzw. Unvermögen). Dies wiederum ist insbesondere dann denkbar, wenn es sich bei dem geschuldeten Gegenstand um eine Stückschuld oder eine konkretisierte Gattungsschuld (§ 243 II) handelt.

Bei dem geschuldeten Gegenstand könnte es sich um eine Stückschuld handeln. Eine Stückschuld liegt vor, wenn der geschuldete Gegenstand nur einmal existiert. Das ist insbesondere bei gebrauchten Gegenständen und bei neuen Einzelstücken zu bejahen.
Der Kaufgegenstand ist eine gebrauchte Sache, also eine Stückschuld.

Der Schuldner J kann die Übereignung der Kaufsache nicht vornehmen, da der Nasenring im Müll verschwunden ist. Demnach liegt eine objektive Unmöglichkeit vor.

c. Die aus dem Vertrag resultierende Leistung ist somit unmöglich.

3. Außerdem müßte die Unmöglichkeit nachträglich sein. Sie ist nachträglich, wenn sie erst nach Vertragsschluß entsteht. Der Ring ist erst nach Vertragsschluß im Müll verschwunden. Damit ist die Leistung nachträglich unmöglich geworden.

4. Schließlich müßte der Schuldner der Leistung die Unmöglichkeit zu vertreten haben. Das Vertretenmüssen bemißt sich grundsätzlich nach den §§ 276, 278.
J hat den Ring fahrlässig weggeworfen und somit die Unmöglichkeit gemäß § 276 zu vertreten.

5. Also sind alle Voraussetzungen der § 325 I 1 erfüllt.

II. K hat gegen J ein Rücktrittsrecht gemäß § 325 I 1.

Fazit

1. Der Prüfungsläufer des § 325 I 1 bezüglich eines Rücktrittsrechts unterscheidet sich nur unwesentlich von der Prüfung eines Schadensersatzanspruchs aus § 325 I 1.

   Es fehlt ein Prüfungspunkt. Da der Anspruchsteller keinen Schadensersatz verlangt, ist es unerheblich, ob er einen Schaden erlitten hat.

2. In der Praxis muß K gegenüber J den Rücktritt erklären, um zum vom ihm erwünschten Ergebnis zu kommen.

Fall 30

K kauft am 10.04. im Sex-Shop der E für 200,-- DM eine aufblasbare Gummipuppe des Typs "Lolita". Die für ihn bestimmte Puppe muß erst von E bestellt werden, da sie nur noch das von K besichtigte Ausstellungsstück besitzt. K will die Gummipuppe abholen, sobald er von E benachrichtigt wird und dann den Kaufpreis zahlen. Am 18.05. wirft E eine an K adressierte Postkarte in den Postkasten, mit der sie K benachrichtigt, daß sie die eingetroffene Puppe ausgesondert habe und er sie abholen könne. Die Karte erreicht K jedoch nicht, da die Deutsche Post AG einmal mehr versagt. Als sich K am 30.05. bei E meldet und fragt, ob die Puppe bald verfügbar sei, muß er erfahren, daß das ausgesonderte Stück anläßlich eines Einbruchs am 28.05. bei E entwendet worden ist. K beansprucht eine neue Gummipuppe. E will dem K keine Puppe geben, verlangt aber ihrerseits Zahlung des Kaufpreises.

Frage 1: Hat K gegen E einen Anspruch aus § 433 I 1 ?
Frage 2: Hat E gegen K einen Anspruch aus § 433 II ?

Lösungsskizze Fall 30

Frage 1: Hat K gegen E einen Anspruch aus § 433 I 1 ?

- K gegen E Übereignung einer neuen Gummipuppe gemäß § 433 I 1 ?

I. Anspruch entstanden ?

1. Vertrag ?

HIER (+) → Kaufvertrag, § 433 zwischen E und K

***2. also: Anspruch entstanden* (+)**

II. Anspruch untergegangen ?

- nach § 275 I oder II i.V.m. I

1. Wirksames Schuldverhältnis ?

HIER (+) → s.o.; Kaufvertrag, § 433 zwischen E und K

2. Objektive oder subjektive Unmöglichkeit der Leistung ?

a. Vereinbarte Leistung = Übereignung einer Puppe, § 929 S. 1

b. Objektive oder subjektive Unmöglichkeit ?

= niemand kann die Leistung erbringen (§ 275 I = objektive Unmöglichkeit) oder eine dritte Person, nicht aber der Schuldner kann die Leistung erbringen (§ 275 II i.V.m. I = subjektive Unmöglichkeit bzw. Unvermögen);
dies wiederum ist insbesondere dann denkbar, wenn es sich bei dem geschuldeten Gegenstand um eine Stückschuld oder eine konkretisierte Gattungsschuld (§ 243 II) handelt

aa. Stückschuld ?
= ein nur einmal existierender Gegenstand

HIER (–) → K hat sich anhand eines Ausstellungsstücks für eine Puppe eines bestimmten Modells entschieden; die Parteien haben also nicht die Übereignung eines bestimmten Einzelstücks vereinbart; Gegenstand des Vertrags war eine Gattungsschuld

bb. gemäß § 243 II zur Stückschuld konkretisierte Gattungsschuld ?
= der Schuldner muß das seinerseits Erforderliche zur Leistung getan haben (§ 243 II);
ob er das seinerseits Erforderliche getan hat, hängt davon ab, welche Art der Schuld (Holschuld, Bringschuld, Schickschuld) vorliegt

(1) Art der Schuld ?

HIER Holschuld → zwischen E und K war Abholung der Sache vereinbart

(2) Konkretisierung durch den Schuldner ?
= bei der Holschuld: Aussondern der Kaufsache und Benachrichtigung des Gläubigers von der Abholmöglichkeit

HIER (+) → dies hat E getan; wichtig: die Benachrichtigung muß nicht beim Gläubiger ankommen. d.h. Zugang ist nicht erforderlich; die Absendung der Benachrichtigung reicht aus

***(3) <u>also</u>: Konkretisierung* (+)**

cc. Unmöglichkeit ?
= die Leistung kann nicht erbracht werden

HIER (+) → S kann die ausgesonderte Puppe nicht an K übereignen (vgl. § 929 S. 1); sie kann sich zwar mit K über den Eigentumsübergang einigen; zur Übergabe der Puppe ist sie aber nicht in der Lage, da sie sich im Besitz des Diebes befindet

***dd. <u>also</u>: subjektive Unmöglichkeit, § 275 II i.V.m. I* (+)**

***c. <u>also</u>: Unmöglichkeit der Leistung* (+)**

3. Nachträgliche Unmöglichkeit ?
= sie darf erst nach Vertragsschluß entstanden sein

HIER (+) → die Leistung ist erst nach dem 10.04., also nach Vertragsschluß unmöglich geworden

4. Kein Vertretenmüssen des Schuldners der Leistung ?
= keine Haftung nach § 276 oder § 278

HIER (+) → der Schuldner haftet grundsätzlich für Vorsatz und jede Fahrlässigkeit; es gibt keine Anhaltspunkte im Sachverhalt, die auf ein zumindest leicht fahrlässiges Verhalten der E schließen lassen; E hat die Unmöglichkeit der Leistung nicht zu vertreten

***5. <u>also</u>: Anspruch gemäß § 275 II i.V.m. I untergegangen* (+)**

III. Ergebnis Frage 1:

K gegen E Übereignung einer neuen Gummipuppe gemäß § 433 I 1 (–)

Frage 2: Hat E gegen K einen Anspruch aus § 433 II ?

- E gegen K Kaufpreiszahlung gemäß § 433 II ?

I. Anspruch entstanden ?

1. Vertrag ?

HIER (+) → Kaufvertrag, § 433 zwischen E und K

2. <u>also</u>: Anspruch entstanden (+)

II. Anspruch untergegangen ?

- nach § 323 I

1. Gegenseitiger Vertrag ?

HIER (+) → s.o.; Kaufvertrag, § 433 zwischen E und K

2. Objektive oder subjektive Unmöglichkeit der Leistung ?

HIER (+) → s.o.

3. Nachträgliche Unmöglichkeit ?

HIER (+) → s.o.

4. Kein Vertretenmüssen des einen oder des anderen ?

= weder der eine (Schuldner der Leistung) noch der andere (Schuldner der Gegenleistung) haftet nach § 276 oder § 278

a. die eine ?

= E (Schuldnerin der Leistung)

HIER (+) → s.o.

b. der andere ?

= K (Schuldner der Gegenleistung)

HIER (+) → er haftet zwar ebenfalls grundsätzlich für Vorsatz und jede Fahrlässigkeit; K ist aber ebenfalls schuldlos

c. <u>also</u>: kein Vertretenmüssen des einen oder des anderen (+)

5. <u>also</u>: Anspruch gemäß § 323 I untergegangen (+)

III. Ergebnis Frage 2:

E gegen K Kaufpreiszahlung gemäß § 433 II (–)

- Gesamtergebnis

K gegen E Übereignung einer neuen Gummipuppe gemäß § 433 I 1 (–); E gegen K Kaufpreiszahlung gemäß § 433 II (–)

Formulierungsvorschlag Fall 30

Frage 1: Hat K gegen E einen Anspruch aus § 433 I 1 ?

- K gegen E Übereignung einer neuen Gummipuppe gemäß § 433 I 1

K könnte gegen E einen Anspruch auf Übereignung einer neuen Puppe gemäß § 433 I 1 haben.

I. Dann müßte der Anspruch zunächst entstanden sein.

1. Dies setzt einen wirksamen Kaufvertrag zwischen den Parteien voraus. E und K haben einen Kaufvertrag (§ 433) über eine Gummipuppe geschlossen.

2. Demnach ist der Anspruch entstanden.

II. Der Anspruch des K könnte jedoch gemäß § 275 I oder II i.V.m. I untergegangen sein.

1. Dann müßte ein Schuldverhältnis zwischen E und K vorliegen. E und K haben einen Kaufvertrag geschlossen, ein Schuldverhältnis liegt demnach vor.

2. Weiterhin müßte die aus dem Vertrag resultierende Leistung objektiv oder subjektiv unmöglich sein.

a. Der Vertrag beinhaltet als Leistung die Übereignung einer Gummipuppe (§ 929 S. 1).

b. Eine Unmöglichkeit wäre zu bejahen, wenn niemand die Leistung erbringen kann (§ 275 I, objektive Unmöglichkeit) oder wenn eine dritte Person, nicht aber der Schuldner die Leistung erbringen kann (§ 275 II i.V.m. I, subjektive Unmöglichkeit bzw. Unvermögen). Dies wiederum ist insbesondere dann denkbar, wenn es sich bei dem geschuldeten Gegenstand um eine Stückschuld oder eine konkretisierte Gattungsschuld (§ 243 II) handelt.

Bei dem geschuldeten Gegenstand könnte es sich um eine Stückschuld handeln. Eine Stückschuld liegt vor, wenn der geschuldete Gegenstand nur einmal existiert. Das ist insbesondere bei gebrauchten Gegenständen und bei neuen Einzelstücken zu bejahen.
K hat sich anhand eines Ausstellungsstücks für dieses Modell entschieden. Die Parteien haben also nicht die Übereignung eines bestimmten Einzelstücks vereinbart. Gegenstand des Vertrags war eine Gattungsschuld.

Das Schuldverhältnis könnte sich aber gemäß § 243 II auf eine bestimmte Sache beschränkt haben. Um eine solche Konkretisierung herbeizuführen, müßte die Schuldnerin das ihrerseits Erforderliche zur Leistung getan haben.
Ob sie das ihrerseits Erforderliche getan hat, hängt davon ab, welche Art der Schuld (Hol-, Bring- oder Schickschuld) vorliegt.

Zwischen E und K war die Abholung der Puppe, also eine Holschuld vereinbart.

Bei der Holschuld tritt Konkretisierung der Gattungsschuld zur Stückschuld ein, wenn der Schuldner die Kaufsache ausgesondert und den Gläubiger

über die Abholmöglichkeit benachrichtigt hat. E hat die Puppe beiseite gelegt und eine Postkarte an K abgeschickt, mit der sie ihn über die Abholmöglichkeit informieren wollte.
Fraglich ist jedoch, wie es sich auswirkt, daß K von der Mitteilung niemals Kenntnis erhielt, weil ihn die Postkarte nicht erreicht hat. Nach allgemeiner Meinung reicht die alleinige Absendung einer Mitteilung aus. Ein Zugehen derselben beim Gläubiger ist nicht erforderlich. Somit hat E alles ihrerseits Erforderliche zur Leistung getan.

Demnach ist eine Konkretisierung der ursprünglich bestehenden Gattungsschuld zur Stückschuld zu bejahen. Das Schuldverhältnis beschränkt sich also nach § 243 II auf diese Puppe.

Die Übereignung einer beweglichen Sache erfordert gemäß § 929 S. 1 eine Einigung über den Eigentumsübergang und die Übergabe der Sache. E kann die ausgesonderte Puppe nicht an K übereignen (vgl. § 929 S. 1). Sie befindet sich im Besitz des Diebes. Demnach liegt eine subjektive Unmöglichkeit (§ 275 II i.V.m. I) vor.

c. Die aus dem Vertrag resultierende Leistung ist somit unmöglich.

3. Außerdem müßte die Unmöglichkeit nachträglich sein. Sie ist nachträglich, wenn sie erst nach Vertragsschluß entsteht. Die konkrete Puppe ist erst nach Vertragsschluß abhandengekommen. Damit ist die Leistung nachträglich unmöglich geworden.

4. Letztlich dürfte der Schuldner der Leistung die Unmöglichkeit nicht zu vertreten haben. Das Vertretenmüssen bemißt sich grundsätzlich nach den §§ 276, 278.
E hat jedoch weder vorsätzlich noch fahrlässig die Unmöglichkeit der Leistung verursacht. Die Puppe ist durch das alleinige Verschulden des Diebes abhandengekommen.

5. Also sind alle Voraussetzungen des § 275 II i.V.m. I erfüllt. Der Anspruch des K aus § 433 I ist folglich untergegangen.

III. K hat gegen E keinen Anspruch auf Übereignung einer neuen Gummipuppe gemäß § 433 I 1.

Frage 2: Hat E gegen K einen Anspruch aus § 433 II ?

- E gegen K Kaufpreiszahlung gemäß § 433 II

E könnte gegen K einen Anspruch auf Kaufpreiszahlung gemäß § 433 I 1 haben.

I. Dann müßte der Anspruch zunächst entstanden sein.

1. Dies setzt einen wirksamen Kaufvertrag zwischen den Parteien voraus. E und K haben einen Kaufvertrag (§ 433) über eine Gummipuppe geschlossen.

2. Demnach ist der Anspruch entstanden.

II. Der Anspruch der E könnte jedoch gemäß § 323 I untergegangen sein.

1. Dann müßte zwischen E und K ein gegenseitiger Vertrag vorliegen. E und K haben einen Kaufvertrag geschlossen, ein gegenseitiger Vertrag liegt demnach vor.

2. Die aus dem Vertrag resultierende Leistung ist unmöglich (s.o.).

3. Außerdem ist die Unmöglichkeit nachträglich (s.o.).

4. Letztlich dürften weder der Schuldner der Leistung (der eine) noch der Schuldner der Gegenleistung (der andere) die Unmöglichkeit zu vertreten haben. Das Vertretenmüssen bemißt sich grundsätzlich nach den §§ 276, 278.

a. E hat die Unmöglichkeit der Leistung nicht zu vertreten (s.o).

b. K ist ebenfalls schuldlos.

c. Somit hat weder der eine noch der andere die Unmöglichkeit zu vertreten.

5. Also sind alle Voraussetzungen des § 323 I erfüllt. Der Anspruch der E aus § 433 II ist folglich untergegangen.

III. E hat gegen K keinen Anspruch auf Kaufpreiszahlung gemäß § 433 II.

- **Gesamtergebnis**

K hat gegen E keinen Anspruch auf Übereignung einer neuen Gummipuppe gemäß § 433 I 1. E hat gegen K keinen Anspruch auf Kaufpreiszahlung gemäß § 433 II.

Fazit

Der (mittlerweile einfache) Fall hatte nur einen Sinn. Er sollte aufzeigen, daß Ihr in einem zweiten (oder dritten oder vierten) Anspruch, der (teilweise) Fragen aufwirft, die Ihr schon vorher beantwortet habt, nicht noch einmal alles sklavisch durchprüfen müßt. Ihr könnt nach oben verweisen und im Urteilsstil arbeiten.

Dieser Fall ist Euch - mit unterschiedlicher Fragestellung bereits als Fall 10 und Fall 18 über den Weg gelaufen.

Fall 31

Am 12.12. betritt der gehässige K das Zoogeschäft des Z, um sich nach einem geeigneten Weihnachtsgeschenk für seinen Nebenbuhler N umzusehen. Z preist die aus eigener Zucht stammenden, besonders beißwütigen kleinen Ratten an. K ist hocherfreut. Die Parteien vereinbaren, daß Z eine der Ratten in einen Karton verpacken und das Tier an K versenden soll. Den Kaufpreis von 22,-- DM, der im übrigen dem Wert des Tieres entspricht, will K bei Lieferung zahlen. Am 21.12. verpackt Z eine der Ratten und übergibt sie dem Transporteur T mit dem Auftrag, sie zu K zu bringen. T steckt den Karton in seinen Rucksack, setzt sich auf sein Motorrad und macht sich hurtig auf den Weg. Weil er zu arg am Gasgriff dreht und deshalb ein wenig zu rasant durch die Stadt kurvt, kommt es zum Zusammenstoß mit dem Ferrari des Repetitors R. Dabei fällt T zunächst vom Motorrad, dann auf den Rücken und zerquetscht das arme Tier. Z ruft einige Tage später bei K an und fordert unter Erklärung der Sachlage den vereinbarten Kaufpreis. Er ist aber nicht bereit, dem K ein neues Tier zu liefern.

Frage: Hat Z gegen K einen Anspruch gemäß § 433 II ?

Lösungsskizze Fall 31

- Z gegen K Kaufpreiszahlung gemäß § 433 II ?

I. Anspruch entstanden ?

1. Vertrag ?

HIER (+) → Kaufvertrag, § 433 zwischen Z und K

2. <u>also</u>: Anspruch entstanden **(+)**

II. Anspruch untergegangen ?

- nach § 323 I

1. Gegenseitiger Vertrag ?

HIER (+) → s.o.; Kaufvertrag, § 433 zwischen Z und K

2. Objektive oder subjektive Unmöglichkeit der Leistung ?

a. Vereinbarte Leistung = Übereignung einer Ratte, § 929 S. 1

b. Objektive oder subjektive Unmöglichkeit ?

= niemand kann die Leistung erbringen (objektive Unmöglichkeit) oder eine dritte Person, nicht aber der Schuldner kann die Leistung erbringen (subjektive Unmöglichkeit bzw. Unvermögen); dies wiederum ist insbesondere dann denkbar, wenn es sich bei dem geschuldeten Gegenstand um eine Stückschuld oder eine konkretisierte Gattungsschuld (§ 243 II) handelt

aa. Stückschuld ?
= ein nur einmal existierender Gegenstand

HIER (–) → K hat sich nicht für eine bestimmte Ratte entschieden; Gegenstand des Vertrags war eine Gattungsschuld

bb. gemäß § 243 II zur Stückschuld konkretisierte Gattungsschuld ?
= der Schuldner muß das seinerseits Erforderliche zur Leistung getan haben (§ 243 II);
ob er das seinerseits Erforderliche getan hat, hängt davon ab, welche Art der Schuld (Holschuld, Bringschuld, Schickschuld) vorliegt

(1) Art der Schuld ?

HIER Schickschuld → zwischen Z und K war Lieferung der Sache durch eine dritte Person, d.h. Versendung vereinbart

(2) Konkretisierung durch den Schuldner ?
= bei der Schickschuld: Übergabe der Kaufsache an eine (sorgfältig ausgesuchte) Transportperson

HIER (+) → Z hat das Tier der Transportperson T übergeben

(3) <u>also</u>: Konkretisierung (+)

cc. Unmöglichkeit ?
= die Leistung kann nicht erbracht werden

HIER (+) → Z kann die konkrete Ratte nicht an K übereignen (vgl. § 929 S. 1); niemand kann wegen der Tötung des Tiers die Leistung erbringen

dd. <u>also</u>: objektive Unmöglichkeit, § 275 I (+)

c. <u>also</u>: Unmöglichkeit der Leistung (+)

3. Nachträgliche Unmöglichkeit ?
= sie darf erst nach Vertragsschluß entstanden sein

HIER (+) → die Leistung ist erst nach Vertragsschluß unmöglich geworden

4. Kein Vertretenmüssen des einen oder des anderen ?
= weder der eine (Schuldner der Leistung) noch der andere (Schuldner der Gegenleistung) haftet nach § 276 oder § 278

a. der eine ?
= Z (Schuldner der Leistung)

HIER (+) → der Schuldner haftet grundsätzlich für Vorsatz und jede Fahrlässigkeit; es gibt keine Anhaltspunkte im Sachverhalt, die auf ein schuldhaftes Verhalten des Z schließen lassen; er hat die Unmöglichkeit der Leistung nicht gemäß § 276 zu vertreten;
Z haftet auch nicht gemäß § 278; die Transportperson T ist nicht im Pflichtenkreis des Z tätig geworden, also nicht sein Erfüllungsgehilfe; durch die Übergabe der Ratte an T hat Z das seinerseits Erforderliche zur Leistung getan

b. der andere ?
= K (Schuldner der Gegenleistung)

HIER (+) → er haftet zwar ebenfalls grundsätzlich für Vorsatz und jede Fahrlässigkeit; K ist aber ebenfalls schuldlos; die Ratte ist durch das alleinige Verschulden des T getötet worden

***c. <u>also</u>: kein Vertretenmüssen des einen oder des anderen* (+)**

***5. <u>also</u>: Voraussetzungen des § 323 I* (+)**

6. <u>aber</u>: Sonderregel zu § 323 I ?
= u.U. behält der Anspruchsteller den Anspruch auf die Gegenleistung trotz Vorliegens der Voraussetzungen des § 323 I wegen gesetzlicher Sonderregelungen; im Rahmen eines Kaufvertrags sind zu beachten: § 324 II i.V.m. I, § 446 I 1, § 447 I

- § 447 I

HIER (+) → nach der genannten Norm geht die Gefahr auf den Käufer über, sobald der Verkäufer die Sache dem Spediteur ... ausgeliefert hat; dies bedeutet, daß der Schuldner der Leistung den Kaufpreisanspruch behält, wenn die Übereignung der Kaufsache nach der Übergabe aufgrund eines Umstandes unmöglich wird, der nach der Übergabe der Kaufsache an den Spediteur eintritt;
die Übereignung der Ratte ist erst nach der Übergabe der Kaufsache an den Spediteur T unmöglich geworden

***7. <u>also</u>: Anspruch gemäß § 323 I untergegangen* (–)**

III. Anspruch durchsetzbar ?

- § 320 = Einrede des nichterfüllten Vertrags
= der Anspruchsgegner kann die Leistung verweigern, bis der Anspruchsteller seinerseits leistet; dies setzt einen mit dem Kaufpreisanspruch des Z verknüpften, im Gegenseitigkeitsverhältnis stehenden Anspruch des Anspruchsgegners gegen den Anspruchsteller voraus; fraglich ist also, ob K einen solchen Anspruch gegen Z hat

- K gegen Z Anspruch auf Übereignung einer Ratte gemäß § 433 I 1

1. Anspruch entstanden ?

a. Vertrag ?

HIER (+) → Kaufvertrag, § 433 zwischen Z und K

***b. <u>also</u>: Anspruch entstanden* (+)**

2. Anspruch untergegangen ?

- nach § 275 I oder II i.V.m. I

a. Wirksames Schuldverhältnis ?

HIER (+) → s.o.; Kaufvertrag, § 433 zwischen Z und K

b. Objektive oder subjektive Unmöglichkeit der Leistung ?

HIER (+) → s.o.

c. Nachträgliche Unmöglichkeit ?

HIER (+) → s.o.

d. Kein Vertretenmüssen des Schuldners der Leistung ?

HIER (+) → s.o.

e. also: Anspruch gemäß § 275 I untergegangen (+)

3. Ergebnis:
K gegen Z Übereignung einer Ratte gemäß § 433 I 1 (−)

- K gegen Z Schadensersatz gemäß § 325 I 1

HIER (−) → Z hat die Unmöglichkeit der Leistung nicht zu vertreten (s.o.)

- K gegen Z Abtretung des Ersatzanspruchs (Z gegen T) gemäß § 281 I

1. Anspruch entstanden ?

a. Schuldverhältnis ?
HIER (+) → Kaufvertrag, § 433 zwischen K und Z

b. Objektive oder subjektive Unmöglichkeit der Leistung ?

aa. Vereinbarte Leistung = Übereignung einer Ratte, § 929 S. 1

bb. Objektive oder subjektive Unmöglichkeit ?

HIER (+) → s.o.

c. Nachträgliche Unmöglichkeit ?

HIER (+) → s.o.

d. Ersatzanspruch des Schuldners der Leistung gegen Dritten ?
Anmerkung:
jetzt folgt also die Prüfung von Ansprüchen des Z gegen T innerhalb der Anspruchs des K gegen Z

- Z gegen T Schadensersatz aus p.V.V. des Transportvertrags ?

aa. Anspruch entstanden ?

(1) Wirksames Schuldverhältnis ?

HIER (+) → Transportvertrag zwischen Z und T

(2) Wahrung des Subsidiaritätsprinzips ?

HIER (+) → keine gesetzlichen Vorschriften über Leistungsstörungen einschlägig

(3) Pflichtverletzung des Anspruchsgegners ?
= die Pflichtverletzung muß aus dem Schuldverhältnis resultieren; in Betracht kommt insbesondere die Verletzung von Schutz-, Sorgfalts- oder Obhutspflichten

HIER (+) → Transporteur T hat einen Fehler gemacht; er hat die Schutz- und Sorgfaltspflicht, die gegenüber Z besteht, verletzt; er hat die Ratte des Z getötet

(4) Rechtswidrigkeit der Pflichtverletzung ? (+)

(5) Vertretenmüssen des Anspruchsgegners ?
= Haftung nach § 276 oder § 278

HIER (+) → der Anspruchsgegner haftet gemäß § 276 grundsätzlich für eigenen Vorsatz und jede eigene Fahrlässigkeit; T hat die Ratte durch das unvorsichtige Fahren und den dadurch verursachten Unfall getötet, also fahrlässig gehandelt

(6) (auf der Pflichtverletzung beruhender) Schaden ?

HIER (+) → zwar ist das Eigentum (Ratte) des Z zerstört worden; er hat aber keinen Schaden, da er wegen § 447 nach wie vor den Kaufpreisanspruch gegen K (§ 433 II) hat; damit wäre ein Schaden an sich zu verneinen

aber !!!: beim Schadensersatzanspruch des Z liegen alle Voraussetzungen - bis auf den Schaden - vor;
K dagegen hat einen Schaden (22,-- DM = Kaufpreis bzw. Wert der Ratte), aber keinen Anspruch; sein Übereignungsanspruch gegen Z ist gemäß § 275 I untergegangen (s.o.); der Schadensersatzanspruch gemäß § 325 I 1 scheitert am mangelnden Verschulden des Z (s.o.); auch ein etwaiger Schadensersatzanspruch gemäß § 823 I gegen T greift nicht; eine Verletzung des Rechtsguts Eigentum kommt nicht in Betracht, da die Kaufsache noch nicht an ihn übereignet worden ist;

im Ergebnis stehen K also keine Ansprüche zu, während Z den Kaufpreis von K erlangt; Schädiger T muß keinen Schadensersatz an K leisten; auch Z kann ihn diesbezüglich nicht in Anspruch nehmen, da ihm kein Schaden entstanden ist; er bekommt ja den Kaufpreis von K; dieses - seltsam anmutende - Ergebnis kommt nur durch die Gefahrtragungsregel des § 447 zustande;
die - durch § 447 ausgelöste - zufällige Schadensverlagerung darf dem Schädiger (T) aber nicht zugute kommen;
gelöst wird das Problem über die sog. Drittschadensliquidation: der an sich Anspruchsberechtigte (Z) darf den bei einem Dritten (K) eingetretenen Schaden liquidieren; der Schaden des K wird also dem Anspruch des Z "hinzugerechnet", damit Z nunmehr ein Schadensersatzanspruch gegen den Schädiger T zusteht

(7) <u>also</u>: Anspruch entstanden (+)

bb. Anspruch untergegangen (−)

cc. Anspruch durchsetzbar (+)

dd. Ergebnis:

Z gegen T Schadensersatz (22,-- DM) aus p.V.V. des Transportvertrags (+)

- Z gegen T Schadensersatz gemäß § 823 I (Eigentum) ?

HIER (+) → das Rechtsgut Eigentum des Z ist durch eine Handlung des T, nämlich die Tötung der Ratte, verletzt worden; die Rechtsgutverletzung ist rechtswidrig; T hat fahrlässig gehandelt, also die Rechtsgutverletzung zu vertreten; der Schaden (22,-- DM), der an sich bei K eingetreten ist, wird dem Anspruch des Z zugerechnet (Drittschadensliquidation)

e. Erlangen des Ersatzanspruchs infolge eines Umstands, der zur Unmöglichkeit geführt hat ? (+)

f. <u>also</u>: Anspruch entstanden (+)

2. Anspruch untergegangen (−)

3. Anspruch durchsetzbar (+)

- Ergebnis:

K gegen Z Abtretung des Ersatzanspruchs (Z gegen T) gemäß § 281 I (+)

- <u>also</u>: § 320 = Einrede des nichterfüllten Vertrags (+) und damit Anspruch durchsetzbar (−); der Anspruch ist gehemmt, bis Z die gegen T bestehenden Ansprüche an K abtritt

IV. Ergebnis:

Z gegen K Kaufpreiszahlung gemäß § 433 II (+), aber erst Zug um Zug gegen Abtretung der Schadensersatzansprüche an K

Formulierungsvorschlag Fall 31

- Z gegen K Kaufpreiszahlung gemäß § 433 II

Z könnte gegen K einen Anspruch auf Kaufpreiszahlung gemäß § 433 II haben.

I. Dann müßte der Anspruch zunächst entstanden sein.

1. Dies setzt einen wirksamen Kaufvertrag zwischen den Parteien voraus. Z und K haben einen Kaufvertrag (§ 433) über eine Ratte geschlossen.

2. Demnach ist der Anspruch entstanden.

II. Der Anspruch des Z könnte jedoch gemäß § 323 I untergegangen sein.

1. Dann müßte zwischen Z und K ein gegenseitiger Vertrag vorliegen. Z und K haben einen Kaufvertrag geschlossen, ein gegenseitiger Vertrag liegt demnach vor.

2. Weiterhin müßte die aus dem Vertrag resultierende Leistung objektiv oder subjektiv unmöglich sein.

a. Der Vertrag beinhaltet als Leistung die Übereignung einer Ratte (§ 929 S. 1).

b. Eine Unmöglichkeit wäre zu bejahen, wenn niemand die Leistung erbringen kann (§ 275 I, objektive Unmöglichkeit) oder wenn eine dritte Person, nicht aber der Schuldner die Leistung erbringen kann (§ 275 II i.V.m. I, subjektive Unmöglichkeit bzw. Unvermögen). Dies wiederum ist insbesondere dann denkbar, wenn es sich bei dem geschuldeten Gegenstand um eine Stückschuld oder eine konkretisierte Gattungsschuld (§ 243 II) handelt.

Bei dem geschuldeten Gegenstand könnte es sich um eine Stückschuld handeln. Eine Stückschuld liegt vor, wenn der geschuldete Gegenstand nur einmal existiert. Das ist insbesondere bei gebrauchten Gegenständen und bei neuen Einzelstücken zu bejahen.

K hat sich nicht für eine bestimmte Ratte entschieden. Gegenstand des Vertrags war eine Gattungsschuld.

Das Schuldverhältnis könnte sich aber gemäß § 243 II auf eine bestimmte Sache beschränkt haben. Um eine solche Konkretisierung herbeizuführen, müßte der Schuldner das seinerseits Erforderliche zur Leistung getan haben.
Ob er das seinerseits Erforderliche getan hat, hängt davon ab, welche Art der Schuld (Hol-, Bring- oder Schickschuld) vorliegt.

Zwischen Z und K war die Versendung der Ratte, also eine Schickschuld vereinbart.

Bei der Schickschuld tritt Konkretisierung der Gattungsschuld zur Stückschuld ein, wenn der Schuldner die Kaufsache einer sorgfältig ausgesuchten Transportperson übergibt. Dies hat Z getan. Erst nach der Übergabe an T ist die Kaufsache zerstört worden.

Demnach ist eine Konkretisierung der ursprünglich bestehenden Gattungsschuld zur Stückschuld zu bejahen. Das Schuldverhältnis beschränkt sich also nach § 243 II auf diese Ratte.

Die Übereignung einer beweglichen Sache erfordert gemäß § 929 S. 1 eine Einigung über den Eigentumsübergang und die Übergabe der Sache. Niemand kann die Ratte an K übereignen, da sie zerstört ist. Demnach liegt eine objektive Unmöglichkeit vor.

c. Die aus dem Vertrag resultierende Leistung ist somit unmöglich.

3. Außerdem müßte die Unmöglichkeit nachträglich sein. Sie ist nachträglich, wenn sie erst nach Vertragsschluß entsteht. Die konkrete Ratte ist erst nach Vertragsschluß getötet worden. Damit ist die Leistung nachträglich unmöglich geworden.

4. Letztlich dürften weder der Schuldner der Leistung (der eine) noch der Schuldner der Gegenleistung (der andere) die Unmöglichkeit zu vertreten haben. Das Vertretenmüssen bemißt sich grundsätzlich nach den §§ 276, 278.

a. Z selbst ist schuldlos, da die Ratte durch das alleinige Verschulden des T zerstört worden ist. Er hat die Unmöglichkeit der Leistung nicht gemäß § 276 zu vertreten. Z haftet auch nicht gemäß § 278. Die Transportperson T ist nicht im Pflichtenkreis des Z tätig geworden, also nicht sein Erfüllungsgehilfe. Durch die Übergabe der Ratte an T hat Z das seinerseits Erforderliche zur Leistung getan.

b. K ist ebenfalls schuldlos (s.o.).

c. Somit hat weder der eine noch der andere die Unmöglichkeit zu vertreten.

5. Also sind alle Voraussetzungen des § 323 I erfüllt.

6. Fraglich ist jedoch, ob es eine gesetzliche Sonderregel zu § 323 I gibt, die zu beachten ist.
In Betracht kommt § 447 I. Nach der genannten Norm geht die Gefahr auf den Käufer über, sobald der Verkäufer die Sache einem Spediteur ausgeliefert hat. Dies bedeutet, daß der Schuldner der Leistung den Kaufpreisanspruch behält, wenn die Übereignung der Kaufsache nach der Übergabe aufgrund eines Umstandes unmöglich wird, der nach der Übergabe der Kaufsache an den Spediteur eintritt.
Die Übereignung der Ratte ist erst durch das alleinige Verschulden des T unmöglich geworden. Die Unmöglichkeit ist erst nach der Übergabe der Kaufsache an den Spediteur eingetreten.
Demnach sind die Voraussetzungen des § 447 I erfüllt.

7. Der Anspruch des Z aus § 433 II ist deshalb nicht untergegangen.

III. Fraglich ist jedoch, ob der Anspruch des Z durchsetzbar ist.

Für K kommt gegen den Anspruch des Z die Einrede des nichterfüllten Vertrags gemäß § 320 in Betracht. Hiernach kann der Anspruchsgegner die Leistung solange verweigern, bis der Anspruchsteller seinerseits leistet.
Dies setzt einen mit dem Kaufpreisanspruch des Z verknüpften, im Gegenseitigkeitsverhältnis stehenden Anspruch des Anspruchsgegners gegen den Anspruchsteller voraus. Fraglich ist also, ob K einen solchen Anspruch gegen Z hat.

- K gegen Z Übereignung einer Ratte gemäß § 433 I 1

K könnte gegen Z einen Anspruch auf Übereignung einer Ratte gemäß § 433 I 1 haben.

1. Dann müßte der Anspruch zunächst entstanden sein.

a. Z und K haben einen wirksamen Kaufvertrag (§ 433) geschlossen (s.o.).

b. Demnach ist der Anspruch entstanden.

2. Der Anspruch des K könnte jedoch gemäß § 275 I oder II i.V.m. I untergegangen sein.

a. Z und K haben einen Kaufvertrag geschlossen, ein Schuldverhältnis liegt demnach vor.

b. Die aus dem Vertrag resultierende Leistung ist objektiv unmöglich (s.o.).

c. Die Unmöglichkeit ist nachträglich (s.o.).

d. Der Schuldner der Leistung (Z) hat die Unmöglichkeit nicht zu vertreten (s.o.).

e. Also ist der Anspruch gemäß § 275 I untergegangen.

3. K hat also gegen Z keinen Anspruch auf Übereignung einer Ratte gemäß § 433 I 1.

- K gegen Z Schadensersatz gemäß § 325 I 1

Ein Schadensersatzanspruch des K gegen Z gemäß § 325 I 1 scheitert am mangelnden Verschulden des Anspruchsgegners, Z hat die Unmöglichkeit der Leistung nicht zu vertreten (s.o.).

- K gegen Z Abtretung des Ersatzanspruchs (Z gegen T) gemäß § 281 I

K könnte gegen Z einen Anspruch auf Abtretung eines möglichen Ersatzanspruchs gegen T gemäß § 281 I haben.

1. Dann müßte der Anspruch zunächst entstanden sein.

a. Z und K haben einen Kaufvertrag geschlossen, ein Schuldverhältnis liegt demnach vor.

b. Die aus dem Vertrag resultierende Leistung ist objektiv unmöglich (s.o.).

c. Die Unmöglichkeit ist nachträglich (s.o.).

d. Zudem müßte der Schuldner (Z) gegen einen Dritten einen Ersatzanspruch erlangt haben.

Z könnte **gegen T** einen **Anspruch aus p.V.V. des Transportvertrags** erlangt haben.

Dann müßte wiederum dieser Anspruch entstanden sein.

Z und T haben einen Transportvertrag geschlossen.

Das für die Anwendbarkeit der p.V.V. zu wahrende Subsidiaritätsprinzip ist gewahrt. Es sind keine gesetzlichen Vorschriften über Leistungsstörungen ersichtlich, die der p.V.V. vorgehen würden.

Weiterhin müßte der Anspruchsgegner T eine aus dem Vertragsverhältnis resultierende Pflicht verletzt haben. Hierzu gehört u.a. die Schutz- und Sorgfaltspflicht eines jeden Vertragspartners. Durch das Verhalten des T ist die Ratte des Z getötet worden. T hat somit die genannten Pflichten verletzt.

Die Pflichtverletzung ist auch rechtswidrig.

Der Anspruchsgegner müßte die Pflichtverletzung zu vertreten haben. Das Verschulden bemißt sich grundsätzlich nach den §§ 276, 278. T hat die

Ratte durch das unvorsichtige Fahren und den dadurch verursachten Unfall getötet, also fahrlässig gehandelt. Diese eigene Fahrlässigkeit hat er gemäß § 276 verschuldet. Er hat somit die Pflichtverletzung zu vertreten.

Außerdem müßte durch die Pflichtverletzung des T auf Seiten des Anspruchstellers Z ein Schaden entstanden sein.
T hat durch sein Handeln (Tötung der Ratte) das Eigentum des Z zerstört. Z hat aber keinen Schaden, da er wegen der Gefahrtragungsregel des § 447 nach wie vor den Kaufpreisanspruch (§ 433 II) gegen K hat.
Dieses Ergebnis ist allerdings in letzter Konsequenz sonderbar. Während beim Schadensersatzanspruch (§ 325 I 1) des Z gegen T alle Voraussetzungen bis auf den Schaden vorliegen, hat K dagegen einen Schaden (22,-- DM; Kaufpreis der Ratte), aber keinen Anspruch. Sein Übereignungsanspruch gemäß § 433 I 1 gegen Z ist nach § 275 I untergegangen, der Schadensersatzanspruch gemäß § 325 I 1 gegen Z scheitert, weil Z die Unmöglichkeit nicht zu vertreten hat. Auch ein etwaiger Schadensersatzanspruch aus § 823 I gegen T greift nicht. Eine Verletzung des Rechtsguts Eigentum kommt nicht in Betracht, da nicht K, sondern immer noch Z Eigentümer der Kaufsache ist.
Im Ergebnis stehen K also keine Ansprüche gegen Z oder T zu, während Z von K den Kaufpreis erlangt. Schädiger T wiederum muß keinen Schadensersatz an K oder Z leisten.
Die - durch die Gefahrtragungsregel des § 477 ausgelöste - zufällige Schadensverlagerung darf aber dem Schädiger T nicht zugute kommen. Eine Lösung des dargestellten Problems wird über die sogenannte Drittschadensliquidation erreicht: Der an sich Anspruchsberechtigte (Z) darf den bei einem Dritten (K) eingetretenen Schaden liquidieren. Der Schaden des K wird dem Anspruch des Z "hinzugerechnet", damit Z nunmehr ein Schadensersatzanspruch gegen den Schädiger T zusteht. Diesen Schadensersatzanspruch kann Z dann an K abtreten.
Der dem Z über die Drittschadensliquidation zugerechnete Schaden des T beträgt 22,-- (Höhe des Kaufpreises).

Demnach ist auch der Anspruch entstanden.

Der Anspruch ist nicht untergegangen.

Er ist durchsetzbar.

Z hat gegen T einen Anspruch auf Schadensersatz in Höhe von 22,-- DM aus p.V.V. des Transportvertrags.

Außerdem könnte dem **Z gegen T** ein **Schadensersatzanspruch gemäß § 823 I** zustehen.

Das Rechtsgut Eigentum des Z ist durch eine Handlung des T, nämlich die Tötung der Ratte, verletzt worden. Die Rechtsgutverletzung ist rechtswidrig. T hat fahrlässig gehandelt, also die Rechtsgutverletzung zu vertreten. Der Schaden (22,-- DM), der an sich bei K eingetreten ist, wird dem Anspruch des Z zugerechnet (Drittschadensliquidation).
Also hat Z gegen T auch einen Schadensersatzanspruch in Höhe von 22,-- DM gemäß § 823 I.

e. Letztlich hat der Schuldner (Z) die Ersatzansprüche auch infolge des Umstands erlangt haben, der zur Unmöglichkeit der Leistung geführt hat.

f. Also sind alle Voraussetzungen der § 281 I erfüllt. Der Anspruch aus § 281 I ist folglich entstanden.

2. Der Anspruch ist nicht untergegangen.

3. Er ist auch durchsetzbar.

K hat gegen Z einen Anspruch auf Abtretung der Ersatzansprüche (Z gegen T) aus p.V.V. des Transportvertrags und aus § 823 I in Höhe von 22,-- DM gemäß § 281 I.

Somit kann K über § 320 (Einrede des nichterfüllten Vertrags) die Leistung (Kaufpreiszahlung an Z) solange verweigern, bis Z die ihm gegen T bestehenden Schadensersatzansprüche an ihn abtritt.

IV. Z hat also gegen K einen Kaufpreisanspruch gemäß § 433 II. Er erhält den Kaufpreis jedoch erst Zug um Zug gegen Abtretung der Schadensersatzansprüche an K.

Fazit

1. Ich hatte es schon im Fazit von Fall 21 angedroht: Wenn Ihr mit § 447 konfrontiert werdet, wird es erst im Prüfungspunkt "Anspruch durchsetzbar" so richtig interessant. Jetzt könnt Ihr vielleicht nachvollziehen, daß Fall 21 durchaus eine gesunde Basis darstellte, um diesen Fall zu lösen.

2. Und weil es so schwer war, folgt jetzt noch einmal eine Übersicht zum Aufbau:

- Z gegen K Kaufpreiszahlung gemäß § 433 II ?

I. Anspruch entstanden ? (+)

1. Vertrag ? (+)

2. <u>also</u>: Anspruch entstanden (+)

II. Anspruch untergegangen ?

- nach § 323 I

1. Gegenseitiger Vertrag ? (+)

2. Objektive oder subjektive Unmöglichkeit der Leistung ? (+)

3. Nachträgliche Unmöglichkeit ? (+)

4. Kein Vertretenmüssen des einen oder des anderen ? (+)

5. <u>also</u>: Voraussetzungen des § 323 I (+)

6. <u>aber</u>: Sonderregel zu § 323 I ? → § 447 I (+)

7. <u>also</u>: Anspruch gemäß § 323 I untergegangen (–)

III. Anspruch durchsetzbar ?

- § 320 = **Einrede des nichterfüllten Vertrags**
  = der Anspruchsgegner kann die Leistung verweigern, bis der Anspruchsteller seinerseits leistet; dies setzt einen mit dem Kaufpreisanspruch des Z verknüpften, im Gegenseitigkeitsverhältnis stehenden Anspruch des Anspruchsgegners gegen den Anspruchsteller voraus; fraglich ist also, ob K einen solchen Anspruch gegen Z hat

- K gegen Z Anspruch auf Übereignung einer Ratte gemäß § 433 I 1

1. Anspruch entstanden ?

a. Vertrag ? (+)

b. <u>also</u>: Anspruch entstanden (+)

2. Anspruch untergegangen ?

- nach § 275 I oder II i.V.m. I

a. Wirksames Schuldverhältnis ? (+)

b. Objektive oder subjektive Unmöglichkeit der Leistung ? (+)

c. Nachträgliche Unmöglichkeit ? (+)

d. Kein Vertretenmüssen des Schuldners der Leistung ? (+)

e. <u>also</u>: Anspruch gemäß § 275 I untergegangen (+)

3. Ergebnis:
K gegen Z Übereignung einer Ratte gemäß § 433 I 1 (–)

- K gegen Z Schadensersatz gemäß § 325 I 1

HIER (–) → Z hat die Unmöglichkeit der Leistung nicht zu vertreten (s.o.)

- K gegen Z Abtretung des Ersatzanspruchs (Z gegen T) gemäß § 281 I

1. Anspruch entstanden ?

a. Schuldverhältnis ? (+)

b. Objektive oder subjektive Unmöglichkeit der Leistung ? (+)

c. Nachträgliche Unmöglichkeit ? (+)

d. Ersatzanspruch des Schuldners der Leistung gegen Dritten ?

Anmerkung:
jetzt folgt also die Prüfung von Ansprüchen des Z gegen T innerhalb der Anspruchs des K gegen Z

- **Z gegen T Schadensersatz aus p.V.V. des Transportvertrags ?**

aa. Anspruch entstanden ?

(1) Wirksames Schuldverhältnis ? (+)

(2) Wahrung des Subsidiaritätsprinzips ? (+)

(3) Pflichtverletzung des Anspruchsgegners ? **(+)**

(4) Rechtswidrigkeit der Pflichtverletzung ? **(+)**

(5) Vertretenmüssen des Anspruchsgegners ? **(+)**

(6) (auf der Pflichtverletzung beruhender) Schaden ?

HIER (+) → aber nur über Drittschadensliquidation!!!

(7) <u>also</u>: Anspruch entstanden **(+)**

bb. Anspruch untergegangen **(–)**

cc. Anspruch durchsetzbar **(+)**

dd. Ergebnis:

Z gegen T Schadensersatz (22,-- DM) aus p.V.V. des Transportvertrags (+)

- Z gegen T Schadensersatz gemäß § 823 I (Eigentum) ? (+)

e. Erlangen des Ersatzanspruchs infolge eines Umstands, der zur Unmöglichkeit geführt hat ? **(+)**

f. <u>also</u>: Anspruch entstanden **(+)**

2. Anspruch untergegangen **(–)**

3. Anspruch durchsetzbar **(+)**

- Ergebnis:

K gegen Z Abtretung des Ersatzanspruchs (Z gegen T) gemäß § 281 I (+)

- <u>also</u>: § 320 = Einrede des nichterfüllten Vertrags **(+)** *und damit Anspruch durchsetzbar* **(–)***; der Anspruch ist gehemmt, bis Z die gegen T bestehenden Ansprüche an K abtritt*

IV. Ergebnis:

Z gegen K Kaufpreiszahlung gemäß § 433 II (+), aber erst Zug um Zug gegen Abtretung der Schadensersatzansprüche an K

3. Ihr habt es mit einer doppelten Schachtelung zu tun gehabt. Erst mußte im Rahmen des Anspruchs aus § 433 II im Prüfungspunkt "Anspruch durchsetzbar" gefragt werden, ob K über § 320 einen Gegenanspruch gegen Z hat (1. Schachtelung). Während die Ansprüche aus § 433 I 1 und § 325 I 1 zu verneinen waren, stellte sich beim Anspruch aus § 281 I das große Problem. Hier mußte gefragt werden, ob Z seinerseits (Schadensersatz-) Ansprüche gegen den Schädiger T hat (2. Schachtelung).

Verzichtet habe ich abermals (wie in Fall 28) auf eine Prüfung etwaiger Ansprüche aus dem StVG (Straßenverkehrsgesetz). Achtet darauf, ob Euer Dozent solche Ansprüche in diesem Problemkreis erwähnt. Dann solltet Ihr sie auch prüfen.

4. Diese Ansprüche aus p.V.V. des Transportvertrags und aus § 823 I waren nur über die sog. Drittschadensliquidation zu bejahen.

Nur wenn man sich der Drittschadensliquidation bedient, können die aufgezeigten "ungerechten" Ergebnisse aus dem Weg geräumt werden, die durch die Gefahrtragungsregel des § 447 entstehen.

Dann hat Z gegen K nach wie vor den Kaufpreisanspruch aus § 433 II. K hat zwar keinen Schadensersatzanspruch gegen den Schädiger T. Auch der Übereignungsanspruch gemäß § 433 I 1 und der Schadensersatzanspruch gemäß § 325 I 1 gegen Z ist zu verneinen. K hat aber gegen Z gemäß § 281 I einen Anspruch auf Abtretung der dem Z gegen T zustehenden Schadensersatzansprüche. Damit sind alle Unbilligkeiten beseitigt.

Es gibt im übrigen noch weitere Fallkonstellationen, in denen die Drittschadensliquidation auftaucht. Wenn es Euch interessiert, solltet Ihr Kommentare und Lehrbücher wälzen. Über das jeweilige Sachverzeichnis kommt Ihr schnell zur betreffenden Fundstelle.

Der hier präsentierte Fall ist aber der übliche, für Euch wichtige Klausurfall.

Verzug

- Eine kleine Einführung

1. Vorgeplänkel

Im Bereich der Verzugsproblematiken könnt Ihr ein bißchen ruhiger treten als bei der Unmöglichkeit. Keine Angst! Wenn Ihr das letzte Kapitel halbwegs kapiert habt, braucht Ihr Euch vor dem nun folgenden nicht zu fürchten.
Zunächst ist es wichtig, einige grundlegende Fragen zu klären.

2. Die systematische Einordnung

Es gibt ***zwei Arten des Verzugs***, nämlich den ***Schuldnerverzug*** und den ***Gläubigerverzug*** (Annahmeverzug).

Der ***Schuldnerverzug*** ist in den ***§§ 284 ff und § 326*** geregelt, der ***Gläubigerverzug*** in den ***§§ 293 ff.***

Wichtig und verwirrend zugleich ist an sich nur eines: Eine Person kann sich ***zugleich*** im ***Schuldnerverzug*** und im ***Annahmeverzug*** befinden. Aber das ist in Klausuren meistens uninteressant! Ihr solltet es nur wissen, um in (seltenen) schwierigen Situationen die richtige Einordnung vornehmen zu können.

> ***Beispiel:*** Verkäufer V und Käufer K schließen einen Kaufvertrag über eine große Salatgurke zum Preis von 3,-- DM. V will dem K die Gurke am Nachmittag nach Hause bringen. Erst dann soll K denn Kaufpreis zahlen. Als V zur vereinbarten Zeit bei K erscheint, ist dieser nicht da.
>
> V wird also seine Gurke nicht los = ***Annahmeverzug*** des K
> K zahlt auch den Kaufpreis nicht = ***Schuldnerverzug*** des K

3. Der Schuldnerverzug

Der Schuldnerverzug läßt ein paar Schweißtropfen auf der Stirn erscheinen. Aber alles ist halb so schlimm. Ihr könnt auf einige Grundregeln der nachträglichen Unmöglichkeit zurückgreifen.

Wichtig ist: Der Schuldnerverzug birgt ein paar eigene Ansprüche auf Schadensersatz und gibt u.U. ein Recht auf Rücktritt.
Die interessanten ***Schadensersatzansprüche*** sind folgende: ***§ 286 I, § 286 II 1*** und ***§ 326 I.*** Zusätzlich ist noch der Zinsanspruch aus ***§§ 286 I, 288 I 1*** beachtenswert. Nun schnell zur Klärung, wann welcher Anspruch einschlägig ist.

Am besten ist es, wenn Ihr erst einmal einen Bleistift nehmt und in Eurem Gesetzestext zwischen § 286 I und § 286 II einen Strich zieht. Denn beide Anspruchsgrundlagen unterscheiden sich in einem wesentlichen Punkt.

a. Der Schadensersatzanspruch aus § 286 I

§ 286 I behandelt den Fall, in dem der ***Anspruchsteller*** nach wie vor ***an der Leistung interessiert*** ist. Er will lediglich den Schaden ersetzt bekommen, der ihm entstanden ist, weil er die Leistung nicht rechtzeitig erlangt hat. Der Anspruch aus § 286 I ist also auf ***Ersatz des sog. Verspätungs- oder Verzögerungsschadens*** gerichtet.

Der ***Anspruch aus § 286 I*** tritt demnach ***neben*** den ***Anspruch auf die Leistung*** (z.B. § 433 I 1).

b. Die Schadensersatzansprüche aus § 286 II 1 und § 326 I

Diese Ansprüche behandeln einen ganz anderen Fall. Der ***Anspruchsteller*** ist ***nicht mehr an der Leistung interessiert***, weil er sie aufgrund der Verzögerung nicht mehr haben will.

Die ***Ansprüche aus § 286 II 1 und § 326 I*** treten also nicht neben den Leistungsanspruch. Der Gläubiger kann diese Ansprüche ***anstatt des Anspruchs auf die Leistung*** geltend machen.

Jetzt bleibt für's erste eigentlich nur noch eine Frage offen: ***Wann*** geht der Gläubiger aus ***§ 286II1*** gegen den Schuldner vor ***und wann*** beruft er sich auf ***§ 326 I***?

Die Antwort ist denkbar einfach. Ihr könnt auf schon Erlerntes zurückgreifen und - wie bei der nachträglichen Unmöglichkeit!! - eine Hilfsfrage stellen. Kramt 'mal in Eurem Gedächtnis. Bei der Frage, ob § 280 I oder § 325 I 1 die richtige Anspruchsgrundlage ist, lautete die Hilfsfrage: "Steht die unmöglich gewordene Leistung zu einer anderen im Gegenseitigkeitsverhältnis?". Nun modifizieren wir das ganze und bilden eine ähnliche Frage für den Schuldnerverzug.

Die ***Hilfsfrage*** lautet:

> ***Steht die Leistung, mit der sich der Schuldner im Verzug befindet zu einer anderen im Gegenseitigkeitsverhältnis?***
>
> wenn ***ja*** --> ist ***§ 326 I*** die Anspruchsgrundlage
> wenn ***nein*** --> ist ***§ 286 II 1*** die Anspruchsgrundlage

Alles klar?! ist doch gar nicht so schwer, oder?

Wie Ihr die einzelnen Ansprüche aufbaut, könnt Ihr einfach anhand der folgenden Fälle erkennen.

c. Der Zinsanspruch aus §§ 286 I, 288 I 1

Sollte sich ein ***Zahlungsschuldner*** (also immer der Adressat eines Gegenleistungsanspruch = Geld) im Verzug befinden (und das richtet sich nach § 286), kann der Zahlungsgläubiger nach den genannten Normen 4 % Zinsen / Jahr verlangen.

4. Der Gläubigerverzug

Den Gläubigerverzug habt Ihr ***bereits einmal kennengelernt***. Erinnert Ihr Euch? Der ist schon mehrmals im Rahmen der Fälle zur nachträglichen ***Unmöglichkeit*** aufgetaucht. Dort war zu prüfen, ob ein Anspruch auf die Leistung (§ 433 I 1) gemäß § 275 bzw. ein Anspruch auf die Gegenleistung (§ 433 II) gemäß § 323 I untergegangen ist. Innerhalb dieser Prüfung haben wir uns weiland (eines meiner Lieblingswörter; der Duden sagt: veraltert, noch scherzhaft für vormals, damals) die schicksalsschwangere Frage gestellt, ob der Schuldner der Leistung die Unmöglichkeit zu vertreten hat. Und wir sind zu dem Ergebnis gekommen, daß der Schuldner nur für Vorsatz und grobe Fahrlässigkeit haftet, wenn sich der Gläubiger im Annahmeverzug (= Gläubigerverzug) befindet. An dieser Stelle war also die Prüfung des Annahmeverzugs zu prüfen, um zum richtigen Ergebnis zu gelangen.

Ihr habt dort gesehen, daß das gar nicht so schwer ist und keine großartigen Besonderheiten bietet. Wichtig ist zum Verständnis an sich nur folgendes:

Innerhalb des Gläubigerverzugs findet sich keine prüfungsrelevante Vorschrift, die einer Partei einen Anspruch gegen die andere Partei gibt.

Der Gläubigerverzug (= Annahmeverzug) ist somit lediglich innerhalb der Prüfung eines anderen Anspruchs zu prüfen. Etwa im oben schon beschriebenen Fall eines Leistungs- oder Gegenleistungsanspruchs (nachträgliche Unmöglichkeit).

Fall 32

V verpflichtet sich gegenüber K innerhalb eines Kaufvertrags, an ihn eine Kettensäge zu übereignen. K bezahlt den geforderten Kaufpreis sofort. Die Übereignung der Kettensäge soll eine Woche später - am 11.06. - erfolgen. Am genannten Tag kann V die Kettensäge nicht an K übergeben, da er das Gerät, ohne über den Termin nachzudenken, an D verliehen hat.

Frage: Befindet sich V im Schuldnerverzug ?

Lösungsskizze Fall 32

Vorüberlegung (gehört nicht in die Formulierung)*:*
Ihr habt es wohl schon bemerkt. Hier geht es nicht darum, einen wie immer gearteten Anspruch zu prüfen. Gefragt ist nur nach den Voraussetzungen des Schuldnerverzugs. Und diese nun folgenden Voraussetzungen sind für alle Ansprüche interessant, die im Bereich des Schuldnerverzugs auftauchen. Das werdet Ihr in den folgenden Fällen sehen.

- Schuldnerverzug des V ?
= wenn die Voraussetzungen der §§ 284, 285 vorliegen

1. Fälliger einredefreier Anspruch (§ 284) ?

a. Anspruch ?

HIER (+) → K gegen V § 433 I 1 auf Übereignung der Kaufsache

b. fällig ?
= grundsätzlich sofort, § 271 I oder konkrete Parteivereinbarung (vgl. § 271 II)

HIER (+) → Vereinbarung der Parteien, die Übereignung am 11.06. vorzunehmen; der Termin ist verstrichen

c. einredefrei ?
= dem Anspruchsgegner stehen keine Einreden gegen den Anspruch zur Verfügung (z.B. § 320 = Einrede des nichterfüllten Vertrags; § 273 = Zurückbehaltungsrecht; § 222 = Verjährung)

HIER (+) → insbesondere kein § 320, da K den Kaufpreis schon gezahlt hat

d. <u>also</u>: fälliger einredefreier Anspruch (+)

2. Mahnung (§ 284) oder Mahnungssurrogat ?

a. Mahnung ?
= dringende und bestimmte Aufforderung zur Leistung

HIER (−) → K hat V nicht aufgefordert

b. Mahnungssurrogat ?

HIER (+) → § 284 II 1: eine Mahnung ist ausnahmsweise entbehrlich; für die Leistung (Übereignung der Kettensäge) ist eine Zeit nach dem Kalender bestimmt

c. <u>also</u>: Mahnung wegen § 284 II 1 entbehrlich

3. Nicht rechtzeitige Leistung des Schuldners ?

HIER (+) → V hat nicht zum vereinbarten Termin geleistet

4. Vertretenmüssen des Schuldners (§ 285) ?
= nach §§ 276 ff

HIER (+) → der Schuldner haftet gemäß § 276 für eigenen Vorsatz und jede eigene Fahrlässigkeit; V hat selbst fahrlässig den Termin versäumt

5. <u>also</u>: Voraussetzungen der §§ 284, 285 (+)

- Ergebnis:

V befindet sich mit der Leistung im Schuldnerverzug (+)

Formulierungsvorschlag Fall 32

- Schuldnerverzug des V

Ein Schuldnerverzug wäre zu bejahen, wenn die Voraussetzungen der §§ 284, 285 vorliegen.

1. Dann müßte ein gegen V gerichteter fälliger einredefreier Anspruch (§ 284) bestehen.

a. K und V haben einen Kaufvertrag (§ 433) über eine Kettensäge geschlossen. Hieraus resultiert ein Anspruch des K gegen V auf Übereignung des Kaufgegenstands, § 433 I 1.

b. Außerdem müßte der Anspruch fällig sein. Grundsätzlich sind Ansprüche nach § 271 I sofort, d.h. mit Vertragsschluß fällig. Eine von diesem Grundsatz abweichende Fälligkeit kann sich aber aus einer konkreten Parteivereinbarung ergeben (vgl. § 271 II).
K und V haben vereinbart, die Übereignung der Kaufsache am 11.06. vorzunehmen, also eine konkrete Fälligkeitsabsprache getroffen. Der avisierte Termin ist verstrichen. Demnach ist der Anspruch fällig.

c. Der fällige Anspruch müßte einredefrei sein. Dies wäre zu bejahen, wenn dem Anspruchsgegner keine Einreden gegen den Anspruch zur Verfügung stehen.
Einreden des V gegen den Anspruch des K sind nicht ersichtlich. Insbesondere kann V nicht die Einrede des nichterfüllten Vertrags (§ 320) erheben, da K schon den Kaufpreis gezahlt hat. Der Anspruch ist somit auch einredefrei.

d. Also besteht ein fälliger einredefreier Anspruch.

2. Weitere Voraussetzung wäre eine gegenüber dem Anspruchsgegner ausgesprochene Mahnung (§ 284).

a. Eine Mahnung erfordert die dringende und bestimmte Aufforderung zur Leistung. K hat den V jedoch nicht zur Leistung aufgefordert, also nicht gemahnt.

b. Eine Mahnung könnte aber ausnahmsweise gemäß § 284 II 1 entbehrlich sein. Dann müßte für die Leistung eine Zeit nach dem Kalender bestimmt sein. V und K haben als Tag der Leistung (Übereignung der Kaufsache) den 11.06. bestimmt. Es schadet somit nicht, daß K den V nicht gemahnt hat.

c. Die an sich gemäß § 284 I erforderliche Mahnung war somit wegen des Vorliegens der Voraussetzungen des § 284 II 1 entbehrlich.

3. Der Schuldner (V) hat im übrigen nicht zum vereinbarten Termin geleistet.

4. Letztlich müßte V die Verzögerung zu vertreten haben (§ 285). Das Vertretenmüssen bemißt sich grundsätzlich nach den §§ 276 ff. V hat fahrlässig gehandelt, als er selbst den Termin versäumte. Diese eigene Fahrlässigkeit hat er gemäß § 276 zu vertreten. Er hat somit die Verzögerung verschuldet.

5. Demnach liegen die Voraussetzungen der §§ 284, 285 vor.

II. V befindet sich im Schuldnerverzug.

Fazit

1. Das war ein ***sehr einfacher Fall*** aus dem Bereich des Schuldnerverzugs. Es ging nur darum, zu verdeutlichen, welche Voraussetzungen innerhalb der §§ 284, 285 zu prüfen sind. Die Prüfungspunkte sind für nahezu alle Ansprüche aus dem (Schuldner-) Verzugsbereich interessant. Doch das werdet Ihr ab dem nächsten Fall sehen.
2. Wenn der Anspruchsteller keine ***Mahnung*** ausgesprochen hat, solltet Ihr immer an die Möglichkeit des § 284 II 1 denken. Es ist ein gesetzlich normierter Fall des ***Mahnungssurrogats*** (= Mahnungsersatzes). Erforderlich ist aber stets, daß für die Leistung eine Zeit nach dem Kalender bestimmt ist. Bestimmbarkeit genügt - außer bei § 284 II 2 - nicht.
3. Es gibt aber auch noch andere Fälle, in denen eine ***Mahnung oder*** sogar ein ***Mahnungssurrogat entbehrlich*** ist.

   Merkt Euch in diesem Zusammenhang vor allem ***folgende Konstellationen:***

   - Bestimmbarkeit der Leistung reicht im Fall des § 284 II 2
   - Besondere Dringlichkeit der Leistung
   - Individualvertraglicher Ausschluß der Mahnung
     (nicht bei Formularverträgen wegen § 11 Ziffer 4. AGBG)
   - Endgültige und ernsthafte Leistungsverweigerung des Schuldners

Fall 33

K benötigt einen neuen Kraftwagen, da sein altes Auto - ein abgewrackter VW-Kübelwagen der Bundeswehr - mit dem er 10 Jahre die Umgegend unsicher gemacht hat, nur noch Schrottwert besitzt. Er schließt deshalb mit V einen Kaufvertrag über dessen Mercedes. Den Kaufpreis bezahlt K sofort. Die Parteien vereinbaren, daß der PKW am 10.02. übereignet werden soll. K erklärt dem V bei dieser Gelegenheit, daß er am Abend des vereinbarten Tages mit dem Wagen in Urlaub fahren will. Am vereinbarten Tag meldet sich V nicht. K versucht vergeblich, ihn zu erreichen. V hat - ohne sich Gedanken über die eingegangene Verpflichtung zu machen - seine kranke Großmutter besucht. K mietet deshalb für den Urlaub ein Ersatzauto zum Preis von 1.600,-- DM. Nach seiner Rückkehr verlangt K von V Übereignung des Autos und Schadensersatz für die Anmietung des Ersatz-PKW.

Frage: Hat K gegen V die geltend gemachten Ansprüche ?

Lösungsskizze Fall 33

- K gegen V Übereignung des Autos gemäß § 433 I 1 ?

I. Anspruch entstanden ?

1. Vertrag ?

HIER (+) → Kaufvertrag, § 433 zwischen V und K

***2. <u>also</u>: Anspruch entstanden* (+)**

***II. Anspruch untergegangen ?* (–)**

III. Anspruch durchsetzbar ?

HIER (+) → insbesondere besteht kein Zurückbehaltungsrecht des V gemäß § 320 (Einrede des nichterfüllten Vertrags), da K bereits den Kaufpreis an V gezahlt hat

IV. Ergebnis:

K gegen V Übereignung des Autos gemäß § 433 I 1 (+)

- K gegen V Schadensersatz ?

Vorüberlegung (gehört nicht in die Formulierung)*:*

Gefragt ist nach einem möglichen Schadensersatzanspruch des K gegen V. Wir befinden und im Bereich des (Schuldner-) Verzugs.

In diesem Bereich stehen aber ***mehrere denkbare Anspruchsgrundlagen*** zur Verfügung. Die wichtigsten sind ***§ 286 I, § 286 II 1*** und ***§ 326 I***. Die Frage lautet also: Welche Anspruchsgrundlage ist denn nun einschlägig? Die folgende ***Hilfsfrage*** (einprägen!) bringt Euch u.U. schon zum richtigen Ergebnis:

Hat der Anspruchsteller noch Interesse an der eigentlichen Leistung?

wenn ***ja*** → ist **§ *286 I*** die Anspruchsgrundlage
wenn ***nein*** → ist **§ *286 II 1 oder*** **§ *326 I*** die Anspruchsgrundlage

HIER hat K die Übereignung des Wagens verlangt, er hat also noch Interesse an der Leistung.

Ergebnis der Vorüberlegung: Anspruchsgrundlage ist **§ *286 I*.**

Achtung: Wenn in einem Fall nur nach Schadensersatzansprüchen gefragt wird, heißt das nicht automatisch, daß ein Leistungsinteresse des Anspruchstellers von vornherein fehlt. Ihr müßt aus den Gesamtumständen ermitteln, ob noch ein Interesse besteht.

- K gegen V Schadensersatz gemäß § 286 I ?

I. Anspruch entstanden ?

= Verzug des Schuldners (§§ 284, 285) und Verzögerungsschaden

1. Verzug des Schuldners ?

a. Fälliger einredefreier Anspruch (§ 284) ?

aa. Anspruch ?

HIER (+) → K gegen V § 433 I 1 auf Übereignung der Kaufsache

bb. fällig ?

= grundsätzlich sofort, § 271 I oder konkrete Parteivereinbarung (vgl. § 271 II)

HIER (+) → Vereinbarung der Parteien, die Übereignung am 10.02. vorzunehmen; der Termin ist verstrichen

cc. einredefrei ?

= dem Anspruchsgegner stehen keine Einreden gegen den Anspruch zur Verfügung (z.B. § 320 = Einrede des nichterfüllten Vertrags; § 273 = Zurückbehaltungsrecht; § 222 = Verjährung)

HIER (+) → insbesondere kein § 320, da K den Kaufpreis schon gezahlt hat

***dd. also: fälliger einredefreier Anspruch* (+)**

b. Mahnung (§ 284) oder Mahnungssurrogat ?

aa. Mahnung ?

= dringende und bestimmte Aufforderung zur Leistung

HIER (–) → K hat V nicht aufgefordert

bb. Mahnungssurrogat ?

HIER (+) → § 284 II 1: eine Mahnung ist ausnahmsweise entbehrlich; für die Leistung (Übereignung des PKW) ist eine Zeit nach dem Kalender bestimmt

cc. <u>also</u>: Mahnung wegen § 284 II 1 entbehrlich

c. Nicht rechtzeitige Leistung des Schuldners ?

HIER (+) → V hat nicht zum vereinbarten Termin geleistet

d. Vertretenmüssen des Schuldners (§ 285) ?
= nach §§ 276 ff

HIER (+) → der Schuldner haftet gemäß § 276 für eigenen Vorsatz und jede eigene Fahrlässigkeit; V hat selbst fahrlässig den Termin versäumt

e. <u>also</u>: Verzug des Schuldners (+)

2. Schaden ?
= jeder Nachteil im Sinne der §§ 249 ff, der <u>nach</u> Verzugseintritt entstanden ist

HIER (+) → Kosten des Mietwagens = 1.600,-- DM

3. <u>also</u>: Anspruch entstanden (+)

II. Anspruch untergegangen ? (–)

III. Anspruch durchsetzbar ? (+)

IV. Ergebnis:

K gegen V Schadensersatz (1.600,-- DM) gemäß § 286 I (+)

- Gesamtergebnis

K gegen V Übereignung des Autos gemäß § 433 I 1 (+); K gegen V Schadensersatz (1.600,-- DM) gemäß § 286 I (+)

Formulierungsvorschlag Fall 33

- K gegen V Übereignung des Autos gemäß § 433 I 1

K könnte gegen V einen Anspruch auf Übereignung des PKW gemäß § 433 I 1 haben.

I. Dann müßte der Anspruch zunächst entstanden sein.

1. Dies setzt einen wirksamen Kaufvertrag zwischen den Parteien voraus. V und K haben einen Kaufvertrag (§ 433) über ein Auto des V geschlossen.

2. Demnach ist der Anspruch entstanden.

II. Der Anspruch ist nicht untergegangen.

III. Er ist auch durchsetzbar. Insbesondere besteht kein Zurückbehaltungsrecht des V gemäß § 320 (Einrede des nichterfüllten Vertrags), da K bereits den Kaufpreis an V gezahlt hat.

IV. K hat also gegen V einen Anspruch auf Übereignung des Mercedes gemäß § 433 I 1.

- K gegen V Schadensersatz gemäß § 286 I

Zudem könnte K gegen V einen Anspruch auf Schadensersatz gemäß § 286 I haben.

I. Dann müßte der Anspruch zunächst entstanden sein. Er wäre entstanden, wenn die Voraussetzungen der §§ 284, 285 (Verzug) vorliegen und ein Verzögerungsschaden eingetreten ist.

1. Der Schuldner müßte sich in Verzug befinden, §§ 284, 285.

a. Fraglich ist, ob ein gegen den Anspruchsgegner V gerichteter fälliger einredefreier Anspruch (§ 284) besteht.

K und V haben einen Kaufvertrag (§ 433) über eine PKW geschlossen. Hieraus resultiert ein Anspruch des K gegen V auf Übereignung des Kaufgegenstands, § 433 I 1.

Außerdem müßte der Anspruch fällig sein. Grundsätzlich sind Ansprüche nach § 271 I sofort, d.h. mit Vertragsschluß fällig. Eine von diesem Grundsatz abweichende Fälligkeit kann sich aber aus einer konkreten Parteivereinbarung ergeben (vgl. § 271 II).
K und V haben vereinbart, die Übereignung der Kaufsache am 10.02. vorzunehmen, also eine konkrete Fälligkeitsabsprache getroffen. Der avisierte Termin ist verstrichen. Demnach ist der Anspruch fällig.

Der fällige Anspruch müßte einredefrei sein. Dies wäre zu bejahen, wenn dem Anspruchsgegner keine Einreden gegen den Anspruch zur Verfügung stehen.
Einreden des V gegen den Anspruch des K sind nicht ersichtlich. Insbesondere kann V nicht die Einrede des nichterfüllten Vertrags (§ 320) erheben, da K schon den Kaufpreis gezahlt hat. Der Anspruch ist somit auch einredefrei.

Also besteht ein fälliger einredefreier Anspruch.

b. Weitere Voraussetzung wäre eine gegenüber dem Anspruchsgegner ausgesprochene Mahnung (§ 284).

Eine Mahnung erfordert die dringende und bestimmte Aufforderung zur Leistung. K hat den V jedoch nicht zur Leistung aufgefordert, also nicht gemahnt.

Eine Mahnung könnte aber ausnahmsweise gemäß § 284 II 1 entbehrlich sein. Dann müßte für die Leistung eine Zeit nach dem Kalender bestimmt sein. V und K haben als Tag der Leistung (Übereignung der Kaufsache) den 10.02. bestimmt. Es schadet somit nicht, daß K den V nicht gemahnt hat.

Die an sich gemäß § 284 I erforderliche Mahnung war somit wegen des Vorliegens der Voraussetzungen des § 284 II 1 entbehrlich.

c. Der Schuldner (V) hat im übrigen nicht zum vereinbarten Termin geleistet.

d. V müßte die Verzögerung zu vertreten haben (§ 285). Das Vertretenmüssen bemißt sich grundsätzlich nach den §§ 276 ff. V hat fahrlässig gehandelt, als er selbst den Termin versäumte. Diese eigene Fahrlässigkeit hat er gemäß § 276 zu vertreten. Er hat somit die Verzögerung verschuldet.

e. Also befindet sich der Schuldner in Verzug.

2. Weiterhin müßte seitens K ein Schaden vorliegen. Schaden ist jeder Nachteil im Sinne der §§ 249 ff, der <u>nach</u> Verzugseintritt entstanden ist. K mußte für den Mietwagen 1.600,-- DM zahlen, nachdem sich V in Verzug befand. Er hat demnach einen Schaden in der genannten Höhe erlitten.

3. Folglich ist der Anspruch des K entstanden.

II. Der Anspruch ist nicht untergegangen.

III. Er ist auch durchsetzbar.

IV. K hat also gegen V einen Anspruch auf Schadensersatz in Höhe von 1.600,-- DM gemäß § 286 I.

- Gesamtergebnis

K hat gegen V einen Anspruch auf Übereignung des PKW gemäß § 433 I 1 und einen Anspruch auf Schadensersatz in Höhe von 1.600,-- DM gemäß § 286 I.

Fazit

1. ***Und noch einmal:*** Wenn Ihr im Verzugsbereich pauschal nach Schadensersatzansprüchen gefragt werdet, gibt es mehrere Anspruchsgrundlagen, die zu überdenken sind: § 286 I (auf der einen Seite) oder § 286 II bzw. § 326 I (auf der anderen Seite).

   § ***286 I*** ist - wie in diesem Fall - immer anwendbar, wenn der Anspruchsteller neben dem Anspruch auf Schadensersatz auch noch einen Leistungsanspruch (hier: Übereignung) geltend macht oder machen will. Es ist vollkommen egal, ob es sich bei dem ursprünglich geschlossenen Vertrag um ein einseitiges Schuldverhältnis oder um einen gegenseitigen Vertrag handelt. Ersetzt wird der ***Verzögerungsschaden***.

   Dagegen kommt ein Anspruch aus § ***286 II oder*** § ***326 I*** nur in Betracht, wenn der Anspruchsteller kein Interesse mehr an der eigentlichen Leistung hat. Die genannten Ansprüche werden vom Anspruchsteller nicht neben dem Erfüllungsanspruch, sondern anstatt des Erfüllungsanspruchs geltend gemacht. Ersetzt wird der ***Nichterfüllungsschaden***.

2. Einziger Unterschied zwischen einer (reinen) Verzugsprüfung (Fall 32) und der Prüfung des Schadensersatzanspruchs aus § 286 I ist, daß bei § 286 I zusätzlich zu ermitteln ist, ob der Anspruchsteller einen ***Verzögerungsschaden*** erlitten hat.

Es werden nur ***Schäden*** ersetzt, die ***nach Verzugseintritt*** entstanden sind

Fall 34

V hat dem L sein Auto für eine Urlaubsreise geliehen. Als Rückgabetermin ist der 10.10. vereinbart, da V den Wagen für die anschließende eigene Urlaubsreise benötigt. Am 10.10. läßt L nichts von sich hören. Er denkt nicht an die vereinbarte Rückgabe. V mietet deshalb einen Ersatzwagen zum Preis von 1.600,-- DM, nachdem er vergeblich versucht hat, den L zu erreichen. Nach seiner Rückkehr verlangt V von L Schadensersatz für die Anmietung des Ersatz-PKW.

Frage: Hat V gegen L einen Schadensersatzanspruch ?

Lösungsskizze Fall 34

Vorüberlegung (gehört nicht in die Formulierung)*:*
Im Bereich des Verzugs stehen ***mehrere denkbare Anspruchsgrundlagen*** zur Verfügung. Die wichtigsten sind **§ *286 I,*** **§ *286 II 1*** und **§ *326 I*.** Prägt Euch die folgende ***Hilfsfrage*** ein:

Hat der Anspruchsteller noch Interesse an der eigentlichen Leistung?

wenn ***ja*** → ist **§ *286 I*** die Anspruchsgrundlage
wenn ***nein*** → ist **§ *286 II 1 oder*** **§ *326 I*** die Anspruchsgrundlage

HIER hat V Interesse an der Rückgabe des Autos.

Ergebnis der Vorüberlegung: Anspruchsgrundlage ist **§ *286 I*.**

- V gegen L Schadensersatz gemäß § 286 I ?

I. Anspruch entstanden ?

= Verzug des Schuldners (§§ 284, 285) <u>und</u> Verzögerungsschaden

1. Verzug des Schuldners ?

a. Fälliger einredefreier Anspruch (§ 284) ?

aa. Anspruch ?

HIER (+) → V gegen L § 604 auf Rückgabe der Leihsache

bb. fällig ?

= grundsätzlich sofort, § 271 I oder konkrete Parteivereinbarung (vgl. § 271 II)

HIER (+) → Vereinbarung der Parteien, den Wagen am 10.10. zurückzugeben; der Termin ist verstrichen

cc. einredefrei ?

= dem Anspruchsgegner stehen keine Einreden gegen den Anspruch zur Verfügung

HIER (+) → keine Einreden ersichtlich

dd. <u>also</u>: fälliger einredefreier Anspruch (+)

b. Mahnung (§ 284) oder Mahnungssurrogat ?

aa. Mahnung ?
= dringende und bestimmte Aufforderung zur Leistung

HIER (−) → V hat L nicht aufgefordert

bb. Mahnungssurrogat ?

HIER (+) → § 284 II 1: eine Mahnung ist ausnahmsweise entbehrlich; für die Leistung (Rückgabe des PKW) ist eine Zeit nach dem Kalender bestimmt

cc. <u>also</u>: Mahnung wegen § 284 II 1 entbehrlich

c. Nicht rechtzeitige Leistung des Schuldners ?

HIER (+) → L hat nicht zum vereinbarten Termin geleistet

d. Vertretenmüssen des Schuldners (§ 285) ?
= nach §§ 276 ff

HIER (+) → der Schuldner haftet gemäß § 276 für eigenen Vorsatz und jede eigene Fahrlässigkeit; L hat selbst fahrlässig den Termin versäumt

e. <u>also</u>: Verzug des Schuldners (+)

2. Schaden ?
= jeder Nachteil im Sinne der §§ 249 ff, der <u>nach</u> Verzugseintritt entstanden ist

HIER (+) → Kosten des Mietwagens = 1.600,-- DM

3. <u>also</u>: Anspruch entstanden (+)

II. Anspruch untergegangen ? (−)

III. Anspruch durchsetzbar ? (+)

IV. Ergebnis:
V gegen L Schadensersatz (1.600,-- DM) gemäß § 286 I (+)

Formulierungsvorschlag Fall 34

- V gegen L Schadensersatz gemäß § 286 I

V könnte gegen L einen Anspruch auf Schadensersatz gemäß § 286 I haben.

I. Dann müßte der Anspruch zunächst entstanden sein. Er wäre entstanden, wenn die Voraussetzungen der §§ 284, 285 (Verzug) vorliegen und ein Verzögerungsschaden eingetreten ist.

1. Der Schuldner müßte sich in Verzug befinden, §§ 284, 285.

a. Fraglich ist, ob ein gegen den Anspruchsgegner L gerichteter fälliger einredefreier Anspruch (§ 284) besteht.

V und L haben einen Leihvertrag (§ 598) über ein KFZ geschlossen. Hieraus resultiert ein Anspruch des V gegen L auf Rückgabe der Leihsache nach Ablauf der Leihzeit, § 604 I.

Außerdem müßte der Anspruch fällig sein. Grundsätzlich sind Ansprüche nach § 271 I sofort, d.h. mit Vertragsschluß fällig. Eine von diesem Grundsatz abweichende Fälligkeit kann sich aber aus einer konkreten Parteivereinbarung ergeben (vgl. § 271 II).
L und V haben vereinbart, daß L den PKW am 10.10. zurückgibt, also eine konkrete Fälligkeitsabsprache getroffen. Der avisierte Termin ist verstrichen. Demnach ist der Anspruch fällig.

Der fällige Anspruch müßte einredefrei sein. Dies wäre zu bejahen, wenn dem Anspruchsgegner keine Einreden gegen den Anspruch zur Verfügung stehen.
Einreden des L gegen den Anspruch des V sind nicht ersichtlich.

Also besteht ein fälliger einredefreier Anspruch.

b. Weitere Voraussetzung wäre eine gegenüber dem Anspruchsgegner ausgesprochene Mahnung (§ 284).

Eine Mahnung erfordert die dringende und bestimmte Aufforderung zur Leistung. V hat den L jedoch nicht zur Leistung aufgefordert, also nicht gemahnt.

Eine Mahnung könnte aber ausnahmsweise gemäß § 284 II 1 entbehrlich sein. Dann müßte für die Leistung eine Zeit nach dem Kalender bestimmt sein. V und L haben als Tag der Leistung (Rückgabe des PKW) den 10.10. bestimmt. Es schadet somit nicht, daß V den L nicht gemahnt hat.

Die an sich gemäß § 284 I erforderliche Mahnung war somit wegen des Vorliegens der Voraussetzungen des § 284 II 1 entbehrlich.

c. Der Schuldner (L) hat im übrigen nicht zum vereinbarten Termin geleistet.

d. L müßte die Verzögerung zu vertreten haben (§ 285). Das Vertretenmüssen bemißt sich grundsätzlich nach den §§ 276 ff. L hat fahrlässig gehandelt, als er selbst den Termin versäumte. Diese eigene Fahrlässigkeit hat er gemäß § 276 zu vertreten. Er hat somit die Verzögerung verschuldet.

e. Also befindet sich der Schuldner in Verzug.

2. Weiterhin müßte seitens V ein Schaden vorliegen. Schaden ist jeder Nachteil im Sinne der §§ 249 ff, der <u>nach</u> Verzugseintritt entstanden ist. V mußte für den Mietwagen 1.600,-- DM zahlen, nachdem sich L in Verzug befand. Er hat demnach einen Schaden in der genannten Höhe erlitten.

3. Folglich ist der Anspruch des K entstanden.

II. Der Anspruch ist nicht untergegangen.

III. Er ist auch durchsetzbar.

IV. V hat also gegen L einen Anspruch auf Schadensersatz in Höhe von 1.600,-- DM gemäß § 286 I.

Fazit

1. Sicherlich haben einige Bearbeiter vermutet, daß ein Anspruch aus § 286 II folgt. Falsch!

   Der Anspruchsteller hat in unserem Fall natürlich noch Interesse an der Rückgabe der Leihsache. Darauf wird er nie und nimmer verzichten. Somit ist § 286 I die einzig denkbare Anspruchsgrundlage.

2. Denkt immer an die folgende Regel:

   Hat der Anspruchsteller noch Interesse an der eigentlichen Leistung?

   wenn ***ja*** → ist **§ *286 I*** die Anspruchsgrundlage
   wenn ***nein*** → ist **§ *286 II 1 oder* § *326 I*** die Anspruchsgrundlage

Fall 35

Hobbykoch H, der nebenbei ein bißchen Geld mit einem Partyservice verdient und sich auf die Zubereitung von "Wasserkaninchen" (Bisamratten) spezialisiert hat, kauft beim Gastronomieausstatter G einen großen Kochtopf, den er sogleich bezahlt. Der Topf soll "auf Abruf" des H geliefert werden. Drei Tage später bittet H den G telefonisch um Lieferung. G vergißt im folgenden seine Verpflichtung. Auch auf einen Brief des H, in dem er eindringlich aufgefordert wird, den Topf endlich zu liefern, reagiert G nicht. Der nunmehr von H konsultierte Anwalt A fordert den G unter Androhung gerichtlicher Schritte abermals zur Lieferung auf. Seine Bemühungen läßt sich A durch H mit 200,-- DM vergüten.

Frage: Hat H gegen G einen Anspruch auf Ersatz der Rechtsanwaltskosten ?

Lösungsskizze Fall 35

Vorüberlegung (gehört nicht in die Formulierung):
Als ***Anspruchsgrundlage*** kommt **§ *286 I,*** **§ *286 II 1*** oder **§ *326 I*** in Betracht. Die wichtige ***Hilfsfrage*** lautet:

Hat der Anspruchsteller noch Interesse an der eigentlichen Leistung?

wenn ***ja*** → ist **§ *286 I*** die Anspruchsgrundlage
wenn ***nein*** → ist **§ *286 II 1 oder*** **§ *326 I*** die Anspruchsgrundlage

HIER hat H noch immer Interesse an der Übereignung des Topfs.

Ergebnis der Vorüberlegung: Anspruchsgrundlage ist **§ *286 I*.**

- H gegen G Ersatz der Anwaltskosten (Schadensersatz) gemäß § 286 I ?

I. Anspruch entstanden ?

= Verzug des Schuldners (§§ 284, 285) <u>und</u> Verzögerungsschaden

1. Verzug des Schuldners ?

a. Fälliger einredefreier Anspruch (§ 284) ?

aa. Anspruch ?

HIER (+) → H gegen G § 433 I 1 auf Übereignung des Topfs

bb. fällig ?

= grundsätzlich sofort, § 271 I oder konkrete Parteivereinbarung (vgl. § 271 II)

HIER (+) → Vereinbarung der Parteien, den Topf "auf Abruf" zu liefern; H hat die Leistung gefordert

cc. einredefrei ?
= dem Anspruchsgegner stehen keine Einreden gegen den Anspruch zur Verfügung

HIER (+) → insbesondere kein § 320 (Einrede des nichterfüllten Vertrags), da H den Kaufpreis schon gezahlt hat

dd. also: fälliger einredefreier Anspruch **(+)**

b. Mahnung (§ 284) oder Mahnungssurrogat ?

aa. Mahnung ?
= dringende und bestimmte Aufforderung zur Leistung

HIER (+) → H hat G persönlich aufgefordert

bb. also: Mahnung **(+)**

c. Nicht rechtzeitige Leistung des Schuldners ?

HIER (+) → G hat nicht geleistet

d. Vertretenmüssen des Schuldners (§ 285) ?
= nach §§ 276 ff

HIER (+) → der Schuldner haftet gemäß § 276 für eigenen Vorsatz und jede eigene Fahrlässigkeit; G hat selbst fahrlässig den Termin versäumt

e. also: Verzug des Schuldners **(+)**

2. Schaden ?
= jeder Nachteil im Sinne der §§ 249 ff, der nach Verzugseintritt entstanden ist

HIER (+) → Anwaltskosten = 200,-- DM

3. also: Anspruch entstanden **(+)**

II. Anspruch untergegangen ? **(–)**

III. Anspruch durchsetzbar ? **(+)**

IV. Ergebnis:
H gegen G Schadensersatz (200,-- DM) gemäß § 286 I (+)

Formulierungsvorschlag Fall 35

- H gegen G Ersatz der Anwaltskosten (Schadensersatz) gemäß § 286 I

H könnte gegen G einen Anspruch auf Ersatz der Anwaltskosten (Schadensersatz) gemäß § 286 I haben.

I. Dann müßte der Anspruch zunächst entstanden sein. Er wäre entstanden, wenn die Voraussetzungen der §§ 284, 285 (Verzug) vorliegen und ein Verzögerungsschaden eingetreten ist.

1. Der Schuldner müßte sich in Verzug befinden, §§ 284, 285.

a. Fraglich ist, ob ein gegen den Anspruchsgegner G gerichteter fälliger einredefreier Anspruch (§ 284) besteht.

H und G haben einen Kaufvertrag (§ 433) über einen Topf geschlossen. Hieraus resultiert ein Anspruch des H gegen G auf Übereignung der Kaufsache, § 433 I 1.

Außerdem müßte der Anspruch fällig sein. Grundsätzlich sind Ansprüche nach § 271 I sofort, d.h. mit Vertragsschluß fällig. Eine von diesem Grundsatz abweichende Fälligkeit kann sich aber aus einer konkreten Parteivereinbarung ergeben (vgl. § 271 II).
H und G haben vereinbart, die Lieferung bzw. Übereignung "auf Abruf" des H vorzunehmen, also eine Fälligkeitsabsprache getroffen, die von einer Handlung des H abhängig ist. H hat G zur Lieferung aufgefordert. Demnach ist der Anspruch fällig.

Der fällige Anspruch müßte einredefrei sein. Dies wäre zu bejahen, wenn dem Anspruchsgegner keine Einreden gegen den Anspruch zur Verfügung stehen.
Einreden des G gegen den Anspruch des H sind nicht ersichtlich. Insbesondere kann G nicht die Einrede des nichterfüllten Vertrags (§ 320) erheben, da H schon den Kaufpreis gezahlt hat. Der Anspruch ist somit auch einredefrei.

Also besteht ein fälliger einredefreier Anspruch.

b. Weitere Voraussetzung wäre eine gegenüber dem Anspruchsgegner ausgesprochene Mahnung (§ 284).

Eine Mahnung erfordert die dringende und bestimmte Aufforderung zur Leistung. H hat den G eindringlich zur Leistung aufgefordert, also gemahnt.

c. Der Schuldner (G) hat im übrigen nicht geleistet.

d. G müßte die Verzögerung zu vertreten haben (§ 285). Das Vertretenmüssen bemißt sich grundsätzlich nach den §§ 276 ff. G hat fahrlässig gehandelt, als er selbst den Termin versäumte. Diese eigene Fahrlässigkeit hat er gemäß § 276 zu vertreten. Er hat somit die Verzögerung verschuldet.

e. Also befindet sich der Schuldner in Verzug.

2. Weiterhin müßte seitens H ein Schaden vorliegen. Schaden ist jeder Nachteil im Sinne der §§ 249 ff, der <u>nach</u> Verzugseintritt entstanden ist. H mußte nach Eintritt des Verzugs Anwaltskosten in Höhe von 200,-- DM zahlen. Er hat demnach einen Schaden in der genannten Höhe erlitten.

3. Folglich ist der Anspruch des K entstanden.

II. Der Anspruch ist nicht untergegangen.

III. Er ist auch durchsetzbar.

IV. H hat also gegen G einen Anspruch auf Schadensersatz (Anwaltskosten) in Höhe von 200,-- DM gemäß § 286 I.

Fazit

1. Häufig sind Fälle, in denen der Anspruchsteller (Rechtsanwalts-) Kosten ersetzt haben möchte, weil der Vertragspartner nicht rechtzeitig geleistet hat. Meistens ist (wie hier) **§ _286 I_** die richtige Anspruchsgrundlage. Aber **_nicht immer_**. Das werdet Ihr in einem der nächsten Fälle sehen.

2. Tückisch sind Konstellationen, in denen der Anspruchsteller einen Rechtsanwalt mit der Wahrnehmung seiner Interessen beauftragt, obwohl sich der Anspruchsgegner noch nicht in Verzug befindet.

   Das ist z.B. denkbar, wenn für den Verzugseintritt eine Mahnung erforderlich ist, der Anspruchsteller aber noch nicht dringend und bestimmt zur Leistung aufgefordert hat, sondern dies seinem Rechtsanwalt überläßt.

   Die Mahnungskosten wird er dann niemals von seinem Anspruchsgegner erstattet bekommen. Und an welcher Stelle scheitert der Anspruch? Richtig: Bei der Frage, ob ein Schaden vorliegt. **_Schaden_** ist nämlich ein **_Nachteil_**, der **_nach Verzugseintritt_** entstanden ist.

Fall 36

Lebenskünstler L verdient sein tägliches Brot mit der Durchführung ungewöhnlicher Geschäfte. Er erkennt regelmäßig Trends, die er zu seinen Gunsten ausnutzt. Schon Anfang des Jahres ist er - entgegen allen Ankündigungen - der festen Überzeugung, daß sich in der nächsten Sommermode ärmellose violette Hemden mit grünen Punkten größter Beliebtheit erfreuen werden. Er schließt deshalb mit Textilhändler T, der solche Kleidungsstücke vorrätig hat, einen Kaufvertrag über 1000 Hemden zum Preis von 5.000,-- DM. Das Geld zahlt L sofort. Er rechnet damit, die Bekleidungsstücke einige Monate später mit Gewinn weiterveräußern zu können. L will die Ware im Frühsommer abrufen. T verpflichtet sich, die Hemden 10 Tage nach Abruf an L zu liefern. Dann soll auch die Übereignung stattfinden. Bald stellt sich heraus, daß L mit seiner Einschätzung der Modetrends richtig gelegen hat. Er schließt mit Einzelhändler E einen Kaufvertrag, in dem sich E verpflichtet, für die Hemden 15.000,-- DM zu zahlen. Die Lieferung an E soll allerdings bis zum 12.05. erfolgen, da dieser sich ansonsten bei einem anderen Verkäufer mit Ware eindecken will. Am 01.05. ruft L bei T an, und bittet um Lieferung der Hemden. T erfüllt seine Verpflichtung erst drei Wochen später. E nimmt deshalb vom mit L geschlossenen Vertrag Abstand. L kann die Hemden nur noch für 7.000,-- DM veräußern.

Frage: Hat L gegen T einen Schadensersatzanspruch ?

Lösungsskizze Fall 36

Vorüberlegung (gehört nicht in die Formulierung):
Als ***Anspruchsgrundlage*** kommt **§ *286 I*, § *286 II 1*** oder **§ *326 I*** in Betracht. Die wichtige ***Hilfsfrage*** lautet:

Hat der Anspruchsteller noch Interesse an der eigentlichen Leistung?

wenn ***ja*** → ist **§ *286 I*** die Anspruchsgrundlage
wenn ***nein*** → ist **§ *286 II 1 oder* § *326 I*** die Anspruchsgrundlage

HIER hat L Interesse an der Übereignung. Das zeigt sich schon in seiner Bereitschaft, die Hemden noch drei Wochen nach Abruf anzunehmen.

Ergebnis der Vorüberlegung: Anspruchsgrundlage ist **§ *286 I*.**

- L gegen T Schadensersatz gemäß § 286 I ?

I. Anspruch entstanden ?

= Verzug des Schuldners (§§ 284, 285) <u>und</u> Verzögerungsschaden

1. Verzug des Schuldners ?

a. Fälliger einredefreier Anspruch (§ 284) ?

aa. Anspruch ?

HIER (+) → L gegen T § 433 I 1 auf Übereignung der Hemden

bb. fällig ?

= grundsätzlich sofort, § 271 I oder konkrete Parteivereinbarung (vgl. § 271 II)

HIER (+) → Vereinbarung der Parteien, die Ware 10 Tage nach Abruf an L zu liefern; L hat die Ware am 01.05. abgerufen; Fälligkeit ist somit am 11.05. eingetreten; der Termin ist verstrichen

cc. einredefrei ?

= dem Anspruchsgegner stehen keine Einreden gegen den Anspruch zur Verfügung

HIER (+) → insbesondere kein § 320, da L den Kaufpreis schon gezahlt hat

dd. also: fälliger einredefreier Anspruch (+)

b. Mahnung (§ 284) oder Mahnungssurrogat ?

aa. Mahnung ?

= dringende und bestimmte Aufforderung zur Leistung

HIER (–) → L hat die Hemden lediglich abgerufen und T nachher nicht nochmals aufgefordert

bb. Mahnungssurrogat ?

HIER (–) → § 284 II 1 ist nicht einschlägig; hiernach wäre eine Mahnung ausnahmsweise entbehrlich, wenn für die Leistung (Übereignung) eine Zeit nach dem Kalender bestimmt ist; zunächst war eine Handlung des L - der Abruf - erforderlich, um erst dann die Berechnung des Termins vornehmen zu können; die Leistungszeit war also nicht nach dem Kalender bestimmt, sondern nur bestimmbar

cc. also: Mahnung oder Mahnungssurrogat (–)

c. also: Verzug des Schuldners (–)

2. also: Anspruch entstanden (–)

II. Ergebnis:

L gegen T Schadensersatz gemäß § 286 I (–)

Formulierungsvorschlag Fall 36

- L gegen T Schadensersatz gemäß § 286 I

L könnte gegen T einen Anspruch auf Schadensersatz gemäß § 286 I haben.

I. Dann müßte der Anspruch zunächst entstanden sein. Er wäre entstanden, wenn die Voraussetzungen der §§ 284, 285 (Verzug) vorliegen und ein Verzögerungsschaden eingetreten ist.

1. Der Schuldner müßte sich in Verzug befinden, §§ 284, 285.

a. Fraglich ist, ob ein gegen den Anspruchsgegner T gerichteter fälliger einredefreier Anspruch (§ 284) besteht.

T und L haben einen Kaufvertrag (§ 433) über 1000 Hemden geschlossen. Hieraus resultiert ein Anspruch des L gegen T auf Übereignung der Ware, § 433 I 1.

Außerdem müßte der Anspruch fällig sein. Grundsätzlich sind Ansprüche nach § 271 I sofort, d.h. mit Vertragsschluß fällig. Eine von diesem Grundsatz abweichende Fälligkeit kann sich aber aus einer konkreten Parteivereinbarung ergeben (vgl. § 271 II).
Es besteht eine Vereinbarung der Parteien, die Ware 10 Tage nach Abruf an L zu liefern. L hat die Ware am 01.05. abgerufen, Fälligkeit ist somit am 11.05. eingetreten. Der Termin ist verstrichen. Demnach ist der Anspruch fällig.

Der fällige Anspruch müßte einredefrei sein. Dies wäre zu bejahen, wenn dem Anspruchsgegner keine Einreden gegen den Anspruch zur Verfügung stehen.
Einreden des T gegen den Anspruch des L sind nicht ersichtlich. Insbesondere kann T nicht die Einrede des nichterfüllten Vertrags (§ 320) erheben, da L schon den Kaufpreis gezahlt hat. Der Anspruch ist somit auch einredefrei.

Also besteht ein fälliger einredefreier Anspruch.

b. Weitere Voraussetzung wäre eine gegenüber dem Anspruchsgegner ausgesprochene Mahnung (§ 284).

Eine Mahnung erfordert die dringende und bestimmte Aufforderung zur Leistung. L hat den T jedoch nicht zur Leistung aufgefordert, also nicht gemahnt.

Eine Mahnung könnte aber ausnahmsweise gemäß § 284 II 1 entbehrlich sein. Dann müßte für die Leistung eine Zeit nach dem Kalender bestimmt sein.
Zunächst war eine Handlung des L - der Abruf - erforderlich, um erst dann die Berechnung des Termins vornehmen zu können. Die Leistungszeit war also nicht nach dem Kalender bestimmt, sondern nur bestimmbar. Dies erfüllt aber nicht die Voraussetzungen des § 284 II 1.

Die Mahnung war somit nicht entbehrlich.

c. Also befindet sich der Schuldner nicht in Verzug.

2. Folglich ist der Anspruch des L nicht entstanden.

II. L hat also gegen T keinen Anspruch auf Schadensersatz gemäß § 286 I.

Fazit

1. § 284 II 1 war nicht einschlägig, weil die Leistungszeit lediglich ***bestimmbar, aber nicht*** nach dem Kalender ***bestimmt*** war. Es war eine Handlung des L, nämlich der Abruf der Ware erforderlich. Erst dann konnte die Berechnung des Termins vorgenommen werden.

2. Nach dem Kalender ***bestimmt*** ist die Leistungszeit, wenn die Parteien z.B. folgendes vereinbaren: Lieferung am 02.02.; Lieferung spätestens am 07.08.; im Laufe des September; drei Wochen nach Pfingsten; bis Ende des Jahres.

   Lediglich ***bestimmbar***, aber eben nicht bestimmt ist nach dem Umkehrschluß aus § 286 II 2 z.B.: Bezahlung drei Wochen nach Abholung; Lieferung vier Wochen nach Abruf; 10 Tage nach Rechnungsstellung.

Fall 37

Z hat dem L seine neue Surfausrüstung vermietet. Diese möchte er aber am 01.06. seiner Cousine zur Hochzeit schenken und hat deshalb mit L den 31.05. als Rückgabetag vereinbart. Als L am genannten Tag nicht erscheint, kauft Z am Tage der Hochzeit eine neue Ausrüstung für 2.000,-- DM. Am 03.06. entschuldigt sich L bei Z dafür, daß er den Termin vergessen habe. Z verweigert unter Hinweis auf die Hochzeit die Rücknahme und verlangt von L Zahlung der 2.000,-- DM, die er für das Geschenk ausgegeben hat. L wendet ein, er habe vom anstehenden Hochzeitstermin und der Schenkwilligkeit des Z nichts gewußt.

Frage: Hat Z gegen L einen Schadensersatzanspruch ?

Lösungsskizze Fall 37

Vorüberlegung (gehört nicht in die Formulierung)*:*
Als ***Anspruchsgrundlage*** kommt **§ *286 I*, § *286 II 1*** oder **§ *326 I*** in Betracht. Die wichtige ***erste Hilfsfrage*** lautet:

Hat der Anspruchsteller noch Interesse an der eigentlichen Leistung?

wenn ***ja*** → ist **§ *286 I*** die Anspruchsgrundlage
wenn ***nein*** → ist **§ *286 II 1 oder* § *326 I*** die Anspruchsgrundlage

HIER hat Z kein Interesse an der Rückgabe der Ausrüstung.

Ergebnis: Anspruchsgrundlage ist **§ *286 II 1 oder* § *326 I*.**

Aber welche Anspruchsgrundlage ist nun die richtige? Die Antwort findet Ihr (wie bei der nachträglichen Unmöglichkeit) mit der Stellung einer ***zweiten Hilfsfrage***:

Steht die Leistung, mit der der Schuldner im Verzug ist, zu einer anderen im Gegenseitigkeitsverhältnis?

wenn ***ja*** → ist **§ *326 I*** die Anspruchsgrundlage
wenn ***nein*** → ist **§ *286 II 1*** die Anspruchsgrundlage

HIER steht die Leistung des L (Rückgabe der Mietsache, § 556 I) zu keiner anderen Leistung im Gegenseitigkeitsverhältnis.

Ergebnis der Vorüberlegung: Anspruchsgrundlage ist **§ *286 II 1*.**

Achtung: Obwohl der zwischen den Parteien geschlossene Vertrag ein gegenseitiger Vertrag ist (Miete, § 535), steht die fragliche Leistung des Mieters L - die Rückgabe der Mietsache - zu keiner anderen Leistung im Gegenseitigkeitsverhältnis. Im Gegenseitigkeitsverhältnis stehen die Überlassung der Mietsache und die Mietzinszahlung.

- Z gegen L Schadensersatz gemäß § 286 II 1 ?

I. Anspruch entstanden ?

= Verzug des Schuldners (§§ 284, 285) und kein Interesse des Gläubigers an der Leistung und Nichterfüllungsschaden

1. Verzug des Schuldners ?

a. Fälliger einredefreier Anspruch (§ 284) ?

aa. Anspruch ?

HIER (+) → Z gegen L § 556 I auf Rückgabe der Mietsache

bb. fällig ?

= grundsätzlich sofort, § 271 I oder konkrete Parteivereinbarung (vgl. § 271 II)

HIER (+) → Vereinbarung der Parteien, die Mietsache am 31.05. zurückzugeben; der Termin ist verstrichen

cc. einredefrei ?

= dem Anspruchsgegner stehen keine Einreden gegen den Anspruch zur Verfügung

HIER (+) → keine Einreden ersichtlich

dd. also: fälliger einredefreier Anspruch (+)

b. Mahnung (§ 284) oder Mahnungssurrogat ?

aa. Mahnung ?

= dringende und bestimmte Aufforderung zur Leistung

HIER (−) → Z hat L nicht aufgefordert

bb. Mahnungssurrogat ?

HIER (+) → § 284 II 1: eine Mahnung ist ausnahmsweise entbehrlich; für die Leistung (Rückgabe der Mietsache) ist eine Zeit nach dem Kalender bestimmt

cc. also: Mahnung wegen § 284 II 1 entbehrlich

c. Nicht rechtzeitige Leistung des Schuldners ?

HIER (+) → L hat nicht geleistet

d. Vertretenmüssen des Schuldners (§ 285) ?

= nach § 276 ff

HIER (+) → der Schuldner haftet gemäß § 276 für eigenen Vorsatz und jede eigene Fahrlässigkeit; L hat selbst fahrlässig den Termin versäumt

e. also: Verzug des Schuldners (+)

2. Kein Leistungsinteresse des Gläubigers infolge des Verzugs (§ 286 II) ?

HIER (+) → Z wollte die Surfausrüstung am 01.06. verschenken; weil L die Ausrüstung nicht rechtzeitig zurückgegeben hat, hat Z eine neue gekauft

3. Schaden ?

= jeder Nachteil im Sinne der §§ 249 ff, der nach Verzugseintritt entstanden ist

HIER (+) → Kosten für die neue Ausrüstung = 2.000,-- DM

***4. also: Anspruch entstanden** (+)*

***II. Anspruch untergegangen ?** (–)*

***III. Anspruch durchsetzbar ?** (+)*

IV. Ergebnis:

Z gegen L Schadensersatz (2.000,-- DM) gemäß § 286 II 1 (+)

Formulierungsvorschlag Fall 37

- Z gegen L Schadensersatz gemäß § 286 II 1

Z könnte gegen L einen Anspruch auf Schadensersatz gemäß § 286 II 1 haben.

I. Dann müßte der Anspruch zunächst entstanden sein. Er wäre entstanden, wenn die Voraussetzungen der §§ 284, 285 (Verzug) vorliegen, der Gläubiger kein Interesse mehr an der Leistung hat und ein Nichterfüllungsschaden eingetreten ist.

1. Der Schuldner müßte sich in Verzug befinden, §§ 284, 285.

a. Fraglich ist, ob ein gegen den Anspruchsgegner L gerichteter fälliger einredefreier Anspruch (§ 284) besteht.

Z und L haben einen Mietvertrag (§ 535) geschlossen. Hieraus resultiert ein Anspruch des Z gegen L auf Rückgabe der Mietsache nach Ablauf der Mietzeit, § 556 I.

Außerdem müßte der Anspruch fällig sein. Grundsätzlich sind Ansprüche nach § 271 I sofort, d.h. mit Vertragsschluß fällig. Eine von diesem Grundsatz abweichende Fälligkeit kann sich aber aus einer konkreten Parteivereinbarung ergeben (vgl. § 271 II).
Z und L haben als Rückgabetermin den 31.05. vereinbart, also eine Fälligkeitsabsprache getroffen. Der Termin ist verstrichen. Demnach ist der Anspruch fällig.

Der fällige Anspruch müßte einredefrei sein. Dies wäre zu bejahen, wenn dem Anspruchsgegner keine Einreden gegen den Anspruch zur Verfügung stehen.
Einreden des L gegen den Anspruch des Z sind nicht ersichtlich. Der Anspruch ist somit auch einredefrei.

Also besteht ein fälliger einredefreier Anspruch.

b. Weitere Voraussetzung wäre eine gegenüber dem Anspruchsgegner ausgesprochene Mahnung (§ 284).

Eine Mahnung erfordert die dringende und bestimmte Aufforderung zur Leistung. Z hat den L jedoch nicht zur Leistung aufgefordert, also nicht gemahnt.

Eine Mahnung könnte aber ausnahmsweise gemäß § 284 II 1 entbehrlich sein. Dann müßte für die Leistung eine Zeit nach dem Kalender bestimmt sein. Z und L haben als Tag der Leistung (Rückgabe der Ausrüstung) den 31.05. bestimmt. Es schadet somit nicht, daß Z den L nicht gemahnt hat.

Die an sich gemäß § 284 I erforderliche Mahnung war somit wegen des Vorliegens der Voraussetzungen des § 284 II 1 entbehrlich.

c. Der Schuldner (L) hat im übrigen nicht zum vereinbarten Termin geleistet.

d. L müßte die Verzögerung zu vertreten haben (§ 285). Das Vertretenmüssen bemißt sich grundsätzlich nach den §§ 276 ff. L hat fahrlässig gehandelt, als er selbst den Termin versäumte. Diese eigene Fahrlässigkeit hat er gemäß § 276 zu vertreten. Er hat somit die Verzögerung verschuldet.

e. Also befindet sich der Schuldner in Verzug.

2. Außerdem dürfte der Anspruchsteller (Gläubiger) infolge des Verzugs kein Interesse mehr an der Leistung haben. Z wollte die Surfausrüstung am 01.06. verschenken. Weil L die Ausrüstung nicht rechtzeitig zurückgegeben hat, hat Z eine neue Ausrüstung gekauft, also kein Interesse mehr an der Rückgabe der Leihsache.

3. Weiterhin müßte seitens Z ein Schaden vorliegen. Schaden ist jeder Nachteil im Sinne der §§ 249 ff, der <u>nach</u> Verzugseintritt entstanden ist. Z mußte nach Eintritt des Verzugs für 2.000,-- DM eine neue Surfausrüstung kaufen. Er hat demnach einen Schaden in der genannten Höhe erlitten.

4. Folglich ist der Anspruch des Z entstanden.

II. Der Anspruch ist nicht untergegangen.

III. Er ist auch durchsetzbar.

IV. Z hat also gegen L einen Anspruch auf Schadensersatz in Höhe von 2.000,-- DM gemäß § 286 II 1.

Fazit

1. Endlich ein Fall mit einer anderen Anspruchsgrundlage. Hier war nach einem ***Anspruch aus § 286 II*** gefragt. Der Prüfungsläufer dieses Anspruchs unterscheidet sich von dem des § 286 I nur unwesentlich. Bevor Ihr fragt, ob ein Schaden vorliegt, müßt Ihr einen zusätzlichen Prüfungspunkt einschieben:

   Kein Leistungsinteresse des Gläubigers infolge des Verzugs (§ 286 II) ?

   Ob er noch Interesse an der Leistung hat, ist anhand des Sachverhalts zu entscheiden.

Achtung: Die "Prüfung" ist lediglich eine schriftliche Fixierung der Überlegungen, die Ihr Euch schon am Anfang der Fallösung gemacht habt. Ihr seid erst über die Hilfsfrage: ***Hat der Anspruchsteller noch Interesse an der eigentlichen Leistung?*** zur richtigen Anspruchsgrundlage gelangt.

2. Im übrigen ist es vollkommen egal, ob der Schuldner weiß, daß der Gläubiger mit Ablauf des vereinbarten Termins kein Interesse mehr haben wird. Wenn der Schuldner den Termin versäumt, ist er im Zweifel der Dumme.

Fall 38

Am 16.01. verkauft Händler H dem K einen großen ausgestopften Elchkopf zum Preis von 3.000,-- DM. Bei den Verkaufsverhandlungen hat H den K darauf hingewiesen, daß er wegen fehlenden Raums gerade eine Geschäfts- und Lagerräumung durchführe. Deshalb vereinbaren die Parteien, daß K den Elchkopf bis zum 20.01. abholen und dann den Kaufpreis zahlen soll. Als K die Kaufsache nicht bis zum vereinbarten Endtermin abholt, schreibt ihm H am darauffolgenden Tag: "Sollte der Kopf nicht bis zum 31.01. abgeholt sein, werde ich ihn weiterverkaufen, da der von Ihrer Ware beanspruchte Lagerraum dringend für Neulieferungen benötigt wird. Ein etwaiger Mindererlös würde zu Ihren Lasten gehen.". Obwohl K den Brief erhält, unternimmt er nichts. Am 01.02. verkauft H den Elchkopf für 2.800,-- DM an D, der damit sein altdeutsches Wohnzimmer verschönern will, aber keinen höheren Betrag zahlen kann. Der von D gezahlte Preis entspricht dem Betrag, den H selbst beim Einkauf des Elchkopfes bezahlt hat.

Frage: Hat H gegen K einen Anspruch auf Zahlung der Differenz (200,-- DM) ?

Lösungsskizze Fall 38

Vorüberlegung (gehört nicht in die Formulierung):

Als ***Anspruchsgrundlage*** kommt § ***286 I,*** § ***286 II 1*** oder § ***326 I*** in Betracht. Die wichtige ***erste Hilfsfrage*** lautet:

Hat der Anspruchsteller noch Interesse an der eigentlichen Leistung?

wenn ***ja*** → ist § ***286 I*** die Anspruchsgrundlage
wenn ***nein*** → ist § ***286 II 1 oder*** § ***326 I*** die Anspruchsgrundlage

HIER hat H weder ein Interesse an der Abholung noch an der Bezahlung der Ware.

Ergebnis: Anspruchsgrundlage ist § ***286 II 1 oder*** § ***326 I***.

Aber welche Anspruchsgrundlage ist nun die richtige? Die Antwort findet Ihr (wie bei der nachträglichen Unmöglichkeit) mit der Stellung einer ***zweiten Hilfsfrage***:

Steht die Leistung, mit der der Schuldner im Verzug ist, zu einer anderen im Gegenseitigkeitsverhältnis?

wenn ***ja*** → ist § ***326 I*** die Anspruchsgrundlage
wenn ***nein*** → ist § ***286 II 1*** die Anspruchsgrundlage

HIER steht die Leistung des K (Abnahme der Kaufsache, § 433 II) ausnahmsweise zur Leistung des H (Übereignung, § 433 I 1) im Gegenseitigkeitsverhältnis. Die Abnahmepflicht ist zwar grundsätzlich keine Hauptleistungspflicht, die der Verpflichtung zur Übereignung gegenübersteht. Die Parteien haben die Abholung jedoch zur Hauptleistungspflicht erhoben. H hat auf die Dringlichkeit der Abnahme gesondert hingewiesen und K hat sich mit der alsbaldigen Abholung einverstanden erklärt.

Ergebnis der Vorüberlegung: Anspruchsgrundlage ist **§ *326 I*.**

- H gegen K Schadensersatz gemäß § 326 I ?

I. Anspruch entstanden ?

= Verzug des Schuldners (§§ 284, 285) mit einer Hauptleistungspflicht <u>und</u> weitere Voraussetzungen des § 326

1. Gegenseitiger Vertrag ?

HIER (+) → Kaufvertrag, § 433 zwischen H und K

2. Verzug des Schuldners mit Hauptleistungspflicht ?

a. Fälliger einredefreier Anspruch (§ 284) ?

aa. Anspruch auf eine im Gegenseitigkeitsverhältnis stehende Hauptleistung?

HIER (+) → H gegen K § 433 II auf Abholung der Kaufsache; diese Pflicht ist zwar nicht die direkt aus dem Kaufvertrag resultierende Hauptleistungspflicht des Gläubigers (= Kaufpreiszahlung, § 433 II), sie ist aber aufgrund Parteivereinbarung zur Hauptleistungspflicht erhoben worden (s.o. Ausführungen in der Vorüberlegung) und steht zur Hauptleistung des H (Übereignung, § 433 I 1) im Gegenseitigkeitsverhältnis

bb. fällig ?

= grundsätzlich sofort, § 271 I oder konkrete Parteivereinbarung (vgl. § 271 II)

HIER (+) → Vereinbarung der Parteien, den Elchkopf bis zum 20.01. abzuholen; der Termin ist verstrichen

cc. einredefrei ?

= dem Anspruchsgegner stehen keine Einreden gegen den Anspruch zur Verfügung

HIER (+) → insbesondere kein § 320 (Einrede des nichterfüllten Vertrags); zwar hat H die Kaufsache noch nicht an K übereignet; er hat aber alles getan, was er tun konnte; vereinbart war die Abholung der Sache durch den Gläubiger; daraufhin hat H die Kaufsache ausgesondert

dd. <u>also</u>: fälliger einredefreier Anspruch (+)

b. Mahnung (§ 284) oder Mahnungssurrogat ?

aa. Mahnung ?

= dringende und bestimmte Aufforderung zur Leistung

HIER (+) → H hat K aufgefordert, den Kaufgegenstand abzuholen; dies wäre im übrigen sogar gemäß § 284 II 1 entbehrlich gewesen

***bb. also: Mahnung* (+)**

c. Nicht rechtzeitige Leistung des Schuldners ?

HIER (+) → K hat die Ware nicht abgeholt

d. Vertretenmüssen des Schuldners (§ 285) ?
= nach §§ 276 ff

HIER (+) → der Schuldner haftet gemäß § 276 für eigenen Vorsatz und jede eigene Fahrlässigkeit; K hat den Elchkopf vorsätzlich nicht abgeholt

***e. also: Verzug des Schuldners* (+)**

3. Fristsetzung mit Ablehnungsandrohung (§ 326 I 1) ?
= der Gläubiger muß dem Schuldner eine angemessene Frist gesetzt und zugleich erklärt haben, er werde nach deren Ablauf die Leistung ablehnen

a. Fristsetzung ?

HIER (+) → H hat eine Frist zum 31.01. gesetzt

b. Ablehnungsandrohung ?

HIER (+) → H hat zugleich die Leistung nach Ablauf der Frist abgelehnt

***c. also: Fristsetzung mit Ablehnungsandrohung* (+)**

4. Fristablauf ohne Vornahme der Leistungshandlung (§ 326 I 2) ?

HIER (+) → K hat den Elchkopf nicht innerhalb der Frist abgeholt

5. Schaden (§ 326 I 2) ?
= jeder Nachteil im Sinne der §§ 249 ff, der nach Verzugseintritt entstanden ist

HIER (+) → entgangener Gewinn (§ 252) = 200,-- DM

***6. also: Anspruch entstanden* (+)**

***II. Anspruch untergegangen ?* (–)**

***III. Anspruch durchsetzbar ?* (+)**

IV. Ergebnis:
H gegen K Schadensersatz (200,-- DM) gemäß § 326 I (+)

Formulierungsvorschlag Fall 38

- H gegen K Schadensersatz gemäß § 326 I

H könnte gegen K einen Anspruch auf Schadensersatz gemäß § 326 I haben.

I. Dann müßte der Anspruch zunächst entstanden sein.

1. Fraglich ist, ob ein gegenseitiger Vertrag (§ 326) besteht. H und K haben einen Kaufvertrag geschlossen, ein gegenseitiger Vertrag liegt demnach vor.

2. Der Schuldner der Gegenleistung müßte sich mit einer Hauptleistungspflicht in Verzug befinden (§ 326).

a. Fraglich ist, ob ein gegen den Anspruchsgegner K gerichteter fälliger einredefreier Anspruch (§ 284) besteht.

H müßte gegen K einen Anspruch auf eine im Gegenseitigkeitsverhältnis stehende Hauptleistung haben.
H hat gegen K gemäß § 433 II einen Anspruch auf Abholung der Kaufsache. Die Abholpflicht ist zwar nicht die direkt aus dem Kaufvertrag resultierende Hauptleistungspflicht des Gläubigers (= Kaufpreiszahlung, § 433 II). Die Parteien haben die Abholung jedoch zur Hauptleistungspflicht erhoben. H hat auf die Dringlichkeit der Abnahme gesondert hingewiesen und K hat sich mit der alsbaldigen Abholung einverstanden erklärt.
Die Abnahme der Kaufsache steht demnach ausnahmsweise zur Leistung des H (Übereignung, § 433 I 1) im Gegenseitigkeitsverhältnis.

Außerdem müßte der Anspruch fällig sein. Grundsätzlich sind Ansprüche nach § 271 I sofort, d.h. mit Vertragsschluß fällig. Eine von diesem Grundsatz abweichende Fälligkeit kann sich aber aus einer konkreten Parteivereinbarung ergeben (vgl. § 271 II).
K und H haben die Abholung des der Kaufsache bis zum 20.01. vereinbart, also eine Fälligkeitsabsprache getroffen. Der Termin ist verstrichen. Demnach ist der Anspruch fällig.

Der fällige Anspruch müßte einredefrei sein. Dies wäre zu bejahen, wenn dem Anspruchsgegner keine Einreden gegen den Anspruch zur Verfügung stehen.
Die Einrede des § 320 (Einrede des nichterfüllten Vertrags) kann K nicht geltend machen. Zwar hat H die Kaufsache nicht an K übereignet. Er hat aber alles getan, was er tun konnte, um seine Verpflichtung zu erfüllen. Vereinbart war die Abholung der Sache durch den Gläubiger. Daraufhin hat H die Kaufsache ausgesondert. Der Anspruch ist somit auch einredefrei.

Also besteht ein fälliger einredefreier Anspruch.

b. Weitere Voraussetzung wäre eine gegenüber dem Anspruchsgegner ausgesprochene Mahnung (§ 284).

Eine Mahnung erfordert die dringende und bestimmte Aufforderung zur Leistung. H hat den K zur Abholung des Elchkopfs aufgefordert, also gemahnt.

c. Der Schuldner (K) hat im übrigen nicht zum vereinbarten Termin geleistet. Er hat die Kaufsache nicht abgeholt.

d. K müßte die Verzögerung zu vertreten haben (§ 285). Das Vertretenmüssen bemißt sich grundsätzlich nach den §§ 276 ff. K hat vorsätzlich gehandelt, als er selbst den Termin nicht wahrgenommen hat. Diesen eigenen Vorsatz hat er gemäß § 276 zu vertreten. Er hat somit die Verzögerung verschuldet.

e. Also befindet sich der Schuldner in Verzug.

3. Schließlich müßte der Gläubiger dem Schuldner eine angemessene Frist gesetzt und zugleich erklärt haben, er lehne nach deren Ablauf die Leistung ab (§ 326 I 1).

a. H hat den K aufgefordert, die Kaufsache bis zum 31.01. abzuholen. Eine Fristsetzung ist erfolgt.

b. K hat im übrigen deutlich gemacht, er werde den Kaufgegenstand nach Fristablauf weiterveräußern. Hierin liegt die Erklärung, er lehne die Abholung (Leistung) nach Verstreichen der Frist ab.

c. Eine Fristsetzung mit Ablehnungsandrohung liegt vor.

4. Weiterhin müßte die Frist abgelaufen sein, ohne daß der Schuldner die Leistungshandlung vorgenommen hat (§ 326 I 2). K hat den Elchkopf nicht bis zum 31.01. abgeholt.

5. Letztlich müßte seitens H ein Schaden vorliegen. Schaden ist jeder Nachteil im Sinne der §§ 249 ff, der nach Verzugseintritt entstanden ist.
Bei ordnungsgemäßer Abwicklung des Kaufvertrags hätte H von K 3.000,-- DM erhalten. Da K sich aber nicht gemeldet hat, mußte H den Elchkopf für 2.800,-- DM veräußern. Der Schaden besteht somit im entgangenen Gewinn in Höhe von 200,-- DM, der gemäß § 252 zu ersetzen ist.

6. Folglich ist der Anspruch des H entstanden.

II. Der Anspruch ist nicht untergegangen.

III. Er ist auch durchsetzbar.

IV. H hat also gegen K einen Anspruch auf Schadensersatz in Höhe von 200,-- DM gemäß § 326 I.

Fazit

1. Der Prüfungsläufer des § 326 I unterscheidet sich in einigen Punkten von denen der §§ 286 I und II. Insbesondere ist zusätzlich zu fragen, ob seitens des Anspruchstellers eine ***Fristsetzung mit Ablehnungsandrohung*** (§ 326 I 1) erfolgt ist. Ausnahmsweise ist die Fristsetzung nach § 326 II entbehrlich. In Klausuren und Hausarbeiten kommt das im übrigen gar nicht so selten vor.
2. Weiter ist dann zu fragen, ob die ***gesetzte Frist abgelaufen ist, ohne daß der Schuldner die Leistungshandlung vorgenommen hat*** (§ 326 I 2).

Diese Voraussetzung scheint anhand des Sachverhalts ganz einfach mit "ja" oder "nein" beantwortbar zu sein. Eine kleine Gemeinheit steckt aber im Detail: Der Schuldner darf die ***Leistungshandlung*** nicht innerhalb der Frist vorgenommen haben. Auf den Leistungserfolg kommt es also gar nicht an.

Relevant wird die Unterscheidung vor allem in Fällen, in denen die Parteien eine Schickschuld (Versendungskauf) vereinbart haben. Der Schuldner hat bei der Schickschuld die Leistungshandlung vorgenommen (= das seinerseits Erforderliche zur Leistung getan), wenn er den geschuldeten Gegenstand einer Transportperson übergeben hat. Wann der Gegenstand beim Gläubiger ankommt (Leistungserfolg), ist egal.

Fall 39

Der eingefleischte Fahrradfahrer K entschließt sich lediglich auf Drängen seiner Freundin, für die anstehende Urlaubsreise in die Bretagne ein Auto zu kaufen. Danach will er es sofort weiterveräußern. Vor dem Urlaub kauft er den Mercedes des V und bezahlt den Kaufpreis sofort. Die Parteien verabreden, daß der PKW am 10.02. übereignet werden soll. Am vereinbarten Tag ist V nicht erreichbar. Dieser hat - ohne sich Gedanken über die eingegangene Verpflichtung zu machen - seine kranke Oma besucht. Da die Urlaubsreise am nächsten Tag beginnen soll, mietet K für 1.600,-- DM einen Ersatz-PKW. Nach seiner Rückkehr erklärt K dem V, er sei nicht mehr an dem Auto interessiert und fordert Schadensersatz in Höhe der Mietkosten.

Frage: Hat K gegen V einen Schadensersatzanspruch ?

Lösungsskizze Fall 39

Vorüberlegung (gehört nicht in die Formulierung):
Als ***Anspruchsgrundlage*** kommt § ***286 I,*** § ***286 II 1*** oder § ***326 I*** in Betracht. Die wichtige ***erste Hilfsfrage*** lautet:

Hat der Anspruchsteller noch Interesse an der eigentlichen Leistung?

wenn ***ja*** → ist § ***286 I*** die Anspruchsgrundlage
wenn ***nein*** → ist § ***286 II 1 oder*** § ***326 I*** die Anspruchsgrundlage

HIER hat K kein Interesse an der Übereignung des PKW.

Ergebnis: Anspruchsgrundlage ist § ***286 II 1 oder*** § ***326 I***.

Die richtige Anspruchsgrundlage findet Ihr (wie bei der nachträglichen Unmöglichkeit) mit der Stellung einer ***zweiten Hilfsfrage***:

Steht die Leistung, mit der der Schuldner im Verzug ist, zu einer anderen im Gegenseitigkeitsverhältnis?

wenn ***ja*** → ist § ***326 I*** die Anspruchsgrundlage
wenn ***nein*** → ist § ***286 II 1*** die Anspruchsgrundlage

HIER steht die Leistung des V (Übereignung, § 433 I 1) zur Leistung des K (Kaufpreiszahlung, § 433 II) im Gegenseitigkeitsverhältnis.

Ergebnis der Vorüberlegung: Anspruchsgrundlage ist § ***326 I***.

- K gegen V Schadensersatz gemäß § 326 I ?

I. Anspruch entstanden ?

= Verzug des Schuldners (§§ 284, 285) mit einer Hauptleistungspflicht und weitere Voraussetzungen des § 326

1. Gegenseitiger Vertrag ?

HIER (+) → Kaufvertrag, § 433 zwischen V und K

2. Verzug des Schuldners mit Hauptleistungspflicht ?

a. Fälliger einredefreier Anspruch (§ 284) ?

aa. Anspruch auf eine im Gegenseitigkeitsverhältnis stehende Hauptleistung?

HIER (+) → K gegen V § 433 I 1 auf Übereignung der Kaufsache; diese Hauptleistungspflicht steht zur Hauptleistung des Gläubigers (= Kaufpreiszahlung, § 433 II) im Gegenseitigkeitsverhältnis

bb. fällig ?

= grundsätzlich sofort, § 271 I oder konkrete Parteivereinbarung (vgl. § 271 II)

HIER (+) → Vereinbarung der Parteien, die Übereignung am 10.02. vorzunehmen; der Termin ist verstrichen

cc. einredefrei ?

= dem Anspruchsgegner stehen keine Einreden gegen den Anspruch zur Verfügung

HIER (+) → insbesondere kein § 320 (Einrede des nichterfüllten Vertrags), da K den Kaufpreis schon gezahlt hat

dd. <u>also</u>: fälliger einredefreier Anspruch (+)

b. Mahnung (§ 284) oder Mahnungssurrogat ?

aa. Mahnung ?

= dringende und bestimmte Aufforderung zur Leistung

HIER (−) → K hat V nicht aufgefordert

bb. Mahnungssurrogat ?

HIER (+) → § 284 II 1: eine Mahnung ist ausnahmsweise entbehrlich; für die Leistung (Übereignung des PKW) ist eine Zeit nach dem Kalender bestimmt

cc. <u>also</u>: Mahnung wegen § 284 II 1 entbehrlich

c. Nicht rechtzeitige Leistung des Schuldners ?

HIER (+) → V hat nicht zum vereinbarten Termin geleistet

d. Vertretenmüssen des Schuldners (§ 285) ?

= nach §§ 276 ff

HIER (+) → der Schuldner haftet gemäß § 276 für eigenen Vorsatz und jede eigene Fahrlässigkeit; V hat fahrlässig den Termin versäumt

e. <u>also</u>: Verzug des Schuldners (+)

3. Fristsetzung mit Ablehnungsandrohung (§ 326 I 1) ?

= der Gläubiger muß dem Schuldner eine angemessene Frist gesetzt und zugleich erklärt haben, er werde nach deren Ablauf die Leistung ablehnen

a. Fristsetzung ?

HIER (–) → K hat keine Frist gesetzt

aber: die Fristsetzung ist entbehrlich, wenn der Gläubiger infolge des Verzugs kein Interesse mehr an der Leistung hat, § 326 !!

HIER (+) → K wollte das Auto nur im Urlaub nutzen

b. Ablehnungsandrohung ?

HIER (–) → K hat nicht angedroht, die Leistung abzulehnen

aber: die Ablehnungsandrohung ist entbehrlich, wenn auch die Fristsetzung entbehrlich ist; der Anspruchsteller muß die Ablehnung später lediglich erklären

HIER (+) → die Fristsetzung ist entbehrlich; K hat die Ablehnung erklärt

c. also: Fristsetzung mit Ablehnungsandrohung entbehrlich (+)

4. Fristablauf ohne Vornahme der Leistungshandlung (§ 326 I 2) ?

HIER Prüfung entbehrlich, da schon die Fristsetzung entbehrlich ist

5. Schaden (§ 326 I 2) ?

= jeder Nachteil im Sinne der §§ 249 ff, der nach Verzugseintritt entstanden ist

HIER (+) → Kosten des Mietwagens = 1.600,-- DM

6. also: Anspruch entstanden (+)

II. Anspruch untergegangen ? (–)

III. Anspruch durchsetzbar ? (+)

IV. Ergebnis:

K gegen V Schadensersatz (1.600,-- DM) gemäß § 326 I (+)

Formulierungsvorschlag Fall 39

- K gegen V Schadensersatz gemäß § 326 I

K könnte gegen V einen Anspruch auf Schadensersatz gemäß § 326 I haben.

I. Dann müßte der Anspruch zunächst entstanden sein.

1. Fraglich ist, ob ein gegenseitiger Vertrag (§ 326) besteht. V und K haben einen Kaufvertrag geschlossen, ein gegenseitiger Vertrag liegt demnach vor.

2. Der Schuldner der Gegenleistung müßte sich mit einer Hauptleistungspflicht in Verzug befinden (§ 326).

a. Fraglich ist, ob ein gegen den Anspruchsgegner V gerichteter fälliger einredefreier Anspruch (§ 284) besteht.

K müßte gegen V einen Anspruch auf eine im Gegenseitigkeitsverhältnis stehende Hauptleistung haben.
K hat gegen V gemäß § 433 I 1 einen Anspruch auf Übereignung der Kaufsache. Diese Hauptleistungspflicht steht zur Hauptleistung des Gläubigers (= Kaufpreiszahlung, § 433 II) im Gegenseitigkeitsverhältnis.

Außerdem müßte der Anspruch fällig sein. Grundsätzlich sind Ansprüche nach § 271 I sofort, d.h. mit Vertragsschluß fällig. Eine von diesem Grundsatz abweichende Fälligkeit kann sich aber aus einer konkreten Parteivereinbarung ergeben (vgl. § 271 II).
K und V haben die Übereignung der Kaufsache am 10.02. vereinbart, also eine Fälligkeitsabsprache getroffen. Der Termin ist verstrichen. Demnach ist der Anspruch fällig.

Der fällige Anspruch müßte einredefrei sein. Dies wäre zu bejahen, wenn dem Anspruchsgegner keine Einreden gegen den Anspruch zur Verfügung stehen.
Einreden des V gegen den Anspruch des K sind nicht ersichtlich. Insbesondere kann V nicht die Einrede des nichterfüllten Vertrags (§ 320) erheben, da K schon den Kaufpreis gezahlt hat. Der Anspruch ist somit auch einredefrei.

Also besteht ein fälliger einredefreier Anspruch.

b. Weitere Voraussetzung wäre eine gegenüber dem Anspruchsgegner ausgesprochene Mahnung (§ 284).

Eine Mahnung erfordert die dringende und bestimmte Aufforderung zur Leistung. K hat den V jedoch nicht zur Leistung aufgefordert, also nicht gemahnt.

Eine Mahnung könnte aber ausnahmsweise gemäß § 284 II 1 entbehrlich sein. Dann müßte für die Leistung eine Zeit nach dem Kalender bestimmt sein. V und K haben als Tag der Leistung (Übereignung der Kaufsache) den 10.02. bestimmt. Es schadet somit nicht, daß K den V nicht gemahnt hat.

Die an sich gemäß § 284 I erforderliche Mahnung war somit wegen des Vorliegens der Voraussetzungen des § 284 II 1 entbehrlich.

c. Der Schuldner (V) hat im übrigen nicht zum vereinbarten Termin geleistet.

d. V müßte die Verzögerung zu vertreten haben (§ 285). Das Vertretenmüssen bemißt sich grundsätzlich nach den §§ 276 ff. V hat fahrlässig gehandelt, als er selbst den Termin versäumte. Diese eigene Fahrlässigkeit hat er gemäß § 276 zu vertreten. Er hat somit die Verzögerung verschuldet.

e. Also befindet sich der Schuldner in Verzug.

3. Schließlich müßte der Gläubiger dem Schuldner eine angemessene Frist gesetzt und zugleich erklärt haben, er lehne nach deren Ablauf die Leistung ab (§ 326 I 1).

a. K hat den V nicht aufgefordert, die Kaufsache zu übereignen. Eine Fristsetzung ist nicht erfolgt.

Die Fristsetzung könnte jedoch entbehrlich sein. Sie ist entbehrlich, wenn der Gläubiger infolge des Verzugs kein Interesse mehr an der Leistung hat, § 326 II. K wollte das Auto nur im Urlaub nutzen. Nach dem Urlaub also kein Interesse mehr an der Übereignung. Die Fristsetzung ist demnach entbehrlich.

b. Eine Ablehnungsandrohung ist seitens K ebenfalls nicht erfolgt. Sie ist jedoch entbehrlich, wenn auch die Fristsetzung entbehrlich ist. Der Anspruchsteller muß die Ablehnung später lediglich erklären.
Die Fristsetzung ist entbehrlich. K hat die Ablehnung gegenüber V erklärt.

c. Fristsetzung und Ablehnungsandrohung waren somit entbehrlich. Die dennoch erforderliche spätere Ablehnungserklärung ist erfolgt.

4. Eine Prüfung der weiteren Voraussetzung des § 326 I 2 (Fristablauf ohne Vornahme der Leistungshandlung) ist ebenfalls entbehrlich, da schon die Fristsetzung entbehrlich ist.

5. Letztlich müßte seitens K ein Schaden vorliegen. Schaden ist jeder Nachteil im Sinne der §§ 249 ff, der <u>nach</u> Verzugseintritt entstanden ist. K mußte für den Mietwagen 1.600,-- DM zahlen, nachdem sich V in Verzug befand. Er hat demnach einen Schaden in der genannten Höhe erlitten.

6. Folglich ist der Anspruch des K entstanden.

II. Der Anspruch ist nicht untergegangen.

III. Er ist auch durchsetzbar.

IV. K hat also gegen V einen Anspruch auf Schadensersatz in Höhe von 1.600,-- DM gemäß § 326 I.

Fazit

1. Gemäß ***§ 326 II*** ist die ***Fristsetzung entbehrlich***, wenn der Anspruchsteller (Gläubiger) infolge des Verzugs kein Interesse mehr an der Leistung hat.

2. Dann muß aber auch die ***Ablehnungsandrohung*** fehlen dürfen, die mit der Fristsetzung verknüpft ist. Gefordert wird jedoch zumindest eine ***Ablehnungserklärung*** des Anspruchstellers. Die Erklärung kann konkludent abgegeben werden und liegt regelmäßig in der Geltendmachung des Schadensersatzanspruchs.

Fall 40

A und B wollen am 20.07. heiraten. V, der Vater der A, bestellt deshalb bei P, der einen Hochzeits-Party-Service führt, ein opulentes Buffet zum Preis von 10.000,-- DM. P erklärt sich bereit, das Essen bis 16.00 Uhr des genannten Tages anzuliefern. Zum vereinbarten Termin erscheint P nicht, weil er in seinen Kalender irrtümlich den 27.07. als Liefertermin eingetragen hat. V versucht vergeblich, den P telefonisch zu erreichen. Auch nachfolgende Anrufe bei anderen Unternehmen bezüglich einer Essensbereitung werden abschlägig beschieden. Endlich erklärt sich Gastronom G bereit, die Hochzeitsgäste zu beliefern. Für seine - dem Buffet des P vergleichbare - Leistung verlangt er jedoch 12.000,-- DM. V zahlt das Geld zähneknirschend.

Frage: Kann V von P die angefallenen Mehrkosten ersetzt verlangen ?

Lösungsskizze Fall 40

Vorüberlegung (gehört nicht in die Formulierung)*:*

Die Mehrkosten bekommt V von P, wenn er gegen ihn einen Schadensersatzanspruch hat. An sich ist die Leistung prinzipiell noch möglich. Deshalb könnte man denken, daß einer der Verzugs-Schadensersatzansprüche einschlägig ist.

Aber: Zu beachten ist außerdem, daß es sich bei der Verpflichtung des P um eine ***Leistung*** handelt, ***die nur an dem vereinbarten Tag*** (Tag der Hochzeit) ***erbracht werden kann***. Eine solche Konstellation wird als ***absolutes Fixgeschäft*** bezeichnet.

Die Nichteinhaltung der vereinbarten Leistungszeit bedeutet beim absoluten Fixgeschäft aber ***nicht Verzug, sondern Unmöglichkeit*** der Leistung. Eine spätere Erfüllung ist sinnlos.

Wir befinden uns daher abermals im Bereich der ***nachträglichen Unmöglichkeit***, da die Leistung erst nach Vertragsschluß unmöglich geworden ist. In diesem Bereich stehen zwei denkbare Anspruchsgrundlagen zur Verfügung, nämlich entweder **§ *280 I oder*** **§ *325 I 1***.

Steht die Leistung, mit der der Schuldner im Verzug ist, zu einer anderen im Gegenseitigkeitsverhältnis?

wenn ***ja*** → ist **§ *325 I 1*** die Anspruchsgrundlage
wenn ***nein*** → ist **§ *280 I*** die Anspruchsgrundlage

HIER ist die Übereignung der Kaufsache unmöglich geworden, die in einem Gegenseitigkeitsverhältnis zur Kaufpreiszahlung steht (vgl. § 433).

Ergebnis der Vorüberlegung: Anspruchsgrundlage ist **§ *325 I 1***.

- V gegen P Schadensersatz gemäß § 325 I 1 ?

I. Anspruch entstanden ?

1. Gegenseitiger Vertrag ?

HIER (+) → Kaufvertrag, § 433 zwischen V und P

2. Unmöglichkeit der Leistung ?

a. Vereinbarte Leistung = Übereignung des Buffets, § 929 S. 1

b. Unmöglichkeit ?

HIER (+) → da ein absolutes Fixgeschäft vorliegt, s.o. Ausführungen der Vorüberlegung

c. also: Unmöglichkeit der Leistung **(+)**

3. Nachträgliche Unmöglichkeit ?

= sie darf erst nach Vertragsschluß entstanden sein

HIER (+) → die Leistung ist erst nach Vertragsschluß zwischen V und P unmöglich geworden

4. Vertretenmüssen des Schuldners der Leistung ?

= nach §§ 276 ff

HIER (+) → der Schuldner haftet grundsätzlich für Vorsatz und jede Fahrlässigkeit; P hat fahrlässig den falschen Termin notiert; er hat die Unmöglichkeit zu vertreten

5. Schaden ?

HIER (+) → Mehrkosten = 2.000,-- DM

6. also: Anspruch entstanden **(+)**

II. Anspruch untergegangen ? **(–)**

III. Anspruch durchsetzbar ? **(+)**

IV. Ergebnis:

V gegen P Schadensersatz (2.000,-- DM) gemäß § 325 I 1 (+)

Formulierungsvorschlag Fall 40

- V gegen P Schadensersatz gemäß § 325 I 1

V könnte gegen P einen Anspruch auf Schadensersatz gemäß § 325 I 1 haben.

I. Dann müßte der Anspruch zunächst entstanden sein.

1. Dies setzt einen wirksamen gegenseitigen Vertrag zwischen den Parteien voraus. V und P haben einen Kaufvertrag (§ 433) über ein Buffet, also einen gegenseitigen Vertrag geschlossen.

2. Weiterhin müßte die aus dem Vertrag resultierende Leistung unmöglich sein.

a. Der Vertrag beinhaltet als Leistung die Übereignung eines Buffets (§ 929 S. 1).

b. P selbst kann die Leistung jedoch noch erbringen, allerdings nicht zum vereinbarten Zeitpunkt (20.07.). Demnach könnte man davon ausgehen, daß keine Unmöglichkeit, sondern ein Verzug vorliegt.
Zu beachten ist aber eine Besonderheit. Es handelt sich bei der Verpflichtung des P um eine Leistung, die nur an dem vereinbarten Tag - dem Tag der Hochzeit - erbracht werden kann. Eine solche Konstellation wird als absolutes Fixgeschäft bezeichnet. Die Nichteinhaltung der vereinbarten Leistungszeit bedeutet beim absoluten Fixgeschäft jedoch nicht Verzug, sondern Unmöglichkeit der Leistung. Eine spätere Erfüllung ist sinnlos.

c. Die aus dem Vertrag resultierende Leistung ist somit unmöglich.

3. Außerdem müßte die Unmöglichkeit nachträglich sein. Sie ist nachträglich, wenn sie erst nach Vertragsschluß entsteht. P hat den vereinbarten Termin erst nach Vertragsschluß versäumt. Damit ist die Leistung nachträglich unmöglich geworden.

4. Schließlich müßte der Schuldner der Leistung die Unmöglichkeit zu vertreten haben. Das Vertretenmüssen bemißt sich grundsätzlich nach den §§ 276 ff. P selbst hat den Termin fahrlässig versäumt und somit die Unmöglichkeit gemäß § 276 zu vertreten.

5. Fraglich ist, ob V auch einen Schaden erlitten hat. Bei einer erfolgten Lieferung durch P hätte V nur 10.000,-- DM zahlen müssen. Durch die Inanspruchnahme eines anderen Lieferanten sind ihm Kosten in Höhe von 12.000,-- DM entstanden. Der Schaden besteht demnach in Höhe der Mehrkosten (2.000,-- DM).

6. Also sind alle Voraussetzungen der § 325 I 1 erfüllt. Der Anspruch aus § 325 I 1 ist folglich entstanden.

II. Der Anspruch ist nicht untergegangen.

III. Er ist auch durchsetzbar.

IV. V hat gegen P einen Anspruch auf Schadensersatz in Höhe der Mehrkosten (2.000,-- DM) gemäß § 325 I 1.

Fazit

1. ***Und noch einmal:*** Wenn der geschuldete Gegenstand ***nur an dem vereinbarten Tag*** (oder zu einer bestimmten Stunde) erbracht werden kann, handelt es sich um ein ***absolutes Fixgeschäft***. Wird die Leistung dann nicht an

dem vereinbarten Tag (oder zur vereinbarten Stunde) erbracht, ist sie ***unmöglich***. Ein Verzug scheidet aus, weil eine spätere Leistung sinnlos ist.

2. Ob Ihr den Fall über Unmöglichkeitsvorschriften (§ 325 oder § 280) oder über Verzugsvorschriften (§ 326 oder § 280) lösen könnt, müßt Ihr schon ganz am Anfang in einer Vorüberlegung entscheiden und erst dann zur Tat (Lösung) schreiten.

3. Ich habe diesen Fall bewußt nicht im Rahmen der Unmöglichkeitsfälle präsentiert. Es handelt sich um eine Konstellation, die den Bearbeiter zunächst an eine Verzugsproblematik denken läßt. Erst die weiteren Überlegungen führen zur Unmöglichkeit, obwohl der Schuldner eigentlich noch leisten kann. In solchen Fällen ist aber die Rechtzeitigkeit der Leistung der entscheidende Faktor.

4. ***Zur Abgrenzung:*** Beim ***relativen Fixgeschäft*** ist der Zeitfaktor auch ein entscheidendes Element, aber eben nicht das alles entscheidende. Eine Leistung kann durchaus noch sinnvoll sein. Bei Nichteinhaltung des vereinbarten Zeitpunkts ist die Leistung deshalb nicht unmöglich. Es tritt lediglich eine Verzögerung ein. Und das Stichwort "Verzögerung" läßt uns abermals an Verzug denken. In solchen Fällen kann der Gläubiger tatsächlich die üblichen Verzugs-Schadensersatzansprüche geltend machen, wenn deren Voraussetzungen (z.B. Verzug, Vertretenmüssen, Schaden) vorliegen.

   Aber das relative Fixgeschäft wäre nichts Außergewöhnliches, wenn der Gläubiger nicht zusätzlich ein besonderes Recht hätte. Die ***Besonderheit*** ist in § ***361*** geregelt. Der Gläubiger hat das Recht, vom Vertrag zurückzutreten. Es muß sich allerdings um einen gegenseitigen Vertrag handeln. Dagegen können die (üblichen) Verzugsvoraussetzungen fehlen. Es geht nur darum, ob der Schuldner nicht zum vereinbarten Zeitpunkt bzw. innerhalb der vereinbarten Frist geleistet hat. Nicht mehr und nicht weniger.

Fall 41

V verkauft der K am 30.03. seinen Ghetto-Blaster zum Preis von 330,-- DM. K erhält das Gerät sofort, bittet aber um einige Tage Zahlungsfrist, da sie im Moment kein Geld habe. V ist damit einverstanden und stundet den Kaufpreis bis zum 30.05. K leistet jedoch bis zu diesem Termin nicht. Daraufhin schreibt V der K am 15.06. einen Brief und fordert sie zur Begleichung der Schuld auf. Daneben verlangt er von K 4 % Zinsen pro Jahr seit Ablauf der Zahlungsfrist.

Frage: Kann V von K Zahlung der Zinsen ab dem 30.05. verlangen ?

Lösungsskizze Fall 41

Vorüberlegung (gehört nicht in die Formulierung):

Gefragt ist nach einem möglichen Zinszahlungsanspruch. Im Bereich des Verzugs ist in **§§ *286 I, 288 I 1*** die grundsätzliche Zinszahlungspflicht normiert. Hiernach ist eine Geldschuld während des Verzugs mit 4 % pro Jahr zu verzinsen

- V gegen K Zinszahlung gemäß §§ 286 I, 288 I 1 ?

I. Anspruch entstanden ?

= bei Verzug des Schuldners (§§ 284, 285)

1. Verzug des Schuldners?

a. Fälliger einredefreier Anspruch (§ 284) ?

aa. Anspruch ?

HIER (+) → V gegen K § 433 II auf Kaufpreiszahlung

bb. fällig ?

= grundsätzlich sofort, § 271 I oder konkrete Parteivereinbarung (vgl. § 271 II)

HIER (+) → Vereinbarung der Parteien, die Zahlung bis zum 30.05. vorzunehmen; der Termin ist verstrichen

cc. einredefrei ?

= dem Anspruchsgegner stehen keine Einreden gegen den Anspruch zur Verfügung

HIER (+) → insbesondere kein § 320, da V die Kaufsache schon geleistet hat

dd. <u>also</u>: fälliger einredefreier Anspruch **(+)**

b. Mahnung (§ 284) oder Mahnungssurrogat ?

aa. Mahnung ?

= dringende und bestimmte Aufforderung zur Leistung

HIER (–) → V hat K zwar zur Zahlung aufgefordert, aber erst nach dem Termin, ab dem er Zinsen beansprucht

bb. Mahnungssurrogat ?

HIER (+) → § 284 II 1: eine Mahnung ist ausnahmsweise entbehrlich; für die Leistung (Zahlung) ist eine Zeit nach dem Kalender bestimmt

cc. also: Mahnung wegen § 284 II 1 entbehrlich

c. Nicht rechtzeitige Leistung des Schuldners ?

HIER (+) → K hat nicht zum vereinbarten Termin geleistet

d. Vertretenmüssen des Schuldners (§ 285) ?
= nach §§ 276 ff

HIER (+) → bei Geldschulden handelt es sich um Gattungsschulden; der Schuldner ist in entsprechender Anwendung des § 279 auch ohne Verschulden für die Verzögerung verantwortlich

e. also: Verzug des Schuldners ab dem 30.05. (+)

2. also: Anspruch entstanden (+)

II. Anspruch untergegangen ? (–)

III. Anspruch durchsetzbar ? (+)

IV. Ergebnis:

V gegen K Zinszahlung ab dem 30.05. gemäß §§ 286 I, 288 I 1 (+)

Formulierungsvorschlag Fall 41

- V gegen K Zinszahlung gemäß §§ 286 I, 288 I 1

V könnte gegen K einen Anspruch auf Zinszahlung gemäß §§ 286 I, 288 I 1 haben.

I. Dann müßte der Anspruch zunächst entstanden sein. Er wäre entstanden, wenn sich der Zahlungsschuldner am 30.05. in Verzug befunden hat.

1. Die Schuldnerin müßte sich in Verzug befunden haben, §§ 284, 285.

a. Fraglich ist, ob ein gegen die Anspruchsgegnerin K gerichteter fälliger einredefreier Anspruch (§ 284) besteht.

V und K haben einen Kaufvertrag (§ 433) über einen Ghetto-Blaster geschlossen. Hieraus resultiert ein Anspruch des V gegen K auf Kaufpreiszahlung, § 433 II.

Außerdem müßte der Anspruch fällig sein. Grundsätzlich sind Ansprüche nach § 271 I sofort, d.h. mit Vertragsschluß fällig. Eine von diesem Grundsatz abweichende Fälligkeit kann sich aber aus einer konkreten Parteivereinbarung ergeben (vgl. § 271 II).
K und V haben vereinbart, die Zahlung bis zum 30.05. vorzunehmen. Der avisierte Termin ist verstrichen. Demnach ist der Anspruch fällig.

Der fällige Anspruch müßte einredefrei sein. Dies wäre zu bejahen, wenn dem Anspruchsgegner keine Einreden gegen den Anspruch zur Verfügung stehen.
Einreden der K gegen den Anspruch des V sind nicht ersichtlich. Insbesondere kann K nicht die Einrede des nichterfüllten Vertrags (§ 320) erheben, da die Übereignung der Kaufsache schon erfolgt ist. Der Anspruch ist somit auch einredefrei.

Also besteht ein fälliger einredefreier Zahlungsanspruch.

b. Weitere Voraussetzung wäre eine gegenüber dem Anspruchsgegner ausgesprochene Mahnung (§ 284).

Eine Mahnung erfordert die dringende und bestimmte Aufforderung zur Leistung. V hat die K jedoch erst am 16.05. zur Leistung aufgefordert, sie also erst nach dem Termin gemahnt, ab dem er Verzugszinsen beansprucht.

Eine Mahnung könnte aber ausnahmsweise gemäß § 284 II 1 entbehrlich sein. Dann müßte für die Leistung eine Zeit nach dem Kalender bestimmt sein. V und K haben als Tag der Leistung (Zahlung) den 30.05. bestimmt. Es schadet somit nicht, daß V die K erst nach diesem Termin gemahnt hat.

Die an sich gemäß § 284 I erforderliche Mahnung war somit wegen des Vorliegens der Voraussetzungen des § 284 II 1 entbehrlich.

c. Die Schuldnerin (K) hat im übrigen nicht zum vereinbarten Termin geleistet.

d. K müßte die Verzögerung zu vertreten haben (§ 285). Bei Geldschulden handelt es sich um Gattungsschulden. Die Schuldnerin ist in entsprechender Anwendung des § 279 auch ohne Verschulden für die Verzögerung verantwortlich.

e. Also befand sich die Schuldnerin am 30.05. in Verzug.

2. Folglich ist der Anspruch des V entstanden.

II. Der Anspruch ist nicht untergegangen.

III. Er ist auch durchsetzbar.

IV. V hat also gegen K einen Anspruch auf Zinszahlung (4 % pro Jahr) ab dem 30.05. gemäß §§ 286 I, 288 I 1.

Fazit

1. Die Prüfung des Anspruchs aus **§§ _286 I, 288 I 1_** ist **_fast identisch mit_** der Prüfung des Anspruchs aus **§ _286 I_**.

   Innerhalb der Prüfung ist zu ermitteln, ob ein fälliger einredefreier **_Zahlungsanspruch_** besteht.

   Lediglich der Prüfungspunkt "**_Schaden ?_**" fällt weg. In § 288 I 1 ist schon normiert, wie hoch der Schaden ist, wenn sich der Zahlungsschuldner im Verzug befindet.

   Eine weitere Besonderheit ist beim **_Vertretenmüssen_** zu beachten. Da Geldschulden Gattungsschulden sind, ist der Schuldner in entsprechender Anwendung des § 279 auch ohne Verschulden für die Verzögerung verantwortlich.

2. Über **§ _288 I 2_** kann der Zahlungsgläubiger höhere Zinsen beanspruchen, wenn dies vereinbart ist.

3. Vertretbar dürfte es im übrigen sein, lediglich einen Anspruch aus § 286 I (dann also nicht §§ 286 I, 288 I 1) zu prüfen und den Umfang anschließend in einem in die Prüfung aufzunehmenden Prüfungspunkt "**_Schaden ?_**" über **§ _288 I 1_** zuzuordnen.

Fall 42

Der angelbegeisterte A läßt sich von Schreiner S für 6.600,-- DM ein überdimensionales Bett in Fischform bauen. Als S das Möbelstück am 13.07. in der Wohnung des A aufbaut, nimmt dieser das erstellte Werk als vertragsgemäß hergestellt ab. Eine Zahlung leistet A aber in den folgenden Wochen nicht. S fordert ihn deshalb mit Schreiben vom 30.08., das dem A am 31.08. zugeht, zur Zahlung der vereinbarten Vergütung auf und verlangt 4 % Zinsen pro Jahr ab dem 13.07.

Frage: Kann S Zahlung der Zinsen ab dem 13.07. verlangen ?

Lösungsskizze Fall 42

Vorüberlegung (gehört nicht in die Formulierung):

Gefragt ist nach einem möglichen Zinszahlungsanspruch. Im Bereich des Verzugs ist in **§§ *286 I, 288 I 1*** die grundsätzliche Zinszahlungspflicht normiert. Hiernach ist eine Geldschuld während des Verzugs mit 4 % pro Jahr zu verzinsen.

Zu beachten ist jedoch, daß im Bereich des Werkvertragsrechts eine eigene Zinszahlungspflicht normiert ist. Diese findet sich in **§ *641 II***. Der Besteller eines Werks hat eine in Geld festgesetzte Vergütung von der Abnahme des Werks an zu verzinsen. Da eine gesonderte Zinshöhe in der Werkvertragsnormen (§§ 631 ff) nicht festgelegt ist, gilt die Grundregel des § 246. Der Zinssatz beträgt wiederum 4 % pro Jahr.

- S gegen A Zinszahlung gemäß § 641 II i.V.m. § 246 ?

I. Anspruch entstanden ?

1. Fälliger Vergütungsanspruch ?

a. Vergütungsanspruch aus Werkvertrag (§ 631 I) ?

HIER (+) → S gegen A auf Zahlung der vereinbarten Vergütung

b. fällig (§ 641 I 1) ?

= bei Abnahme des Werks, § 641 I 1

HIER (+) → A hat das Werk am 13.07. als ordnungsgemäß erstellt abgenommen

c. <u>also</u>: fälliger Vergütungsanspruch (+)

2. Nichtleistung des Schuldners bei Abnahme ?

HIER (+) → A hat kein Geld an S gezahlt

3. <u>also</u>: Anspruch entstanden (+)

der Umfang bestimmt sich mangels spezieller Werkvertragsregeln oder besonderer Absprache nach § 246; er beträgt 4 % Zinsen pro Jahr

II. Anspruch untergegangen ? **(–)**

III. Anspruch durchsetzbar ? **(+)**

IV. Ergebnis:

S gegen A Zinszahlung ab dem 13.07. gemäß § 641 II i.V.m. § 246 (+)

- S gegen A Zinszahlung gemäß §§ 286 I, 288 I 1 ?

I. Anspruch entstanden ?

= bei Verzug des Schuldners (§§ 284, 285)

1. Verzug des Schuldners ?

a. Fälliger einredefreier Anspruch (§ 284) ?

aa. Anspruch ?

HIER (+) → S gegen A § 631 I auf Zahlung der vereinbarten Vergütung

bb. fällig ?

HIER (+) → bei Abnahme (13.07.), § 641 I 1

cc. einredefrei ?

= dem Anspruchsgegner stehen keine Einreden gegen den Anspruch zur Verfügung

HIER (+) → keine Einreden ersichtlich

dd. <u>also</u>: fälliger einredefreier Anspruch **(+)**

b. Mahnung (§ 284) oder Mahnungssurrogat ?

aa. Mahnung ?

= dringende und bestimmte Aufforderung zur Leistung

HIER (–) → V hat K zwar zur Zahlung aufgefordert, aber erst nach dem Termin, ab dem er Zinsen beansprucht

bb. Mahnungssurrogat ?

HIER (–) → nicht ersichtlich

cc. <u>also</u>: Mahnung oder Mahnungssurrogat **(–)**

c. <u>also</u>: Verzug des Schuldners ab dem 13.07. **(–)**

2. <u>also</u>: Anspruch entstanden **(–)**

IV. Ergebnis:

S gegen A Zinszahlung ab dem 13.07. gemäß §§ 286 I, 288 I 1 (–)

- Gesamtergebnis

S gegen A Zinszahlung ab dem 13.07. gemäß § 641 II i.V.m. § 246 (+); S gegen A Zinszahlung ab dem 13.07. gemäß §§ 286 I, 288 I 1 (–)

Formulierungsvorschlag Fall 42

- S gegen A Zinszahlung gemäß § 641 II i.V.m. § 246

S könnte gegen A einen Zinszahlungsanspruch seit dem 13.07. gemäß § 641 II i.V.m. § 246 haben.

I. Dann müßte der Anspruch zunächst entstanden sein.

1. Fraglich ist, ob ein gegen den Anspruchsgegner A gerichteter fälliger Vergütungsanspruch aus § 631 I besteht.

a. A und S haben einen Werkvertrag (§ 631) über den Bau eines Betts geschlossen. Hieraus resultiert ein Vergütungsanspruch des S gegen A gemäß § 631 I.

b. Der Anspruch müßte fällig sein. Im Werkvertragsrecht gilt die Sonderregel des § 641 I 1. Hiernach ist die Vergütung bei Abnahme des Werks zu entrichten.
A hat das Werk (Bett) am 13.07. als ordnungsgemäß erstellt abgenommen. Der Vergütungsanspruch war somit an diesem Tag fällig.

c. Demnach besteht ein fälliger Vergütungsanspruch des S gegen A gemäß §§ 631 I, 641 I 1.

2. A hat die vereinbarte Vergütung nicht bei Abnahme des Werks gezahlt.

3. Also ist der Zinsanspruch entstanden. Der Umfang des Anspruchs bestimmt sich mangels besonderer Werkvertragsregeln oder Absprache nach § 246. Hiernach hat der Zahlungsschuldner 4 % Zinsen pro Jahr zu leisten.

II. Der Anspruch ist nicht untergegangen.

III. Er ist auch durchsetzbar.

IV. S hat also gegen A einen Anspruch auf Zinszahlung (4 % pro Jahr) ab dem 13.07. gemäß § 641 II i.V.m. § 246.

- S gegen A Zinszahlung gemäß §§ 286 I, 288 I 1

Außerdem könnte S gegen A einen Zinszahlungsanspruch seit dem 13.07. gemäß §§ 286 I, 288 I 1 haben.

I. Dann müßte der Anspruch zunächst entstanden sein. Er wäre entstanden, wenn sich der Zahlungsschuldner ab dem 13.07. in Verzug befunden hat.

1. Der Schuldner müßte sich in Verzug befunden haben, §§ 284, 285.

a. Fraglich ist, ob ein gegen den Anspruchsgegner A gerichteter fälliger einredefreier Anspruch (§ 284) besteht.

S hat gegen A einen Vergütungsanspruch gemäß § 631 I.

Der Anspruch ist gemäß § 641 I 1 auch fällig.

Der fällige Anspruch müßte einredefrei sein. Dies wäre zu bejahen, wenn dem Anspruchsgegner keine Einreden gegen den Anspruch zur Verfügung stehen.
Einreden des A gegen den Anspruch des S sind nicht ersichtlich.

Also besteht ein fälliger einredefreier Zahlungsanspruch.

b. Weitere Voraussetzung wäre eine gegenüber dem Anspruchsgegner ausgesprochene Mahnung (§ 284).

Eine Mahnung erfordert die dringende und bestimmte Aufforderung zur Leistung. S hat den A jedoch erst mir Schreiben vom 30.08. zur Leistung aufgefordert, ihn also erst nach dem Termin gemahnt, ab dem er Verzugszinsen beansprucht.

Es ist auch keine Vorschrift ersichtlich, die eine Mahnung entbehrlich macht.

Damit fehlt eine rechtzeitige Mahnung. Sie war zudem nicht entbehrlich.

c. Somit befand sich A nicht ab dem 13.07. in Verzug.

2. Folglich ist der Anspruch des S nicht entstanden.

II. S hat also gegen A keinen Anspruch auf Zinszahlung (4 % pro Jahr) ab dem 13.07. gemäß §§ 286 I, 288 I 1.

- Gesamtergebnis

S hat gegen A einen Anspruch auf Zinszahlung (4 % pro Jahr) ab dem 13.07. gemäß § 641 II i.V.m. § 246, jedoch keinen Zinsanspruch gleichen Inhalts gemäß §§ 286 I, 288 I 1.

Fazit

1. Im Bereich des ***Werkvertragsrechts*** ist in **§ *641 II*** eine eigenständige Zinszahlungspflicht normiert. Da dort die Höhe des Zinssatzes nicht angegeben ist, müßt Ihr auf § 246 zurückgreifen.
2. Die ***Zinszahlungspflicht*** besteht ***ab Abnahme*** des Werks.
3. Gleichzeitig ist der ***Vergütungsanspruch*** gemäß **§ *641 I 1*** ebenfalls ***ab Abnahme*** des Werks ***fällig***.
4. Der Anspruch aus § 641 II i.V.m. § 246 schließt einen etwaigen Anspruch aus §§ 286 I, 288 I 1 nicht aus. Es sind beide Ansprüche zu prüfen.

Fall 43

K kauft am 06.06. von V eine 1000er-Packung Kondome für 666,-- DM. Er unterzeichnet einen entsprechenden Kaufvertrag, in dem V ausdrücklich auf seine "Allgemeinen Geschäftsbedingungen" verweist. Da K kein Geld bei sich hat, vereinbaren die Parteien, daß K die 666,-- DM bei Abholung der Ware zahlen soll. Fünf Tage später betritt K den Laden des V und verlangt vom Angestellten A die Herausgabe der Kondome. A, der nicht über die Zahlungsvereinbarung informiert ist, händigt dem K die Packung aus, ohne das Geld zu fordern. Erst am 22.07. erscheint K bei V und begleicht seine Zahlungsschuld. Der erstaunte V findet in seinen Geschäftsunterlagen den Vermerk des A, daß K die Kondome schon am 11.06. abgeholt hat. V fordert deshalb von K zusätzlich 4 % Zinsen pro Jahr ab dem 11.06. K wendet ein, er habe sich nicht in Verzug befunden, da V ihn nicht gemahnt habe. V verweist auf Ziffer 13 seiner "Allgemeinen Geschäftsbedingungen", in der es wörtlich heißt: "Für den Eintritt des Verzugs des Käufers ist eine vorherige Mahnung des Verkäufers nicht erforderlich.".

Frage: Kann V Zahlung der Zinsen ab dem 11.06. verlangen ?

Lösungsskizze Fall 43

- V gegen K Zinszahlung gemäß §§ 286 I, 288 I 1 ?

I. Anspruch entstanden ?

= bei Verzug des Schuldners (§§ 284, 285)

1. Verzug des Schuldners ?

a. Fälliger einredefreier Anspruch (§ 284) ?

aa. Anspruch ?

HIER (+) → V gegen K § 433 II auf Kaufpreiszahlung

bb. fällig ?

= grundsätzlich sofort, § 271 I oder konkrete Parteivereinbarung (vgl. § 271 II)

HIER (+) → Vereinbarung der Parteien, die Ware bei Abholung zu bezahlen; K hat die Kondome am 11.06. abgeholt; der Termin ist verstrichen

cc. einredefrei ?

= dem Anspruchsgegner stehen keine Einreden gegen den Anspruch zur Verfügung

HIER (+) → insbesondere kein § 320 (Einrede des nichterfüllten Vertrags), da V schon geleistet hat

dd. <u>also</u>: fälliger einredefreier Anspruch (+)

b. Mahnung (§ 284) oder Mahnungssurrogat ?

aa. Mahnung ?

= dringende und bestimmte Aufforderung zur Leistung

HIER (–) → V hat K nicht aufgefordert; die Mahnung ist auch ***nicht entbehrlich***:
zwar hat V in den "Allgemeinen Geschäftsbedingungen" vertraglich eine Entbehrlichkeit der Mahnung festgelegt; die Klausel entspricht auch § 1 AGBG (Gesetz zur Regelung des Rechts der allgemeinen Geschäftsbedingungen) und ist gemäß § 2 I AGBG Bestandteil des Vertrags geworden;
der Ausschluß der Erforderlichkeit der Mahnung verstößt aber gegen § 11 Ziffer 4. AGBG; hiernach ist in Allgemeinen Geschäftsbedingungen eine Bestimmung unwirksam, durch die der Verwender von der gesetzlichen Obliegenheit freigestellt wird, den anderen Vertragsteil zu mahnen

bb. Mahnungssurrogat ?

HIER (–) → insbesondere kein § 284 II 1; die Vereinbarung, "bei Abholung" zu zahlen, ist nicht kalendermäßig bestimmt

cc. <u>also</u>: Mahnung oder Mahnungssurrogat **(–)**

c. <u>also</u>: Verzug des Schuldners ab dem 11.06. **(–)**

2. <u>also</u>: Anspruch entstanden **(–)**

IV. Ergebnis:

V gegen K Zinszahlung gemäß §§ 286 I, 288 I 1 (–)

Formulierungsvorschlag Fall 43

- V gegen K Zinszahlung gemäß §§ 286 I, 288 I 1

V könnte gegen K einen Zinszahlungsanspruch seit dem 11.06. nach §§ 286 I, 288 I 1 haben.

I. Dann müßte der Anspruch zunächst entstanden sein. Er wäre entstanden, wenn sich der Zahlungsschuldner ab dem 11.06. in Verzug befunden hat.

1. Der Schuldner müßte sich in Verzug befunden haben, §§ 284, 285.

a. Fraglich ist, ob ein gegen den Anspruchsgegner K gerichteter fälliger einredefreier Anspruch (§ 284) besteht.

V hat gegen K einen Kaufpreisanspruch gemäß § 433 II.

Außerdem müßte der Anspruch fällig sein. Grundsätzlich sind Ansprüche nach § 271 I sofort, d.h. mit Vertragsschluß fällig. Eine von diesem Grundsatz abweichende Fälligkeit kann sich aber aus einer konkreten Parteivereinbarung ergeben (vgl. § 271 II).

K und V haben vereinbart, daß K bei Abholung der Ware zahlt. K hat die Kondome am 11.06. abgeholt. Demnach ist der Anspruch fällig.

Der fällige Anspruch müßte einredefrei sein. Dies wäre zu bejahen, wenn dem Anspruchsgegner keine Einreden gegen den Anspruch zur Verfügung stehen.
Einreden des K gegen den Anspruch des V sind nicht ersichtlich. Insbesondere kann K nicht die Einrede des nichterfüllten Vertrags (§ 320) erheben, da die Übereignung der Kaufsache schon erfolgt ist. Der Anspruch ist somit auch einredefrei.

Also besteht ein fälliger einredefreier Zahlungsanspruch.

b. Weitere Voraussetzung wäre eine gegenüber dem Anspruchsgegner ausgesprochene Mahnung (§ 284).

Eine Mahnung erfordert die dringende und bestimmte Aufforderung zur Leistung. S hat den A jedoch nicht aufgefordert.
Fraglich ist jedoch, ob aufgrund der "Allgemeinen Geschäftsbedingungen" des V eine Mahnung entbehrlich ist. Zwar entspricht die Klausel § 1 AGBG (Gesetz zur Regelung des Rechts der allgemeinen Geschäftsbedingungen) und ist gemäß § 2 I AGBG Bestandteil des Vertrags geworden. Der Ausschluß der Erforderlichkeit der Mahnung verstößt aber gegen § 11 Ziffer 4. AGBG. Hiernach ist in Allgemeinen Geschäftsbedingungen eine Bestimmung unwirksam, durch die der Verwender von der gesetzlichen Obliegenheit freigestellt wird, den anderen Vertragsteil zu mahnen. Folglich hätte V mahnen müssen.

Es ist auch kein weiterer Umstand ersichtlich, der eine Mahnung entbehrlich macht. Insbesondere scheidet eine Entbehrlichkeit der Mahnung gemäß § 284 II 1 aus. Die Parteien haben Zahlung "bei Abholung" der Ware vereinbart. Diese Absprache stellt keine Bestimmung einer Zeit nach dem Kalender dar.

c. Somit befand sich K nicht ab dem 11.06. in Verzug.

2. Folglich ist der Anspruch des V nicht entstanden.

II. V hat also gegen K keinen Anspruch auf Zinszahlung (4 % pro Jahr) ab dem 10.06. gemäß §§ 286 I, 288 I 1.

Fazit

1. Gemäß § ***11 Ziffer 4. AGBG*** ist in Allgemeinen Geschäftsbedingungen eine Bestimmung unwirksam, durch die der Verwender von der gesetzlichen Obliegenheit freigestellt wird, den anderen Vertragsteil zu mahnen.
2. Im Bereich Verzug / Allgemeine Geschäftsbedingungen sind außerdem § 11 Ziffer 8.a) AGBG und § 11 Ziffer 8.b) i.V.m. Ziffer 7. AGBG interessant (und lesenswert!).

p.V.V. und c.i.c.
- Eine kleine Einführung

1. *Vorgeplänkel*

Nun also auch noch die letzten "Normen", die sich mit Leistungsstörungen beschäftigen. Allseits bekannt sind sie unter den oben aufgeführten Kürzeln ***p.V.V. (positive Vertragsverletzung)*** und ***c.i.c. (culpa in contrahendo)***. Beide haben eines gemein: Im Gesetz tauchen sie nirgendwo auf, haben aber trotzdem Norm- bzw. Anspruchscharakter.

2. *Die p.V.V. (positive Vertragsverletzung)*

Ihr habt Euch bestimmt schon gefragt, warum die p.V.V. nicht im Gesetz steht. Die Antwort ist eine denkbar einfache: Der Gesetzgeber war anno dazumal anscheinend zu blöd, um zu erkennen, daß nicht alle Störungen im vertraglichen Bereich über die Institute der Unmöglichkeit, des Verzugs oder der Mängelhaftung gelöst werden können. Heute müssen wir sagen: "Jawohl, meine Herren. Das war wohl nichts. Ihr habt damals ganz schön gepennt." Irgendwann in grauer Vorzeit sind die Gerichte mit Fallkonstellationen konfrontiert worden, die sich nicht mit dem Gesetz lösen ließen. Also haben sie eine eigene Lösung "gebastelt" und die p.V.V. "erfunden". Abgeleitet wurde die p.V.V. aus verschiedenen Normen der Unmöglichkeit und des Verzugs.

Um direkt eine studentische Unsicherheit auszuräumen: Es reicht vollkommen, wenn Ihr in der Anspruchsprüfung die p.V.V. als Anspruchsgrundlage erwähnt. Eine Nennung der Paragraphen (aufgrund der Rechtschreibereform wohl bald Paragrafen: schauderhaft!), aus denen sich die p.V.V. ableiten läßt, ist nicht erforderlich. Die p.V.V. stellt mittlerweile und unumstritten ein festes Rechtsinstitut dar.

Aber wann muß man die p.V.V. bemühen, um zu einer Fallösung zu gelangen? Die Antwort dürfte durch die obigen Ausführungen bereits klar sein. Immer dann, wenn mit den Anspruchsgrundlagen der Unmöglichkeit, des Verzugs und der Mängelhaftung kein Ergebnis zu erzielen ist, weil diese Anspruchsgrundlagen den Fall nicht oder nur teilweise lösen können.
Es liegt demnach eine Regelungslücke vor. Gesprochen wird in diesem Zusammenhang auch von der ***Subsidiarität*** der p.V.V. Gemeint ist damit folgendes: Erst überlegt man sich im konkreten Fall einer vertraglichen Störung, ob die gestörte / verletzte Person gegen die störende / verletzende Person Ansprüche aus Unmöglichkeit oder Verzug oder Mängelhaftung geltend machen kann. Wenn das partout nicht klappt, ist als letzter Notanker die p.V.V. ins Spiel zu werfen.

> Hierzu ein ***Beispiel:*** A schließt mit B in dessen Haus einen Kaufvertrag (§ 433). Nach Vertragsschluß stürzt A beim Verlassen des Hauses über einen Staubsauger, den B unvorsichtigerweise in der Diele stehengelassen hat. A bricht sich beim Sturz das Nasenbein und muß 2.000,-- DM für die Heilbehandlung zahlen.

Klar dürfte sein, daß sich A nur zu B begeben hat, um den Vertrag abzuschliessen. Der "Unfall" ist demnach unmittelbar im Zusammenhang mit dem Vertrag passiert. A befand sich beim Verlassen des Hauses noch im Schutzbereich des gerade geschlossenen Vertrags. Nur kann er mit den im Gesetz verankerten vertraglichen Ansprüchen nicht gegen B vorgehen. Und zwar deshalb, weil es keine Anspruchsgrundlagen gibt, die ein mögliches vertragliches Fehlverhalten des B reglementieren. Überlegt einmal selbst: Gibt es Normen im Bereich der Unmöglichkeit, die dem A einen Anspruch gegen B geben? Nein, hier ist keine Leistung unmöglich gewesen oder geworden! Wie sieht es mit dem Verzug aus? Wieder nichts, von Verzug ist überhaupt keine Rede! Und die Mängelhaftung? Schon wieder ein Fehlschlag. Das ginge nur, wenn die Kaufsache mangelhaft wäre. Dazu sagt der Sachverhalt aber nichts!
Und jetzt steht A da und weint und weint. Keine vertragliche Anspruchsgrundlage weit und breit, um seine platte Nase zu reparieren. Kein Glück bei den Frauen. Ein einsamer A. Vom Leben gezeichnet. Darf das sein? Nein, nein und nochmals nein. Wir breiten unsere Spruchbänder aus: Solidarität mit A!!!

Tja, und deshalb gibt es die p.V.V. als (Auffang-) Anspruchsgrundlage. Die Formulierung des Obersatzes für die Prüfung eines dementsprechenden Anspruchs bereitet nun ebenfalls keine Schwierigkeiten. Zu achten ist - im besten Fall - darauf, daß der Begriff der p.V.V. mit dem Vertragstyp verknüpft wird, der gerade verletzt worden ist. In unserem Beispiel also: p.V.V. eines Kaufvertrags.

Der gesamte Obersatz würde demnach etwa wie folgt lauten:
"A könnte gegen B einen Anspruch aus p.V.V. eines Kaufvertrags haben."

Und noch etwas! Die p.V.V. wird von einigen juristisch scharf denkenden Menschen auch als ***p.F.V.*** (positive Forderungsverletzung) oder einfach als ***p.V.*** (positive Verletzung) bezeichnet. Diese terminologische Feinheit ist berechtigt, hat sich aber im allgemeinen Sprachgebrauch nicht durchgesetzt. Die abweichenden Bezeichnungen basieren auf einem einfachen Grund. Es gibt nicht nur vertragliche Verhältnisse, die verletzt werden können, sondern auch vertragsähnliche Verhältnisse (z.B. die Geschäftsführung ohne Auftrag = G.o.A.) oder gesetzliche Verhältnisse (z.B. das Finder-Verlierer-Verhältnis). In den beschriebenen Konstellationen kann man eigentlich nicht von einer positiven ***Vertrags***verletzung sprechen, da ja kein Vertrag betroffen ist. Aber grämt Euch nicht. In Klausuren tauchen Verletzungen im außervertraglichen Bereich äußerst selten auf. Ihr könnt also munter mit dem Kürzel p.V.V. arbeiten. Und selbst wenn Ihr es einmal falsch machen solltet: Daran kann eine Arbeit nicht scheitern. Ein Korrektor wäre eine arme Socke, wenn er das derart negativ bewerten würde.

3. Die c.i.c. (culpa in contrahendo)

p.V.V. und c.i.c. sind sich sehr ähnlich, wie Ihr vielleicht schon wißt oder gleich merken werdet. Auch bei der c.i.c. hat der Gesetzgeber geschlafen und nicht erkannt, daß es Fälle gibt, die eigentlich im BGB hätten berücksichtigt werden müssen.

c.i.c. bedeutet im übrigen: ***culpa in contrahendo***. Nichtlateiner können mit dieser Erklärung natürlich nichts anfangen. Gemeint ist damit: ***Verschulden bei Vertragsschluß***.

Auch hierzu ein kurzes ***Beispiel:*** A begibt sich in das Haus des B, um mit diesem einen Kaufvertrag (§ 433) zu schließen. Schon beim Betreten des Hauses, also vor Vertragsschluß stürzt A über einen Staubsauger, den B unvorsichtigerweise in der Diele stehengelassen hat. A bricht sich beim Sturz das Nasenbein und muß 2.000,-- DM für die Heilbehandlung zahlen.

Soll A schon wieder weinen? Niemals! Seine Anspruchsgrundlage lautet: c.i.c.

Der gesamte Obersatz würde demnach etwa wie folgt lauten:
"A könnte gegen B einen Anspruch aus c.i.c. haben."

4. ... und die Folgen

Der ***Einsatzbereich der p.V.V. und der c.i.c.*** ist recht groß. Während sie zum einen Fälle der oben dargestellten Art einer Lösung zuführen, sind sie auch in Verknüpfung mit weiterführenden Normen wichtig. Aber das werdet Ihr erst im folgenden Kapitel erfahren, der sich mit der (auch analogen) Anwendung des § 328 beschäftigt.

Außerdem taucht gerade die p.V.V. auch noch im Zusammenhang mit der Mängelhaftung auf. Auf die Darstellung der sich hieraus ergebenden Probleme habe ich in diesem Buch bewußt verzichtet, da es sich nicht um Probleme aus dem Allgemeinen Teil des Schuldrechts handelt. Es sind Probleme, die sich in Klausuren insbesondere im Bereich der Sachmängelhaftung (§§ 459 ff), also im Bereich des Besonderen Schuldrechts zeigen. Da dieser Teilbereich des BGB jedoch ein umfassender und komplexer ist und eigentlich die Frage provoziert, wie artverwandte Teilbereiche (Werkmängelhaftung, Mietmängelhaftung etc.) zu behandeln sind, überschwemmen Fälle zu diesem Komplex ein gesondertes Buch: Es ist ebenfalls in der Reihe ***"Die Fälle"*** erschienen und trägt den Titel ***"Schuldrecht BT - Mängelhaftung"***.

5. Ein Hinweis zu den Klausuren

Dummerweise sind Fälle aus dem Bereich der p.V.V. und der c.i.c. meist mit einer weiteren Problematik verknüpft. Wer sich im vertraglichen (p.V.V.) oder vertragsähnlichen Bereich (c.i.c.) danebenbenimmt, haftet fast immer auch deliktisch, d.h. nach den §§ 823 ff. Hier ist zudem oft eine Haftung des "Chefs" gemäß § 831 I 1 (Haftung für den Verrichtungsgehilfen) zu überdenken.

Deshalb habe ich - soweit erforderlich - auch die deliktische Seite in die folgenden Fälle eingebaut. Keine Angst. Auch das ist zu schaffen.

Fall 44

M bestellt beim Händler H Dachziegel. Wie vertraglich vereinbart, liefert H die Ziegel an und stapelt sie vor dem Haus des M. Beim Abladen vom LKW hantiert H so ungeschickt, daß ihm einer der Ziegel aus der Hand rutscht und dem M auf den Kopf fällt. M muß zur Heilung des "Dachschadens" 3.000,-- DM an seinen Arzt zahlen.

Frage: Hat M gegen H Schadensersatzansprüche ?

Anmerkung: Schmerzensgeldansprüche sind nicht zu prüfen.

Lösungsskizze Fall 44

- M gegen H Schadensersatz aus p.V.V. des Kaufvertrags ?

I. Anspruch entstanden ?

1. Wirksames Schuldverhältnis ?

a. Vertrag ?

HIER (+) → Kaufvertrag, § 433 zwischen M und H

***b. <u>also</u>: wirksames Schuldverhältnis ?* (+)**

2. Wahrung des Subsidiaritätsprinzips ?

= die p.V.V. ist nur anwendbar, wenn keine der im Gesetz normierten Vorschriften über Leistungsstörungen (Unmöglichkeit, Verzug, Mängelhaftung) einschlägig sind

HIER (+) → keine gesetzlichen Vorschriften über Leistungsstörungen einschlägig

3. Pflichtverletzung des Anspruchsgegners ?

= die Pflichtverletzung muß aus dem Schuldverhältnis resultieren; in Betracht kommt insbesondere die Verletzung von Schutz-, Sorgfalts- oder Obhutspflichten

HIER (+) → Händler H hat einen Fehler gemacht; er hat die Schutz- und Sorgfaltspflicht, die gegenüber allen Kunden besteht, verletzt

***4. Rechtswidrigkeit der Pflichtverletzung ?* (+)**

5. Vertretenmüssen des Anspruchsgegners ?

= Haftung gemäß § 276 oder § 278

HIER (+) → der Anspruchsgegner haftet gemäß § 276 grundsätzlich für eigenen Vorsatz und jede eigene Fahrlässigkeit; H hat mit dem Ziegel ungeschickt hantiert und ihn fallengelassen, also fahrlässig gehandelt

6. (auf der Pflichtverletzung beruhender) Schaden ?

HIER (+) → Kopfverletzung des M; Genesungskosten = 3.000,-- DM

7. <u>also</u>: Anspruch entstanden (+)

II. Anspruch untergegangen ? (–)

III. Anspruch durchsetzbar ? (+)

IV. Ergebnis:

M gegen H Schadensersatz (3.000,-- DM) aus p.V.V. des Kaufvertrags (+)

- M gegen H Schadensersatz gemäß § 823 I (Körper / Gesundheit) ?

I. Anspruch entstanden ?

1. Verletzung eines Rechtsguts des § 823 I ?

= die aufgeführten Rechtsgüter oder ein sonstiges Recht i.S.d. Norm (insb.: berechtigter Besitz, Persönlichkeitsrecht, eingerichteter und ausgeübter Gewerbebetrieb)

HIER (+) → Körper / Gesundheit des M

2. (durch eine) Handlung des Anspruchsgegners ?

= Tun oder Unterlassen

HIER (+) → durch das nicht sorgfältige Hantieren mit dem Ziegel

3. Rechtswidrigkeit der Rechtsgutverletzung ? (+)

4. Vertretenmüssen des Anspruchsgegners ?

= Haftung gemäß § 823 I

HIER (+) → er haftet grundsätzlich für eigenen Vorsatz und jede eigene Fahrlässigkeit; H hat mit dem Ziegel ungeschickt hantiert und ihn fallengelassen, also fahrlässig gehandelt

5. (auf der Rechtsgutverletzung beruhender) Schaden ?

HIER (+) → Kopfverletzung des M; Genesungskosten = 3.000,-- DM

6. <u>also</u>: Anspruch entstanden (+)

II. Anspruch untergegangen ? (–)

III. Anspruch durchsetzbar ? (+)

IV. Ergebnis:

M gegen H Schadensersatz (3.000,-- DM) gemäß § 823 I (+)

- M gegen H Schadensersatz gemäß § 823 II i.V.m. § 230 StGB ?

I. Anspruch entstanden ?

1. Verletzung eines Schutzgesetzes i.S.d. § 823 II ?

= insbesondere solche des StGB

HIER (+) → § 230 StGB = fahrlässige Körperverletzung

2. (durch eine) Handlung des Anspruchsgegners ?

HIER (+) → s.o. § 823 I

3. Rechtswidrigkeit der Verletzung ? (+)

4. Vertretenmüssen des Anspruchsgegners ?
= im Rahmen des § 823 II muß der Anspruchsgegner immer die für die Verletzung des Schutzgesetzes erforderliche Schuldform erfüllt haben

HIER (+) → § 230 StGB erfordert fahrlässiges Handeln; H hat fahrlässig gehandelt

5. (auf der Verletzung beruhender) Schaden ?

HIER (+) → s.o. § 823 I

6. <u>also</u>: Anspruch entstanden (+)

II. Anspruch untergegangen ? (–)

III. Anspruch durchsetzbar ? (+)

IV. Ergebnis:

M gegen H Schadensersatz (3.000,-- DM) gemäß § 823 II i.V.m. § 230 StGB (+)

- Gesamtergebnis

M gegen H Schadensersatz (3.000,-- DM) aus p.V.V. des Kaufvertrags (+), gemäß §§ 823 I (+) und gemäß § 823 II i.V.m. § 230 StGB (+)

Formulierungsvorschlag Fall 44

- M gegen H Schadensersatz aus p.V.V. des Kaufvertrags

M könnte gegen H wegen der Verletzung seines Kopfes einen Anspruch auf Schadensersatz aus p.V.V. des Kaufvertrags haben.

I. Dann müßte der Anspruch zunächst entstanden sein.

1. Dies setzt einen wirksamen Kaufvertrag zwischen den Parteien voraus. M und H haben einen Kaufvertrag (§ 433) über Dachziegel geschlossen.

2. Das für die Anwendbarkeit der p.V.V. zu wahrende Subsidiaritätsprinzip ist gewahrt. Es sind keine gesetzlichen Vorschriften über Leistungsstörungen ersichtlich, die der p.V.V. vorgehen würden.

3. Weiterhin müßte der Anspruchsgegner H eine aus dem Vertragsverhältnis resultierende Pflicht verletzt haben. Hierzu gehört u.a. die Schutz- und Sorgfaltspflicht eines jeden Vertragspartners. H hat beim Abladen unachtsam hantiert und einen Ziegel auf den Kopf des M fallen lassen. Hierdurch hat er die ihm gegenüber seinem Vertragspartner obliegende Schutzpflicht verletzt.

4. Die Pflichtverletzung ist auch rechtswidrig.

5. Der Anspruchsgegner müßte die Pflichtverletzung zu vertreten haben. Das Verschulden bemißt sich grundsätzlich nach den §§ 276, 278. H hat fahrlässig gehandelt, als er den Ziegel auf den Kopf des M fallen ließ. Diese eigene Fahrlässigkeit hat er gemäß § 276 verschuldet. Er hat somit die Pflichtverletzung zu vertreten.

6. Außerdem müßte durch die Pflichtverletzung ein Schaden entstanden sein. Durch das Fallenlassen des Ziegels ist der Kopf des M verletzt worden. M mußte zur Heilbehandlung 3.000,-- DM zahlen. Er hat also durch die Pflichtverletzung einen Schaden in dieser Höhe erlitten.

7. Demnach ist auch der Anspruch entstanden.

II. Der Anspruch ist nicht untergegangen.

III. Er ist durchsetzbar.

IV. M hat gegen H wegen der Kopfverletzung einen Anspruch auf Schadensersatz in Höhe von 3.000,-- DM aus p.V.V. des Kaufvertrags.

- M gegen H Schadensersatz gemäß § 823 I (Körper / Gesundheit)

M könnte gegen H wegen der Verletzung seines Kopfes einen Anspruch auf Schadensersatz gemäß § 823 I haben.

I. Dann müßte der Anspruch entstanden sein.

1. Zunächst müßte ein durch § 823 I geschütztes Rechtsgut des M verletzt worden sein. Der Körper bzw. die Gesundheit des M ist verletzt worden, also ein Rechtsgut des § 823 I.

2. Das Rechtsgut müßte durch eine Handlung des H verletzt worden sein. Der Körper bzw. die Gesundheit des M ist durch das nicht sorgsame Abladen der Ziegel, also durch eine Handlung des H verletzt worden.

3. Die Rechtsgutverletzung ist auch rechtswidrig.

4. Weiterhin müßte der Anspruchsgegner die Rechtsgutverletzung zu vertreten haben. Das Verschulden bemißt sich direkt nach § 823 I. H hat fahrlässig gehandelt, als er den Ziegel fallen ließ. Er hat somit die Rechtsgutverletzung zu vertreten.

5. Außerdem müßte durch die Rechtsgutverletzung ein Schaden entstanden sein. Durch das Fallenlassen des Ziegels ist der Kopf des M verletzt worden. M mußte zur Heilbehandlung 3.000,-- DM zahlen. Er hat also durch die Rechtsgutverletzung einen Schaden in dieser Höhe erlitten.

6. Demnach ist der Anspruch entstanden.

II. Der Anspruch ist nicht untergegangen.

III. Er ist auch durchsetzbar.

IV. M hat gegen H wegen der Kopfverletzung einen Anspruch auf Schadensersatz in Höhe von 3.000,-- DM gemäß § 823 I.

- M gegen H Schadensersatz gemäß § 823 II i.V.m. § 230 StGB

Außerdem könnte M gegen H einen Anspruch auf Schadensersatz gemäß § 823 II i.V.m. § 230 StGB haben.

I. Dann müßte der Anspruch entstanden sein.

1. Zunächst müßte ein Schutzgesetz im Sinne des § 823 II verletzt worden sein. In Betracht kommt eine Verletzung des § 230 StGB (fahrlässige Körperverletzung). Der Körper bzw. die Gesundheit des M ist fahrlässig verletzt worden. Demnach ist § 230 StGB, ein Schutzgesetz im Sinne des § 823 II, verletzt worden.

2. Das Schutzgesetz müßte durch eine Handlung des H verletzt worden sein. Der Körper bzw. die Gesundheit des M ist durch das nicht sorgsame Abladen der Ziegel, also durch eine Handlung des H verletzt worden.

3. Die Verletzung ist auch rechtswidrig.

4. Weiterhin müßte der Anspruchsgegner die Verletzung zu vertreten haben. Im Rahmen des § 823 II muß der Anspruchsgegner immer die für die Verletzung des Schutzgesetzes erforderliche Schuldform erfüllt haben. Diese Voraussetzung ist zu bejahen (s.o.).

5. Außerdem hat M durch die Verletzung einen Schaden in Höhe von 3.000,-- DM erlitten (s.o.).

6. Demnach ist der Anspruch entstanden.

II. Der Anspruch ist nicht untergegangen.

III. Er ist auch durchsetzbar.

IV. M hat gegen H wegen der Kopfverletzung einen Anspruch auf Schadensersatz in Höhe von 3.000,-- DM gemäß § 823 II i.V.m. § 230 StGB.

- Gesamtergebnis

M hat gegen H Schadensersatzansprüche in Höhe von 3.000,-- DM aus p.V.V. des Kaufvertrags, aus § 823 I und aus § 823 II i.V.m. § 230 StGB.

Fazit

1. Dies war ein ***sehr einfacher Fall*** aus dem Bereich der p.V.V., der aufzeigen sollte, wie Ihr einen Einstieg in diese oder ähnliche Konstellationen wagen könnt.

2. ***Und noch einmal:*** Die p.V.V. kommt erst zum Zuge, wenn keine besonderen gesetzlichen Vorschriften über Leistungsstörungen ersichtlich sind, die

einen Anspruch auf Schadensersatz normieren. Ihr müßt demnach überlegen, ob sich ein Anspruch aus Unmöglichkeitsvorschriften, aus Verzugsvorschriften oder aus Mängelhaftungsvorschriften ergibt.

3. Es gibt kaum eine Klausur oder Hausarbeit, die sich lediglich mit Problemen einer p.V.V. beschäftigt. ***Üblicherweise*** sind ***daneben*** Ansprüche aus dem deliktischen Bereich zu prüfen, also insbesondere aus **§ *823 I bzw.*** aus **§ *823 II i.V.m. einem Schutzgesetz***. Ihr könnt also nicht nach der Prüfung der p.V.V. die Arme hinter dem Kopf verschränken, Euch zurücklehnen und an Erfreulicheres denken. Es geht weiter.

4. ***Zur Klarstellung:*** Leider seid Ihr im Gutachten gezwungen, alle erdenklichen Schadensersatzansprüche zu prüfen. In der Praxis kann der Anspruchsteller jedoch nur einen der von Euch bejahten Ansprüche gegen den Anspruchsteller erheben. Andernfalls müßte der Anspruchsgegner den doppelten, dreifachen ... Schadensersatz leisten.

Fall 45

M begibt sich zum Händler H, um Dachziegel zu erwerben. Im Lager bittet er H, ihm einen bestimmten Ziegel aus einem Regal zu reichen, um ihn näher zu begutachten. H hantiert jedoch so ungeschickt, daß ihm der Ziegel aus der Hand rutscht und dem M auf den Kopf fällt. M kann sich so direkt von der massiven Qualität des Ziegels überzeugen. Dann muß er aber zur Heilung des "Dachschadens" 3.000,-- DM an seinen Arzt zahlen.

Frage: Hat M gegen H Schadensersatzansprüche ?

Anmerkung: Deliktische Ansprüche sind nicht zu prüfen.

Lösungsskizze Fall 45

- M gegen H Schadensersatz aus c.i.c. ?

I. Anspruch entstanden ?

1. Vorvertragliches Schuldverhältnis ?

= bei der Anbahnung geschäftlicher Kontakte

HIER (+) → Betreten des Lagers durch M mit dem Ziel, einen Vertrag mit H abzuschließen

2. Wahrung des Subsidiaritätsprinzips ?

= die c.i.c. ist nur anwendbar, wenn keine der im Gesetz normierten Vorschriften über Leistungsstörungen (Unmöglichkeit, Verzug, Mängelhaftung) einschlägig sind

HIER (+) → keine gesetzlichen Vorschriften über Leistungsstörungen einschlägig

3. Pflichtverletzung des Anspruchsgegners ?

= die Pflichtverletzung muß aus dem vorvertraglichen Schuldverhältnis resultieren; in Betracht kommt insbesondere die Verletzung von Schutz-, Sorgfalts- oder Obhutspflichten

HIER (+) → Händler H hat einen Fehler gemacht; er hat die Schutz- und Sorgfaltspflicht, die gegenüber allen Kunden besteht, verletzt

4. Rechtswidrigkeit der Pflichtverletzung ? (+)

5. Vertretenmüssen des Anspruchsgegners ?

= Haftung gemäß § 276 oder § 278

HIER (+) → der Anspruchsgegner haftet gemäß § 276 grundsätzlich für eigenen Vorsatz und jede eigene Fahrlässigkeit; H hat mit dem Ziegel ungeschickt hantiert und ihn fallengelassen, also fahrlässig gehandelt

6. (auf der Pflichtverletzung beruhender) Schaden ?

HIER (+) → Kopfverletzung des M; Genesungskosten = 3.000,-- DM

7. <u>also</u>: Anspruch entstanden (+)

II. Anspruch untergegangen ? **(–)**

III. Anspruch durchsetzbar ? **(+)**

IV. Ergebnis:

M gegen H Schadensersatz (3.000,-- DM) aus c.i.c. (+)

Formulierungsvorschlag Fall 45

- M gegen H Schadensersatz aus c.i.c.

M könnte gegen H wegen der Verletzung seines Kopfes einen Anspruch auf Schadensersatz aus c.i.c. haben.

I. Dann müßte der Anspruch zunächst entstanden sein.

1. Dies setzt ein vorvertragliches Schuldverhältnis zwischen den Parteien voraus. Ein solches kommt durch die Anbahnung geschäftlicher Kontakte zustande. M hat das Lager des H in der Absicht betreten, mit diesem einen Kaufvertrag (§ 433) zu schließen. Somit ist ein vorvertragliches Schuldverhältnis zustandegekommen.

2. Das für die Anwendbarkeit der c.i.c. zu wahrende Subsidiaritätsprinzip ist gewahrt. Es sind keine gesetzlichen Vorschriften über Leistungsstörungen ersichtlich, die der c.i.c. vorgehen würden.

3. Weiterhin müßte der Anspruchsgegner H eine aus dem Verhältnis resultierende Pflicht verletzt haben. Hierzu gehört u.a. die Schutz- und Sorgfaltspflicht eines jeden Vertragspartners. H hat unachtsam hantiert und einen Ziegel auf den Kopf des M fallen lassen. Hierdurch hat er die ihm gegenüber seinem Vertragspartner obliegende Schutzpflicht verletzt.

4. Die Pflichtverletzung ist auch rechtswidrig.

5. Der Anspruchsgegner müßte die Pflichtverletzung zu vertreten haben. Das Verschulden bemißt sich grundsätzlich nach den §§ 276, 278. H hat fahrlässig gehandelt, als er den Ziegel auf den Kopf des M fallen ließ. Diese eigene Fahrlässigkeit hat er gemäß § 276 verschuldet. Er hat somit die Pflichtverletzung zu vertreten.

6. Außerdem müßte durch die Pflichtverletzung ein Schaden entstanden sein. Durch das Fallenlassen des Ziegels ist der Kopf des M verletzt worden. M mußte zur Heilbehandlung 3.000,-- DM zahlen. Er hat also durch die Pflichtverletzung einen Schaden in dieser Höhe erlitten.

7. Demnach ist der Anspruch entstanden.

II. Der Anspruch ist nicht untergegangen.

III. Er ist durchsetzbar.

IV. M hat gegen H wegen der Kopfverletzung einen Anspruch auf Schadensersatz in Höhe von 3.000,-- DM aus c.i.c.

Fazit

1. Dies war ein ***sehr einfacher Fall*** aus dem Bereich der c.i.c., der aufzeigen sollte, wie Ihr einen Einstieg in diese oder ähnliche Konstellationen wagen könnt. Weiterhin ging es darum, Parallelen zum Prüfungsläufer der p.V.V. zu verdeutlichen. Während beim Anspruch aus ***p.V.V.*** ermittelt werden muß, ob ein ***Schuldverhältnis*** vorliegt, fragt Ihr bei der ***c.i.c.*** nach einem ***vorvertraglichen Schuldverhältnis***.

2. ***Nicht gefragt, aber:*** Ich habe hier bewußt auf die Prüfung deliktischer Ansprüche verzichtet, da Ihr insoweit auf die Ausführungen zu Fall 44 zurückgreifen könnt. Es ergeben sich keine Unterschiede zum vorliegenden Fall. M hat natürlich Schadensersatzansprüche gemäß § 823 I und § 823 II i.V.m. § 230 StGB.

Fall 46

M bestellt beim Händler H Dachziegel. Wie vertraglich vereinbart, liefert H die Ziegel an und stapelt sie gemeinsam mit seinem Arbeiter A vor dem Haus des M. Beim Abladen vom LKW hantiert A so ungeschickt, daß ihm einer der Ziegel aus der Hand rutscht und dem M auf den Kopf fällt. M muß zur Heilung des "Dachschadens" 3.000,-- DM an seinen Arzt zahlen.

Frage: Hat M gegen A und / oder H Schadensersatzansprüche ?

Anmerkung: Schmerzensgeldansprüche sind nicht zu prüfen.

Lösungsskizze Fall 46

Anmerkung:

Am sinnvollsten ist es immer, mit der Prüfung von Ansprüchen gegen die Person zu beginnen, die die Schädigung tatsächlich herbeigeführt hat

A. Ansprüche des M gegen A

- M gegen A Schadensersatz aus p.V.V. des Kaufvertrags ?

HIER (–) → es existiert allenfalls ein Kaufvertrag zwischen M und H, nicht aber - wie erforderlich zwischen M und <u>**A**</u>

- M gegen A Schadensersatz gemäß § 823 I (Körper / Gesundheit) ?

I. Anspruch entstanden ?

1. Verletzung eines Rechtsguts des § 823 I ?

= die aufgeführten Rechtsgüter oder ein sonstiges Recht i.S.d. Norm (insb.: berechtigter Besitz, Persönlichkeitsrecht, eingerichteter und ausgeübter Gewerbebetrieb)

HIER (+) → Körper / Gesundheit des M

2. (durch eine) Handlung des Anspruchsgegners ?

= Tun oder Unterlassen

HIER (+) → durch das nicht sorgfältige Hantieren mit dem Ziegel

3. Rechtswidrigkeit der Rechtsgutverletzung ? (+)

4. Vertretenmüssen des Anspruchsgegners ?

= wenn er gemäß § 823 I haftet

HIER (+) → er haftet grundsätzlich für eigenen Vorsatz und jede eigene Fahrlässigkeit; A hat mit dem Ziegel ungeschickt hantiert und ihn fallengelassen, also fahrlässig gehandelt

5. (auf der Rechtsgutverletzung beruhender) Schaden ?

HIER (+) → Kopfverletzung des M; Genesungskosten = 3.000,-- DM

6. <u>also</u>: Anspruch entstanden (+)

II. Anspruch untergegangen ? (−)

III. Anspruch durchsetzbar ? (+)

IV. Ergebnis:
M gegen A Schadensersatz (3.000,-- DM) gemäß § 823 I (+)

- M gegen A Schadensersatz gemäß § 823 II i.V.m. § 230 StGB ?

I. Anspruch entstanden ?

1. Verletzung eines Schutzgesetzes i.S.d. § 823 II ?
= insbesondere solche des StGB

HIER (+) → § 230 StGB = fahrlässige Körperverletzung

2. (durch eine) Handlung des Anspruchsgegners ?

HIER (+) → s.o. § 823 I

3. Rechtswidrigkeit der Verletzung ? (+)

4. Vertretenmüssen des Anspruchsgegners ?
= im Rahmen des § 823 II muß der Anspruchsgegner immer die für die Verletzung des Schutzgesetzes erforderliche Schuldform erfüllt haben

HIER (+) → § 230 StGB erfordert fahrlässiges Handeln; A hat fahrlässig gehandelt

5. (auf der Verletzung beruhender) Schaden ?

HIER (+) → s.o. § 823 I

6. <u>also</u>: Anspruch entstanden (+)

II. Anspruch untergegangen ? (−)

III. Anspruch durchsetzbar ? (+)

IV. Ergebnis:
M gegen A Schadensersatz (3.000,-- DM) gemäß § 823 II i.V.m. § 230 StGB (+)

B. Ansprüche des M gegen H

- M gegen H Schadensersatz aus p.V.V. des Kaufvertrags i.V.m. § 278 ?

I. Anspruch entstanden ?

1. Wirksames Schuldverhältnis ?

a) Vertrag ?
HIER (+) → Kaufvertrag, § 433 zwischen M und H

b. also: wirksames Schuldverhältnis ? (+)

2. Wahrung des Subsidiaritätsprinzips ?

= die p.V.V. ist nur anwendbar, wenn keine der im Gesetz normierten Vorschriften über Leistungsstörungen (Unmöglichkeit, Verzug, Mängelhaftung) einschlägig sind

HIER (+) → keine gesetzlichen Vorschriften über Leistungsstörungen einschlägig

3. Pflichtverletzung des Anspruchsgegners ?

= die Pflichtverletzung muß aus dem Schuldverhältnis resultieren; in Betracht kommt insbesondere die Verletzung von Schutz-, Sorgfalts- oder Obhutspflichten

HIER (+) → Händler H hat zwar selbst keinen Fehler gemacht; aber A hat die Schutz- und Sorgfaltspflicht, die gegenüber allen Kunden besteht, verletzt (s.o.);

diese Pflichtverletzung ist dem H zuzurechnen, wenn A sein Erfüllungsgehilfe ist, § 278; Erfüllungsgehilfe ist jeder, der mit Wissen und Wollen des Geschäftsherrn in dessen Pflichtenkreis tätig wird;

A hat mit Wissen und Wollen des H in dessen Pflichtenkreis gearbeitet, ist also Erfüllungsgehilfe; die Pflichtverletzung des A wird demnach dem H zugerechnet

4. Rechtswidrigkeit der Pflichtverletzung ? (+)

5. Vertretenmüssen des Anspruchsgegners ?

= wenn er gemäß § 276 oder § 278 haftet

HIER (+) → der Anspruchsgegner H haftet zwar nicht gemäß § 276, da er selbst weder vorsätzlich noch fahrlässig gehandelt hat;

er haftet aber für vorsätzliches und fahrlässiges Handeln eines Erfüllungsgehilfen, § 278; der Erfüllungsgehilfe A des H hat fahrlässig gehandelt (s.o.)

6. (auf der Pflichtverletzung beruhender) Schaden ?

HIER (+) → Kopfverletzung des M; Genesungskosten = 3.000,-- DM

7. also: Anspruch entstanden (+)

II. Anspruch untergegangen ? (–)

III. Anspruch durchsetzbar ? (+)

IV. Ergebnis:

M gegen H Schadensersatz (3.000,-- DM) aus p.V.V. des Kaufvertrags i.V.m. § 278 (+)

- M gegen H Schadensersatz gemäß § 823 I (Körper / Gesundheit) ?

HIER (–) → die Rechtsgutverletzung resultiert nicht aus einer Handlung des Anspruchsgegners H, sondern aus einer Handlung des **A** (s.o.)

- M gegen H Schadensersatz gemäß § 823 II i.V.m. § 230 StGB ?

HIER (–) → die Verletzung des Schutzgesetzes resultiert nicht aus einer Handlung des Anspruchsgegners H, sondern aus einer Handlung des A (s.o.)

- M gegen H Schadensersatz gemäß § 831 I 1 ?

I. Anspruch entstanden ?

1. Handelnder (A) ist Verrichtungsgehilfe des Geschäftsherrn (H) ?

= Verrichtungsgehilfe ist jeder, der von Weisungen seines Geschäftsherrn abhängig ist; insbesondere bei Arbeitern und Angestellten zu bejahen, die im Betrieb des Geschäftsherrn tätig werden

HIER (+) → A ist als Arbeiter des H in dessen Betrieb tätig geworden

2. Tatbestandsmäßiges und rechtswidriges Handeln des Verrichtungsgehilfen i.S.d. §§ 823 - 826 ?

= nur tatbestandsmäßig und rechtswidrig; schuldhaftes Handeln ist nicht erforderlich

HIER (+) → A hat tatbestandsmäßig und rechtswidrig i.S.d. § 823 I und des § 823 II i.V.m. § 230 StGB gehandelt (s.o.)

3. Herbeiführung des Schadens in Ausführung der Verrichtung ?

= der Verrichtungsgehilfe muß des Schaden nicht nur gelegentlich der Verrichtung - d.h. bei einer Handlung, die mit der eigentlichen Verrichtung nichts zu tun hat - herbeigeführt haben

HIER (+) → A hat den Schaden nicht nur gelegentlich der Verrichtung, sondern in unmittelbarem Zusammenhang mit der Tätigkeit für H verursacht

4. Entlastung (Exkulpation) des Geschäftsherrn gemäß § 831 I 2 ?

= siehe Ausführungen des § 831 I 2

HIER (–) → keine Anhaltspunkte

5. <u>also</u>: Anspruch entstanden (+)

II. Anspruch untergegangen ? (–)

III. Anspruch durchsetzbar ? (+)

IV. Ergebnis:

M gegen H Schadensersatz (3.000,-- DM) gemäß § 831 I 1 (+)

- Gesamtergebnis

M gegen A Schadensersatz (3.000,-- DM) aus p.V.V. des Kaufvertrags (–), gemäß §§ 823 I (+) und gemäß § 823 II i.V.m. § 230 StGB (+);

M gegen H Schadensersatz (3.000,-- DM) aus p.V.V. des Kaufvertrags (+), gemäß §§ 823 I (–) und gemäß § 823 II i.V.m. § 230 StGB (–); gemäß § 831 I 1 (+)

Formulierungsvorschlag Fall 46

A. Ansprüche des M gegen A

- M gegen A Vertragliche Ansprüche

Vertragliche Ansprüche des M gegen A scheiden aus, da tatsächlicher Vertragspartner des M der H war.

- M gegen A Schadensersatz gemäß § 823 I (Körper / Gesundheit)

M könnte gegen A wegen der Verletzung seines Kopfes einen Anspruch auf Schadensersatz gemäß § 823 I haben.

I. Dann müßte der Anspruch entstanden sein.

1. Zunächst müßte ein durch § 823 I geschütztes Rechtsgut des M verletzt worden sein. Der Körper bzw. die Gesundheit des M ist verletzt worden, also ein Rechtsgut des § 823 I.

2. Das Rechtsgut müßte durch eine Handlung des A verletzt worden sein. Der Körper bzw. die Gesundheit des M ist durch das nicht sorgsame Abladen der Ziegel, also durch eine Handlung des A verletzt worden.

3. Die Rechtsgutverletzung ist auch rechtswidrig.

4. Weiterhin müßte der Anspruchsgegner die Rechtsgutverletzung zu vertreten haben. Das Verschulden bemißt sich direkt nach § 823 I. A hat fahrlässig gehandelt, als er den Ziegel fallen ließ. Er hat somit die Rechtsgutverletzung zu vertreten.

5. Außerdem müßte durch die Rechtsgutverletzung ein Schaden entstanden sein. Durch das Fallenlassen des Ziegels ist der Kopf des M verletzt worden. M mußte zur Heilbehandlung 3.000,-- DM zahlen. Er hat also durch die Rechtsgutverletzung einen Schaden in dieser Höhe erlitten.

6. Demnach ist der Anspruch entstanden.

II. Der Anspruch ist nicht untergegangen.

III. Er ist auch durchsetzbar.

IV. M hat gegen A wegen der Kopfverletzung einen Anspruch auf Schadensersatz in Höhe von 3.000,-- DM gemäß § 823 I.

- M gegen H Schadensersatz gemäß § 823 II i.V.m. § 230 StGB

Außerdem könnte M gegen A einen Anspruch auf Schadensersatz gemäß § 823 II i.V.m. § 230 StGB haben.

I. Dann müßte der Anspruch entstanden sein.

1. Zunächst müßte ein Schutzgesetz im Sinne des § 823 II verletzt worden sein. In Betracht kommt eine Verletzung des § 230 StGB (fahrlässige Körperverletzung). Der Körper bzw. die Gesundheit des M ist fahrlässig verletzt worden. Demnach ist § 230 StGB, ein Schutzgesetz im Sinne des § 823 II, verletzt worden.

2. Das Schutzgesetz müßte durch eine Handlung des A verletzt worden sein. Der Körper bzw. die Gesundheit des M ist durch das nicht sorgsame Abladen der Ziegel, also durch eine Handlung des A verletzt worden.

3. Die Verletzung ist auch rechtswidrig.

4. Weiterhin müßte der Anspruchsgegner die Verletzung zu vertreten haben. Im Rahmen des § 823 II muß der Anspruchsgegner immer die für die Verletzung des Schutzgesetzes erforderliche Schuldform erfüllt haben. Diese Voraussetzung ist zu bejahen (s.o.).

5. Außerdem hat M durch die Verletzung einen Schaden in Höhe von 3.000,-- DM erlitten (s.o.).

6. Demnach ist der Anspruch entstanden.

II. Der Anspruch ist nicht untergegangen.

III. Er ist auch durchsetzbar.

IV. M hat gegen A wegen der Kopfverletzung einen Anspruch auf Schadensersatz in Höhe von 3.000,-- DM gemäß § 823 II i.V.m. § 230 StGB.

B. Ansprüche des M gegen H

- M gegen H Schadensersatz aus p.V.V. des Kaufvertrags i.V.m. § 278 ?

M könnte gegen H wegen der Verletzung seines Kopfes einen Anspruch auf Schadensersatz aus p.V.V. des Kaufvertrags i.V.m. § 278 haben.

I. Dann müßte der Anspruch zunächst entstanden sein.

1. Dies setzt einen wirksamen Kaufvertrag zwischen den Parteien voraus. M und H haben einen Kaufvertrag (§ 433) über Dachziegel geschlossen.

2. Das für die Anwendbarkeit der p.V.V. zu wahrende Subsidiaritätsprinzip ist gewahrt. Es sind keine gesetzlichen Vorschriften über Leistungsstörungen ersichtlich, die der p.V.V. vorgehen würden.

3. Weiterhin müßte der Anspruchsgegner H eine aus dem Vertragsverhältnis resultierende Pflicht verletzt haben. Hierzu gehört u.a. die Schutz- und Sorgfaltspflicht eines jeden Vertragspartners.

H hat jedoch selbst keine Schutzpflicht gegenüber M verletzt. In Betracht kommt jedoch eine Schutzpflichtverletzung des A, die dem H über § 278 zuzurechnen ist.

A hat beim Abladen unachtsam hantiert und einen Ziegel auf den Kopf des M fallen lassen. Hierdurch hat er eine dem H gegenüber dessen Vertragspartner obliegende Schutzpflicht verletzt.

Die Pflichtverletzung wäre dem H gemäß § 278 zuzurechnen, wenn A als Erfüllungsgehilfe des H tätig geworden wäre. Erfüllungsgehilfe ist jeder, der mit Wissen und Wollen des Geschäftsherrn in dessen Pflichtenkreis tätig wird. A hat mit Wissen und Wollen des H in dessen Pflichtenkreis gearbeitet, als er die Ziegel abgeladen hat. Er ist somit als Erfüllungsgehilfe des H tätig geworden.

Demnach ist dem H die Pflichtverletzung des A gemäß § 278 zuzurechnen.

4. Die Pflichtverletzung ist auch rechtswidrig.

5. Der Anspruchsgegner müßte die Pflichtverletzung zu vertreten haben. Das Verschulden bemißt sich grundsätzlich nach den §§ 276, 278.

H selbst hat nicht fahrlässig gehandelt, ein Vertreten gemäß § 276 scheidet also aus.

Möglicherweise hat er jedoch ein Verschulden des A gemäß § 278 zu vertreten. Dann müßte A vorsätzlich oder fahrlässig als Erfüllungsgehilfe des H gehandelt haben. A hat den Ziegel unachtsam fallengelassen, also fahrlässig gehandelt. Er ist auch Erfüllungsgehilfe des H (s.o.). H hat somit das fahrlässige Verhalten des A nach § 278 zu vertreten.

6. Außerdem müßte durch die Pflichtverletzung ein Schaden entstanden sein. Durch das Fallenlassen des Ziegels ist der Kopf des M verletzt worden. M mußte zur Heilbehandlung 3.000,-- DM zahlen. Er hat also durch die Pflichtverletzung einen Schaden in dieser Höhe erlitten.

7. Demnach ist auch der Anspruch entstanden.

II. Der Anspruch ist nicht untergegangen.

III. Er ist durchsetzbar.

IV. M hat gegen H wegen der Kopfverletzung einen Anspruch auf Schadensersatz in Höhe von 3.000,-- DM aus p.V.V. des Kaufvertrags i.V.m. § 278.

- M gegen H Schadensersatz gemäß § 823 I

Ein Schadensersatzanspruch aus § 823 I scheidet schon deshalb aus, weil nicht der Anspruchsgegner H gehandelt hat.

- M gegen H Schadensersatz gemäß § 823 II i.V.m. § 230 StGB

Aus demselben Grund scheitert ein Anspruch auf Schadensersatz gemäß § 823 II i.V.m. § 230 StGB.

- M gegen H Schadensersatz gemäß § 831 I 1 ?

M könnte jedoch gegen H einen Schadensersatzanspruch aus § 831 I 1 haben.

I. Dann müßte der Anspruch entstanden sein.

1. Zunächst müßte A Verrichtungsgehilfe des Geschäftsherrn H sein. Verrichtungsgehilfe ist jeder, der von Weisungen seines Geschäftsherrn abhängig ist. Von Weisungen abhängig sind insbesondere Arbeiter und Angestellte, die für den Geschäftsherrn in dessen Betrieb tätig werden. A ist für den H in dessen Betrieb tätig geworden. Er ist Verrichtungsgehilfe des H.

2. Weiterhin müßte der Verrichtungsgehilfe tatbestandsmäßig und rechtswidrig im Sinne der §§ 823 - 826 gehandelt haben. Wie schon ausgeführt (s.o. Ansprüche des M gegen A), hat A tatbestandsmäßig und rechtswidrig im Sinne der §§ 823 I und 823 II i.V.m. § 230 StGB gehandelt.

3. Außerdem hat der Verrichtungsgehilfe A den Schaden in Ausführung der Verrichtung herbeigeführt.

4. Für eine Exkulpationsmöglichkeit des H gemäß § 831 I 2 bestehen keine Anhaltspunkte.

5. Demnach ist der Anspruch entstanden.

II. Der Anspruch ist nicht untergegangen.

III. Er ist auch durchsetzbar.

IV. M hat gegen H einen Anspruch auf Schadensersatz in Höhe von 3.000,-- DM gemäß § 831 I 1.

- **Gesamtergebnis**

M hat gegen A Schadensersatzansprüche in Höhe von 3.000,-- DM aus § 823 I und aus § 823 II i.V.m. § 230 StGB.
M hat gegen H Schadensersatzansprüche in Höhe von 3.000,-- DM aus p.V.V. des Kaufvertrags i.V.m. § 278 und aus § 831 I 1.

Fazit

Ein langer langer Fall. Und ein klausurtypischer dazu. Deshalb kommt jetzt auch ein langes wichtiges Fazit:

1. Wichtig war, zwischen Ansprüchen des M gegen A und M gegen H zu unterscheiden.

   Bei Fällen, in denen Ansprüche gegen verschiedene Personen geprüft werden müssen, tritt immer wieder dasselbe Problem auf: Welche Ansprüche gegen welche Person sind sinnvollerweise am Anfang zu prüfen.

Am einfachsten wird es sein, mit Ansprüchen gegen die Person zu beginnen, die den Schaden tatsächlich herbeigeführt hat. Das hat den Vorteil, daß Ihr innerhalb der folgenden Prüfung der Ansprüche gegen eine andere Person oft meist umfangreich die obigen Ausführungen verweisen könnt.

2. ***Gegen den Erfüllungsgehilfen*** selbst (hier A) bestehen niemals vertragliche Ansprüche, da er nicht Vertragspartner des Anspruchstellers ist. Es bleiben demnach insbesondere ***deliktische Ansprüche*** (§ 823 I, § 823 II ...).

3. ***Gegen den "Chef"*** (hier H) bestehen (fast) immer vertragliche Ansprüche, da er der Vertragspartner des Anspruchstellers ist. Problematisch ist aber, daß der "Chef" nicht selbst handelt. Eine Haftung aus ***p.V.V.*** ist deshalb nur denkbar, wenn dem "Chef" das Handeln bzw. die Pflichtverletzung zugerechnet werden kann. Dies geschieht über **§ *278***. Der Handelnde muß Erfüllungsgehilfe des Chefs sein. Einprägen: ***Erfüllungsgehilfe*** ist jeder, der mit Wissen und Wollen des Geschäftsherrn in dessen Pflichtenkreis tätig wird.

   Ganz wichtig: § 278 bedarf in diesem Zusammenhang einer doppelten Prüfung. Da der "Chef" nicht selbst handelt, müßt Ihr das feststellen und - wie gezeigt - dann die Pflichtverletzung des Erfüllungsgehilfen prüfen. Auch beim Vertretenmüssen (Verschulden) ist abermals auf § 278 einzugehen, da der "Chef" mangels eigenen Handelns keine eigene Pflichtverletzung gemäß § 276 zu vertreten hat. Zu prüfen ist, ob er gemäß § 278 für das Verschulden des Erfüllungsgehilfen haftet.

   Gegen den "Chef" (hier H) bestehen nie Ansprüche aus § 823, da er selbst nicht gehandelt hat. In Betracht kommt aber regelmäßig ein Anspruch aus § 831 I 1. Danach haftet der "Chef" für eigenes Verschulden (in der Auswahl, der Beaufsichtigung des Verrichtungsgehilfen) und nicht etwa - wie bei § 278 - für fremdes Verschulden.

4. Achtet im übrigen auf die Exkulpationsmöglichkeit des § 831 I 2. Dazu sagt der Sachverhalt entweder nichts Konkretes aus (dann keine Exkulpation) oder benennt konkrete Tatsachen für eine Exkulpation. Es reicht aus, wenn im Sachverhalt darauf hingewiesen wird, daß der "Chef" die handelnde Person sorgfältig ausgesucht bzw. beaufsichtigt hat. Oft findet sich auch ein Hinweis, daß der Handelnde in der Vergangenheit nie Fehler gemacht hat. Bei derartigen Bemerkungen solltet Ihr hellhörig werden und an die Exkulpation denken.

5. Der vorliegende Fall dürfte hoffentlich ein häufig auftretendes (Anfänger-) Mißverständnis ausgeräumt haben: Wenn allgemein - also nicht in diesem Buch - von einer Abgrenzung zwischen Erfüllungsgehilfen und Verrichtungsgehilfen die Rede ist, bedeutet das nicht etwa, daß eine Person entweder Erfüllungsgehilfe oder Verrichtungsgehilfe sein kann. Eine Person kann sowohl Erfüllungsgehilfe als auch Verrichtungsgehilfe sein! Das war etwa bei A der Fall.

Fall 47

M und Händler H schließen telefonisch einen Kaufvertrag über bestimmte Dachziegel, die M im Lager des H abholen soll. Bei den Ziegeln handelt es sich um einen Restposten aus osteuropäischer Produktion, die ansonsten nicht mehr lieferbar sind. Als M bei H erscheint, steht dieser auf einer Leiter und winkt den M fröhlich zu sich. Beim Hinuntersteigen rutscht H aus und begräbt den völlig verdutzten M unter sich. Der herbeigerufene Notarzt diagnostiziert bei M einen Schlüsselbeinbruch. M zahlt Heilungskosten in Höhe von 6.000,-- DM. Nach seiner Genesung muß er erfahren, daß der Angestellte A des H die Ziegel schon vor dem telefonischen Vertragsschluß beim Rangieren mit dem Gabelstapler zerstört hat.

Frage: Hat M gegen H einen Schadensersatzanspruch ?

Anmerkung: Deliktische Ansprüche sind nicht zu prüfen.

Lösungsskizze Fall 47

- M gegen H Schadensersatz aus p.V.V. des Kaufvertrags ?

I. Anspruch entstanden ?

1. Wirksames Schuldverhältnis ?

a. Vertrag ?

HIER (+) → Kaufvertrag, § 433 zwischen M und H; Verträge bedürfen - bis auf wenige Ausnahmen - nie der Schriftform!

b. Nichtigkeitsgründe ?

- § 306 = anfängliche objektive Unmöglichkeit

aa. Objektive Unmöglichkeit der Leistung ?

(1) Vereinbarte Leistung = Übereignung der Ziegel, § 929 S. 1

(2) Objektive Unmöglichkeit ?
= niemand kann die Leistung erbringen

HIER (+) → niemand kann dem M die Ziegel übereignen, weil sie zerstört sind; eine Nachlieferung kommt ebenfalls nicht in betracht (Restposten)

***(3) <u>also</u>: objektive Unmöglichkeit der Leistung* (+)**

bb. Anfängliche (ursprüngliche) Unmöglichkeit ?
= sie muß schon vor Vertragsschluß bestanden haben

HIER (+) → die Leistung (Übereignung) war schon vor Vertragsschluß unmöglich

***cc. <u>also</u>: § 306 und damit Nichtigkeit* (+)**

***b. <u>also</u>: wirksames Schuldverhältnis ?* (–)**

2. *also: Anspruch entstanden* (–)

II. Ergebnis:

M gegen H Schadensersatz (3.000,-- DM) aus p.V.V. des Kaufvertrags (–)

- M gegen H Schadensersatz aus c.i.c. ?

I. Anspruch entstanden ?

1. Vorvertragliches Schuldverhältnis ?
= bei der Anbahnung geschäftlicher Kontakte

HIER (+) → zwar hatten die Parteien ursprünglich einen Kaufvertrag geschlossen; der Vertrag hat sich aber später als von Anfang an nichtig erwiesen (§ 306); um dem M nicht jeglichen vertraglichen bzw. vertragsähnlichen Anspruch zu verwehren, muß das zwischen ihm und H bestehende Verhältnis zumindest als vorvertragliches Schuldverhältnis behandelt werden

2. Wahrung des Subsidiaritätsprinzips ?
= die c.i.c. ist nur anwendbar, wenn keine der im Gesetz normierten Vorschriften über Leistungsstörungen (Unmöglichkeit, Verzug, Mängelhaftung) einschlägig sind

HIER (+) → keine gesetzlichen Vorschriften über Leistungsstörungen einschlägig

3. Pflichtverletzung des Anspruchsgegners ?
= die Pflichtverletzung muß aus dem vorvertraglichen Schuldverhältnis resultieren; in Betracht kommt insbesondere die Verletzung von Schutz-, Sorgfalts- oder Obhutspflichten

HIER (+) → Händler H hat einen Fehler gemacht; er hat die Schutz- und Sorgfaltspflicht, die gegenüber allen Kunden besteht, verletzt

4. Rechtswidrigkeit der Pflichtverletzung ? (+)

5. Vertretenmüssen des Anspruchsgegners ?
= Haftung gemäß § 276 oder § 278

HIER (+) → der Anspruchsgegner haftet gemäß § 276 grundsätzlich für eigenen Vorsatz und jede eigene Fahrlässigkeit; H ist von der Leiter gerutscht, hat also fahrlässig gehandelt

6. (auf der Pflichtverletzung beruhender) Schaden ?

HIER (+) → Bruch des M; Genesungskosten = 3.000,-- DM

7. *also: Anspruch entstanden* (+)

II. Anspruch untergegangen ? (–)

III. Anspruch durchsetzbar ? (+)

IV. Ergebnis:

M gegen H Schadensersatz (3.000,-- DM) aus c.i.c. (+)

Formulierungsvorschlag Fall 47

- M gegen H Schadensersatz aus p.V.V. des Kaufvertrags

M könnte gegen H wegen des Schlüsselbeinbruchs einen Anspruch auf Schadensersatz aus p.V.V. des Kaufvertrags i.V.m. § 278 haben.

I. Dann müßte der Anspruch zunächst entstanden sein.

1. Dies setzt einen wirksamen Kaufvertrag zwischen den Parteien voraus.

a. M und H haben einen Kaufvertrag (§ 433) über Dachziegel geschlossen.

b. Der Vertrag könnte jedoch gemäß § 306 nichtig sein.

Dann müßte die aus dem Vertrag resultierende Leistung objektiv unmöglich sein.

Der Vertrag beinhaltet als Leistung die Übereignung der Ziegel.

Die Leistung wäre objektiv unmöglich, wenn niemand dem M die Ziegel übereignen kann. Die Übereignung einer beweglichen Sache erfordert gemäß § 929 S. 1 eine Einigung über den Eigentumsübergang. Niemand kann aber dem M Eigentum verschaffen, weil alle Ziegel zerstört worden sind.

Die Leistung ist also objektiv unmöglich.

Außerdem müßte die Unmöglichkeit anfänglich (ursprünglich) sein. Sie ist anfänglich, wenn sie schon vor Vertragsschluß bestanden hat. Schon vor Vertragsschluß konnte niemand dem M Eigentum an den Ziegeln verschaffen. Sie waren schon zerstört. Die Unmöglichkeit ist somit anfänglich.

Da alle Voraussetzungen des § 306 vorliegen, ist der Vertrag nichtig.

c. Demnach existiert kein wirksames Schuldverhältnis.

2. Der Anspruch ist nicht entstanden.

II. M hat gegen H keinen Anspruch auf Schadensersatz aus p.V.V. des Kaufvertrags.

- M gegen H Schadensersatz aus c.i.c.

M könnte gegen H aber einen Anspruch auf Schadensersatz aus c.i.c. haben.

I. Dann müßte der Anspruch zunächst entstanden sein.

1. Dies setzt ein vorvertragliches Schuldverhältnis zwischen den Parteien voraus. Ein solches kommt durch die Anbahnung geschäftlicher Kontakte zustande. Die Parteien haben jedoch sogar schon einen Kaufvertrag geschlossen. Insofern läge kein vorvertragliches, sondern ein vertragliches Schuldverhältnis vor.

Zu berücksichtigen ist allerdings, daß die aus dem Vertrag resultierende Leistung schon bei Vertragsschluß objektiv unmöglich gewesen ist. Über § 306 hat sich der Vertrag als von Anfang an nichtig herausgestellt. Um dem M nicht jeden vertraglichen oder vertragsähnlichen Anspruch zu verwehren, muß daß zwischen ihm und H bestehende Verhältnis zumindest wie ein vorvertragliches Schuldverhältnis behandelt werden.

2. Das für die Anwendbarkeit der c.i.c. zu wahrende Subsidiaritätsprinzip ist gewahrt. Es sind keine gesetzlichen Vorschriften über Leistungsstörungen ersichtlich, die der c.i.c. vorgehen würden.

3. Weiterhin müßte der Anspruchsgegner H eine aus dem Verhältnis resultierende Pflicht verletzt haben. Hierzu gehört u.a. die Schutz- und Sorgfaltspflicht eines jeden Vertragspartners. H hat sich beim Hinuntersteigen von der Leiter unachtsam verhalten und ist auf M gefallen. Hierdurch hat er die ihm gegenüber seinem Vertragspartner obliegende Schutzpflicht verletzt.

4. Die Pflichtverletzung ist auch rechtswidrig.

5. Der Anspruchsgegner müßte die Pflichtverletzung zu vertreten haben. Das Verschulden bemißt sich grundsätzlich nach den §§ 276, 278. H hat fahrlässig gehandelt, als er von der Leiter gerutscht ist. Diese eigene Fahrlässigkeit hat er gemäß § 276 verschuldet. Er hat somit die Pflichtverletzung zu vertreten.

6. Außerdem müßte durch die Pflichtverletzung ein Schaden entstanden sein. Durch das Hinunterfallen von der Leiter ist das Schlüsselbein des M verletzt worden. M mußte zur Heilbehandlung 6.000,-- DM zahlen. Er hat also durch die Pflichtverletzung einen Schaden in dieser Höhe erlitten.

7. Demnach ist der Anspruch entstanden.

II. Der Anspruch ist nicht untergegangen.

III. Er ist durchsetzbar.

IV. M hat gegen H einen Anspruch auf Schadensersatz in Höhe von 6.000,-- DM aus c.i.c.

Fazit

1. Bei der Pflichtverletzung innerhalb eines Vertrags, der sich wegen § 306 als von Anfang an nichtig erweist, kommt Ihr mit der p.V.V. nicht weit. Der Anspruchsteller hat dann mangels eines wirksamen Schuldverhältnisses keinen vertraglichen Anspruch, aber einen vertragsähnlichen Anspruch aus c.i.c.
2. Das funktioniert im übrigen genauso bei allen anderen Nichtigkeits- oder Unwirksamkeitsgründen. Voraussetzung ist lediglich, daß der Vertrag von Anfang an (ex tunc) nichtig oder unwirksam ist. Beispielsweise, wenn eine Pflichtverletzung innerhalb eines Vertrags begangen wird, der später gemäß § 119 oder § 123 wirksam angefochten wird. Die Rechtsfolge ergibt sich dann aus § 142 I, der normiert, daß der Vertrag von Anfang an nichtig ist.

3. Vorsicht ist bei Verträgen geboten, die nicht von Anfang an nichtig sind, sondern erst ex nunc (von nun an). Hier wird bis zur Nichtigkeit ein Vertragsverhältnis angenommen, das natürlich auch verletzt werden kann. Dann kommt aber die p.V.V. zum Zuge. Oft ist das bei sogenannten Dauerschuldverhältnissen der Fall, deren Rückabwicklung große Schwierigkeiten bereiten würde, wenn man eine Nichtigkeit oder Unwirksamkeit ex tunc annehmen würde.

4. ***Nicht gefragt, aber:*** Ich habe hier abermals bewußt auf die Prüfung deliktischer Ansprüche verzichtet, da Ihr insoweit auf die Ausführungen zu Fall 44 zurückgreifen könnt. Es ergeben sich keine Unterschiede zum vorliegenden Fall. M hat natürlich Schadensersatzansprüche gemäß § 823 I und § 823 II i.V.m. § 230 StGB.

Fall 48

M bewohnt mit seiner Ehefrau E eine Altbauwohnung des Hauseigentümers H. Vertragsparteien des Mietvertrags sind M und H. Eines Tages erscheint der von M benachrichtigte H, um einen Defekt in der Deckenverkabelung des Wohnzimmers zu beheben. Er steigt auf eine Leiter und löst den an der Decke hängenden Kronleuchter, um an die Verkabelung zu gelangen. Aufgrund seines unachtsamen Verhaltens rutscht ihm die Lampe aus den Händen und fällt der anwesenden E auf den Kopf. E muß zur Heilung 3.000,-- DM zahlen.

Frage: Hat E gegen H einen Schadensersatzanspruch ?

Anmerkung: Deliktische Ansprüche sind nicht zu prüfen.

Lösungsskizze Fall 48

Vorüberlegung (gehört nicht in die Formulierung)*:*

Probleme ergeben sich im vertraglichen Bereich, da derartige Ansprüche der E - zumindest direkt - ausscheiden. Auch über § 328 (Vertrag zugunsten Dritter) ist nix zu reißen, da E durch den Vertragsabschluß zwischen M und H kein eigener Anspruch auf Gebrauchsüberlassung zufließen soll. Letzte Möglichkeit ist deshalb, einen Ausgleich über § 328 analog zu suchen. Es ist allgemein anerkannt, daß nicht direkt am Vertrag beteiligte Personen in dessen Schutzbereich einbezogen sein können und u.U. einen eigenen vertraglichen Anspruch gegen den "Vertragspartner" haben. Mal schauen, ob das im vorliegenden Fall funktioniert.

- E gegen H Schadensersatz aus p.V.V. des Mietvertrags i.V.m. § 328 analog ?

I. Anspruch entstanden ?

1. Wirksames Schuldverhältnis ?

HIER (–) → Mietvertrag, § 535 zwischen M und H jedoch nicht im Verhältnis E - H

aber: E könnte in den Schutzbereich des zwischen M und H bestehenden Vertrags einbezogen sein, so daß ein Vertrag mit Schutzwirkung für Dritte (andere Bezeichnung: Vertrag mit Schutzwirkung zugunsten Dritter) vorliegen würde, aus dem E bei Vorliegen der weiteren Voraussetzungen der p.V.V. selbständig vertragliche Ansprüche auf Schadensersatz geltend machen könnte

= folgende Voraussetzungen müssen erfüllt sein:

a. Leistungsnähe ?

= die dritte Person muß bestimmungsgemäß mit der Leistung in Berührung kommen und Gefahren aus Pflichtverletzungen ebenso ausgesetzt sein, wie der eigentliche Vertragsgläubiger

HIER (+) → E ist bestimmungsgemäß mit der Reparaturbemühung des H in Berührung kommen und Gefahren aus Pflichtverletzungen ebenso ausgesetzt, wie ihr Ehemann

b. Schutzpflicht des Vertragsgläubigers gegenüber dritten Personen ?

= insbesondere bei familienrechtlichen Beziehungen

HIER (+) → E ist die Ehefrau des Vertragsgläubigers M

c. Erkennbarkeit der Schutzpflicht ?

= für den Vertragspartner muß die Schutzpflicht des Gläubigers gegenüber der dritten Person erkennbar sein

HIER (+) → mangels entgegenstehender Anhaltspunkte

d. Schutzbedürftigkeit gegenüber der dritten Person ?

= dann nicht, wenn der dritten Person bereits ein eigener vertraglicher Anspruch zusteht

HIER (+) → nicht E, sondern M hat mit H einen Vertrag geschlossen; insofern hat E keine eigenen vertraglichen Ansprüche gegen H

e. <u>also</u>: Voraussetzungen für die Einbeziehung in den Schutzbereich des Vertrags (+)

2. Wahrung des Subsidiaritätsprinzips ?

= die p.V.V. ist nur anwendbar, wenn keine der im Gesetz normierten Vorschriften über Leistungsstörungen (Unmöglichkeit, Verzug, Mängelhaftung) einschlägig sind

HIER (+) → keine gesetzlichen Vorschriften über Leistungsstörungen einschlägig

3. Pflichtverletzung des Anspruchsgegners ?

= die Pflichtverletzung muß aus dem Schuldverhältnis resultieren; in Betracht kommt insbesondere die Verletzung von Schutz-, Sorgfalts- oder Obhutspflichten

HIER (+) → H hat einen Fehler gemacht; er hat die Schutz- und Sorgfaltspflicht, die gegenüber allen Vertragspartnern und gegenüber allen in den Schutzbereich des Vertrags einbezogenen Personen besteht, verletzt

4. Rechtswidrigkeit der Pflichtverletzung ? (+)

5. Vertretenmüssen des Anspruchsgegners ?

= Haftung gemäß § 276 oder § 278

HIER (+) → der Anspruchsgegner haftet gemäß § 276 grundsätzlich für eigenen Vorsatz und jede eigene Fahrlässigkeit; H hat unachtsam mit dem Kronleuchter hantiert und ihn fallengelassen; er hat also fahrlässig gehandelt

6. (auf der Pflichtverletzung beruhender) Schaden ?

HIER (+) → Kopfverletzung der E; Genesungskosten = 3.000,-- DM

7. <u>also</u>: Anspruch entstanden (+)

II. Anspruch untergegangen ? **(–)**

III. Anspruch durchsetzbar ? **(+)**

IV. Ergebnis:

E gegen H Schadensersatz (3.000,-- DM) aus p.V.V. des Mietvertrags i.V.m. § 328 analog (+)

Formulierungsvorschlag Fall 48

- E gegen H Schadensersatz aus p.V.V. des Mietvertrags i.V.m. § 328 analog

E könnte gegen H wegen der Kopfverletzung einen Anspruch auf Schadensersatz aus p.V.V. des Mietvertrags i.V.m. § 328 analog haben.

I. Dann müßte der Anspruch zunächst entstanden sein.

1. Dies setzt einen wirksamen Mietvertrag zwischen den Parteien voraus. E selbst ist jedoch nicht Vertragspartnerin des H. Lediglich ihr Ehemann M hat mit M einen Mietvertrag (§ 535) geschlossen.

E könnte jedoch in den Schutzbereich des zwischen M und H bestehenden Vertrags einbezogen sein, so daß ein Vertrag mit Schutzwirkung für Dritte (§ 328 analog) vorliegen würde, aus dem E beim Vorliegen der weiteren Voraussetzungen der p.V.V. selbständig einen vertraglichen Anspruch auf Schadensersatz geltend machen könnte.

a. Erste Voraussetzung wäre das Bestehen einer Leistungsnähe. Eine solche Nähe wäre zu bejahen, wenn die anspruchstellende dritte Person bestimmungsgemäß mit der Leistung in Berührung gekommen ist und Gefahren aus Pflichtverletzungen ebenso ausgesetzt ist, wie der eigentliche Vertragsgläubiger. E ist bestimmungsgemäß mit Reparaturbemühung des H in Berührung gekommen und war Gefahren ebenso ausgesetzt, wie ihr Ehemann.

b. Außerdem müßte eine Schutzpflicht des Vertragsgläubigers gegenüber der dritten Person bestehen. Diese Voraussetzung ist insbesondere bei familienrechtlichen Beziehungen gegeben. E ist die Ehefrau des Vertragsgläubigers M, dem somit eine Fürsorge- und Schutzpflicht gegenüber seiner Lebenspartnerin obliegt.

c. Weiterhin müßte die Schutzpflicht gegenüber der dritten Person für den Vertragsschuldner erkennbar gewesen sein. Mangels entgegenstehender Anhaltspunkte war die Schutzpflicht für den Vertragsschuldner H erkennbar.

d. Letzte Voraussetzung wäre eine Schutzbedürftigkeit der dritten Person. Diese wäre zu verneinen, wenn der dritten Person bereits ein eigener vertraglicher Anspruch zustehen würde. Der E steht grundsätzlich kein eigener vertraglicher Anspruch zu, da nicht sie, sondern ihr Ehemann M mit H einen Mietvertrag geschlossen hat. Nur M kann deshalb direkt vertragliche Ansprüche gegenüber H geltend machen. E ist demnach schutzbedürftig.

e. E ist somit in den Schutzbereich des zwischen M und H bestehenden Vertrags einbezogen. Sie kann - bei Vorliegen der weiteren Voraussetzungen der p.V.V. - eigene vertragliche Ansprüche geltend machen.

2. Das für die Anwendbarkeit der p.V.V. zu wahrende Subsidiaritätsprinzip ist gewahrt. Es sind keine gesetzlichen Vorschriften über Leistungsstörungen ersichtlich, die der p.V.V. vorgehen würden.

3. Weiterhin müßte der Anspruchsgegner H eine aus dem Vertragsverhältnis resultierende Pflicht verletzt haben. Hierzu gehört u.a. die Schutz- und Sorgfaltspflicht eines jeden Vertragspartners gegenüber dem anderen Vertragspartner und gegenüber allen in den Schutzbereich des Vertrags fallenden Personen. H hat unachtsam den Kronleuchter auf den Kopf der E fallen lassen. Hierdurch hat er die ihm gegenüber einer in den Schutzbereich des Vertrags fallenden Person obliegende Schutzpflicht verletzt.

4. Die Pflichtverletzung ist auch rechtswidrig.

5. Der Anspruchsgegner müßte die Pflichtverletzung zu vertreten haben. Das Verschulden bemißt sich grundsätzlich nach den §§ 276, 278. H hat fahrlässig gehandelt, als er den Leuchter auf den Kopf der E fallen ließ. Diese eigene Fahrlässigkeit hat er gemäß § 276 verschuldet. Er hat somit die Pflichtverletzung zu vertreten.

6. Außerdem müßte durch die Pflichtverletzung ein Schaden entstanden sein. Durch das Fallenlassen der Lampe ist der Kopf der E verletzt worden. E mußte zur Heilbehandlung 6.000,-- DM zahlen. Sie hat also durch die Pflichtverletzung einen Schaden in dieser Höhe erlitten.

7. Demnach ist der Anspruch entstanden.

II. Der Anspruch ist nicht untergegangen.

III. Er ist durchsetzbar.

IV. E hat gegen H einen Anspruch auf Schadensersatz in Höhe von 3.000,-- DM aus p.V.V. des Mietvertrags i.V.m. § 328 analog.

Fazit

1. Nach allgemeiner Meinung kann eine Person, die nicht Vertragspartner ist, trotzdem vertragliche Ansprüche (p.V.V.) gegen einen Schädiger geltend machen, wenn sie in den Schutzbereich des Vertrags einbezogen ist. Das Problem läßt sich über § 328 analog lösen.

2. ***Nicht gefragt, aber:*** Natürlich hat E deliktische Schadensersatzansprüche gemäß § 823 I und § 823 II i.V.m. § 230 StGB. Ihr könnt insoweit auf die Ausführungen zu Fall 44 zurückgreifen.

Fall 49

M bewohnt mit seiner Ehefrau E eine Altbauwohnung des Hauseigentümers H. Vertragsparteien des Mietvertrags sind M und H. Eines Tages erscheint der Angestellte A des H, um einen Defekt in der Deckenverkabelung des Wohnzimmers zu beheben. Er steigt auf eine Leiter und löst den an der Decke hängenden Kronleuchter, um an die Verkabelung zu gelangen. Aufgrund seines unachtsamen Verhaltens rutscht ihm die Lampe aus den Händen und fällt der anwesenden E auf den Kopf. E muß zur Heilung 3.000,-- DM zahlen.

Frage: Hat E gegen H einen Schadensersatzanspruch ?

Anmerkung: Deliktische Ansprüche sind nicht zu prüfen.

Lösungsskizze Fall 49

- E gegen H Schadensersatz aus p.V.V. des Mietvertrags i.V.m. § 328 analog i.V.m. § 278 ?

I. Anspruch entstanden ?

1. Wirksames Schuldverhältnis ?

HIER (–) → Mietvertrag, § 535 zwischen M und H jedoch nicht im Verhältnis E - H

aber: E könnte in den Schutzbereich des zwischen M und H bestehenden Vertrags einbezogen sein, so daß ein Vertrag mit Schutzwirkung für Dritte (andere Bezeichnung: Vertrag mit Schutzwirkung zugunsten Dritter) vorliegen würde, aus dem E bei Vorliegen der weiteren Voraussetzungen der p.V.V. selbständig vertragliche Ansprüche auf Schadensersatz geltend machen könnte

= folgende Voraussetzungen müssen erfüllt sein:

a. Leistungsnähe ?

= die dritte Person muß bestimmungsgemäß mit der Leistung in Berührung kommen und Gefahren aus Pflichtverletzungen ebenso ausgesetzt sein, wie der eigentliche Vertragsgläubiger

HIER (+) → E ist bestimmungsgemäß mit der Reparaturbemühung des H in Berührung kommen und Gefahren aus Pflichtverletzungen ebenso ausgesetzt, wie ihr Ehemann

b. Schutzpflicht des Vertragsgläubigers gegenüber dritten Personen ?

= insbesondere bei familienrechtlichen Beziehungen

HIER (+) → E ist die Ehefrau des Vertragsgläubigers M

c. Erkennbarkeit der Schutzpflicht ?

= für den Vertragspartner muß die Schutzpflicht des Gläubigers gegenüber der dritten Person erkennbar sein

HIER (+) → mangels entgegenstehender Anhaltspunkte

d. Schutzbedürftigkeit gegenüber der dritten Person ?

= dann nicht, wenn der dritten Person bereits ein eigener vertraglicher Anspruch zusteht

HIER (+) → nicht E, sondern M hat mit H einen Vertrag geschlossen; insofern hat E keine eigenen vertraglichen Ansprüche gegen H

e. __also__: Voraussetzungen für die Einbeziehung in den Schutzbereich des Vertrags (+)

2. Wahrung des Subsidiaritätsprinzips ?

= die p.V.V. ist nur anwendbar, wenn keine der im Gesetz normierten Vorschriften über Leistungsstörungen (Unmöglichkeit, Verzug, Mängelhaftung) einschlägig sind

HIER (+) → keine gesetzlichen Vorschriften über Leistungsstörungen einschlägig

3. Pflichtverletzung des Anspruchsgegners ?

= die Pflichtverletzung muß aus dem Schuldverhältnis resultieren; in Betracht kommt insbesondere die Verletzung von Schutz-, Sorgfalts- oder Obhutspflichten

HIER (+) → H hat zwar selbst keinen Fehler gemacht; aber A hat die Schutz- und Sorgfaltspflicht, die gegenüber allen Kunden und den in den Schutzbereich fallenden Personen besteht, verletzt, als er den Leuchter auf den Kopf der E fallen ließ;

diese Pflichtverletzung ist dem H zuzurechnen, wenn A sein Erfüllungsgehilfe ist, § 278; Erfüllungsgehilfe ist jeder, der mit Wissen und Wollen des Geschäftsherrn in dessen Pflichtenkreis tätig wird;

A hat mit Wissen und Wollen des H in dessen Pflichtenkreis gearbeitet, ist also Erfüllungsgehilfe; die Pflichtverletzung des A wird demnach dem H zugerechnet

4. Rechtswidrigkeit der Pflichtverletzung ? (+)

5. Vertretenmüssen des Anspruchsgegners ?

= wenn er gemäß § 276 oder § 278 haftet

HIER (+) → der Anspruchsgegner H haftet zwar nicht gemäß § 276, da er selbst weder vorsätzlich noch fahrlässig gehandelt hat;

er haftet aber für vorsätzliches und fahrlässiges Handeln eines Erfüllungsgehilfen, § 278; der Erfüllungsgehilfe A des H hat fahrlässig gehandelt (s.o.)

6. (auf der Pflichtverletzung beruhender) Schaden ?

HIER (+) → Kopfverletzung der E; Genesungskosten = 3.000,-- DM

7. __also__: Anspruch entstanden (+)

II. Anspruch untergegangen ? (−)

III. Anspruch durchsetzbar ? (+)

IV. Ergebnis:

E gegen H Schadensersatz (3.000,-- DM) aus p.V.V. des Mietvertrags i.V.m. § 328 analog i.V.m. § 278 (+)

Formulierungsvorschlag Fall 49

- E gegen H Schadensersatz aus p.V.V. des Mietvertrags i.V.m. § 328 analog i.V.m. § 278

E könnte gegen H wegen der Kopfverletzung einen Anspruch auf Schadensersatz aus p.V.V. des Mietvertrags i.V.m. § 328 analog i.V.m. § 278 haben.

I. Dann müßte der Anspruch zunächst entstanden sein.

1. Dies setzt einen wirksamen Mietvertrag zwischen den Parteien voraus. E selbst ist jedoch nicht Vertragspartnerin des H. Lediglich ihr Ehemann M hat mit M einen Mietvertrag (§ 535) geschlossen.

E könnte jedoch in den Schutzbereich des zwischen M und H bestehenden Vertrags einbezogen sein, so daß ein Vertrag mit Schutzwirkung für Dritte (§ 328 analog) vorliegen würde, aus dem E beim Vorliegen der weiteren Voraussetzungen der p.V.V. selbständig einen vertraglichen Anspruch auf Schadensersatz geltend machen könnte.

a. Erste Voraussetzung wäre das Bestehen einer Leistungsnähe. Eine solche Nähe wäre zu bejahen, wenn die anspruchstellende dritte Person bestimmungsgemäß mit der Leistung in Berührung gekommen ist und Gefahren aus Pflichtverletzungen ebenso ausgesetzt ist, wie der eigentliche Vertragsgläubiger. E ist bestimmungsgemäß mit Reparaturbemühung des H in Berührung gekommen und war Gefahren ebenso ausgesetzt, wie ihr Ehemann.

b. Außerdem müßte eine Schutzpflicht des Vertragsgläubigers gegenüber der dritten Person bestehen. Diese Voraussetzung ist insbesondere bei familienrechtlichen Beziehungen gegeben. E ist die Ehefrau des Vertragsgläubigers M, dem somit eine Fürsorge- und Schutzpflicht gegenüber seiner Lebenspartnerin obliegt.

c. Weiterhin müßte die Schutzpflicht gegenüber der dritten Person für den Vertragsschuldner erkennbar gewesen sein. Mangels entgegenstehender Anhaltspunkte war die Schutzpflicht für den Vertragsschuldner H erkennbar.

d. Letzte Voraussetzung wäre eine Schutzbedürftigkeit der dritten Person. Diese wäre zu verneinen, wenn der dritten Person bereits ein eigener vertraglicher Anspruch zustehen würde. Der E steht grundsätzlich kein eigener vertraglicher Anspruch zu, da nicht sie, sondern ihr Ehemann M mit H einen Mietvertrag geschlossen hat. Nur M kann deshalb direkt vertragliche Ansprüche gegenüber H geltend machen. E ist demnach schutzbedürftig.

e. E ist somit in den Schutzbereich des zwischen M und H bestehenden Vertrags einbezogen. Sie kann - bei Vorliegen der weiteren Voraussetzungen der p.V.V. - eigene vertragliche Ansprüche geltend machen.

2. Das für die Anwendbarkeit der p.V.V. zu wahrende Subsidiaritätsprinzip ist gewahrt. Es sind keine gesetzlichen Vorschriften über Leistungsstörungen ersichtlich, die der p.V.V. vorgehen würden.

3. Weiterhin müßte der Anspruchsgegner H eine aus dem Vertragsverhältnis resultierende Pflicht verletzt haben. Hierzu gehört u.a. die Schutz- und Sorgfaltspflicht eines jeden Vertragspartners gegenüber dem anderen Vertragspartner und gegenüber allen in den Schutzbereich des Vertrags fallenden Personen.

H hat jedoch selbst keine Schutzpflicht gegenüber M verletzt. In Betracht kommt jedoch eine Schutzpflichtverletzung des A, die dem H über § 278 zuzurechnen ist.

A hat unachtsam den Kronleuchter auf den Kopf der E fallen lassen. Hierdurch hat er eine dem H gegenüber einer in den Schutzbereich des Vertrags fallenden Person obliegende Schutzpflicht verletzt.

Die Pflichtverletzung wäre dem H gemäß § 278 zuzurechnen, wenn A als Erfüllungsgehilfe des H tätig geworden wäre. Erfüllungsgehilfe ist jeder, der mit Wissen und Wollen des Geschäftsherrn in dessen Pflichtenkreis tätig wird. A hat mit Wissen und Wollen des H in dessen Pflichtenkreis gearbeitet, als er die Ziegel abgeladen hat. Er ist somit als Erfüllungsgehilfe des H tätig geworden.

Demnach ist dem H die Pflichtverletzung des A gemäß § 278 zuzurechnen.

4. Die Pflichtverletzung ist auch rechtswidrig.

5. Der Anspruchsgegner müßte die Pflichtverletzung zu vertreten haben. Das Verschulden bemißt sich grundsätzlich nach den §§ 276, 278.

H selbst hat nicht fahrlässig gehandelt, ein Vertreten gemäß § 276 scheidet also aus.

Möglicherweise hat er jedoch ein Verschulden des A gemäß § 278 zu vertreten. Dann müßte A vorsätzlich oder fahrlässig als Erfüllungsgehilfe des H gehandelt haben. A hat die Lampe unachtsam fallengelassen, also fahrlässig gehandelt. Er ist auch Erfüllungsgehilfe des H (s.o.). H hat somit das fahrlässige Verhalten des A nach § 278 zu vertreten.

6. Außerdem müßte durch die Pflichtverletzung ein Schaden entstanden sein. Durch das Fallenlassen der Lampe ist der Kopf der E verletzt worden. E mußte zur Heilbehandlung 6.000,-- DM zahlen. Sie hat also durch die Pflichtverletzung einen Schaden in dieser Höhe erlitten.

7. Demnach ist der Anspruch entstanden.

II. Der Anspruch ist nicht untergegangen.

III. Er ist durchsetzbar.

IV. E hat gegen H einen Anspruch auf Schadensersatz in Höhe von 3.000,-- DM aus p.V.V. des Mietvertrags i.V.m. § 328 analog i.V.m. § 278.

Fazit

1. Der Anspruchsgegner kann also über § 328 analog auch für ein Verschulden des Erfüllungsgehilfen haften.

2. Der Fall beinhaltet eine Kombination der rechtlichen Probleme aus Fall 46 und Fall 48. Lest deshalb vor allem noch einmal das jeweilige Fazit. Und hier kann man schön erkennen: BGB-Klausuren lassen sich oft nach dem Baukasten-Prinzip lösen.

2. ***Nicht gefragt, aber:*** Natürlich hat E auch deliktische Schadensersatzansprüche gegen A und H. Schaut doch einmal in Fall 46. Spätestens dann erschließt sich auch die Lösung dieses Problems. E hat gegen A Schadensersatzansprüche gemäß § 823 I und § 823 II i.V.m. § 230 StGB und gegen H einen Schadensersatzanspruch aus § 831 I 1.

Schema I

Ansprüche aus dem BGB

Das folgende Schema soll Euch helfen, in jeder Klausur oder Hausarbeit die wichtigsten Ansprüche einer Person gegen eine andere Person schnell aufzufinden. Das Schema ist nicht vollständig! Es beinhaltet aber alle Ansprüche, die für Anfängerübungen interessant sind. Zum einen solltet Ihr das Schema fortlaufend erweitern, zum anderen ist es ratsam, das Schema auswendig zu lernen. Am besten schreibt Ihr es selbst noch einmal ab. Beim Abschreiben lernt man nämlich am besten.

A. Vertragliche Ansprüche

I. (Primär-) Ansprüche auf Leistung bzw. Gegenleistung und auf Nebenleistung (Auswahl)

→ § ***433 I 1***	= Übereignung der Kaufsache (Leistung)
§ ***433 II***	= Kaufpreiszahlung (Gegenleistung)
§ ***433 II***	= Abnahme (i.d.R. *Neben*leistung)
→ §§ ***515, 433 I 1***	= Übereignung der einen Tauschsache (Leistung)
§§ ***515, 433 II***	= Übereignung der anderen Tauschsache (Gegenleistung)
→ § ***516***	= Übereignung der Schenkungssache (Leistung)
→ § ***535***	= Überlassung der Mietsache (Leistung)
§ ***535 I***	= Mietzinszahlung (Gegenleistung)
§ ***556 I***	= Rückgabe der Mietsache (*Neben*leistung)
→ § ***598***	= Gebrauchsüberlassung (Leistung)
§ ***604 I***	= Rückgabe der Leihsache (*Neben*leistung)
→ § ***607 I***	= Auszahlung des Darlehens (Leistung)
§ ***607 I***	= Rückzahlung des Darlehens (*Neben*leistung)
→ § ***611 I***	= Erbringung des Dienstes (Leistung)
§ ***611 I***	= Zahlung der Vergütung (Gegenleistung)
→ § ***631 I***	= Herstellung des Werks (Leistung)
§ ***631 I***	= Zahlung der Vergütung (Gegenleistung)

II. (Sekundär-) Ansprüche auf Schadensersatz

1. Unmöglichkeit

a. anfängliche objektive Unmöglichkeit (§ 306)
→ keine vertraglichen Ansprüche, da Nichtigkeit

b. anfängliche subjektive Unmöglichkeit

→ §§ ***440, 325 I 1***
= Schadensersatz; nach allgemeiner Meinung verschuldensunabhängige Haftung (§ 440 verweist auf die Rechtsfolge des § 325)

c. nachträgliche Unmöglichkeit

→ § ***280 I***
= Schadensersatz bei Unmöglichkeit einer Leistung aus einem einseitigen Schuldverhältnis oder bei Unmöglichkeit einer Nebenleistung aus einem gegenseitigen Vertrag

→ § ***325 I 1***
= Schadensersatz bei Unmöglichkeit einer Leistung aus einem gegenseitigen Vertrag

→ § ***281***
= Anspruch auf Ersatz oder Abtretung des Ersatzanspruchs (sog. stellvertretendes commodum)

2. Verzug

a. <u>neben</u> dem Primär-Anspruch auf Leistung

→ § ***286 I***
= Schadensersatz

b. <u>anstatt</u> des Primär-Anspruchs auf Leistung

→ § ***286 II***
= Schadensersatz bei Verzug mit einer Leistung aus einem einseitigen Schuldverhältnis oder bei Verzug mit einer Nebenleistung aus einem gegenseitigen Vertrag

→ § ***326 I***
= Schadensersatz bei Verzug mit einer (Haupt-) Leistung aus einem gegenseitigen Vertrag

3. Mängelhaftung

a. Sachmängelhaftung → §§ *459 ff*

b. Mietmängelhaftung → §§ *537 ff*

c. Werkmängelhaftung → §§ *633 ff*

d. Werklieferungsmängelhaftung → § *651 I i.V.m.* §§ *459 ff* oder §§ *633 ff*

4. Positive Vertragsverletzung

→ *p.V.V.*
= Schadensersatz bei nicht vom Gesetz erfaßten Vertragsverletzungen

B. Vertragsähnliche Ansprüche

→ *c.i.c.* (culpa in contrahendo)
= Schadensersatz bei vorvertraglichen Verletzungen

→ § *122*
= Ersatz des Vertrauensschadens bei Nichtigkeit der Willenserklärung wegen § 108 oder bei wirksamer Anfechtung nach §§ 119 oder 120

→ § *177 III*
= Ersatz des Vertrauensschadens bei Vertretung ohne Vertretungsmacht

→ § *307*
= Ersatz des Vertrauensschadens bei anfänglicher objektiver Unmöglichkeit

→ § *677 ff*
= Geschäftsführung ohne Auftrag

C. Dingliche Ansprüche

→ z.B. § *985*
= Herausgabeanspruch des Eigentümers gegen den Besitzer

D. Deliktische Ansprüche

1. *Haftung mit Verschulden* (Verschulden muß geprüft werden)

→ § ***823 I***
= Haftung (Schadensersatz) für Verletzung der aufgezählten Rechtsgüter (kein Vermögen!) und sonstiger Rechte (berechtigter Besitz, Gewerbebetrieb, Persönlichkeitsrecht)

→ § ***823 II i.V.m. Schutzgesetz***
= Haftung (Schadensersatz) für Verletzung eines Schutzgesetzes (insbesondere aus dem StGB; z.B. § 223, § 230, § 242, § 244, § 263, § 303)

→ § ***826***
= Haftung (Schadensersatz) für vorsätzliche sittenwidrige Schädigung

2. *Haftung mit Verschulden* (vermutetes Verschulden ist widerleglich)

→ § ***831 I 1***
= Haftung für Fehler bei der Auswahl oder Beaufsichtigung eines Verrichtungsgehilfen (Schadensersatz)

→ § ***833 S. 2***
= Haftung des Tierhalters für Tiere, die dem Beruf ... dienen (Schadensersatz)

3. *Haftung ohne Verschulden* (Verschulden muß nicht geprüft werden)

→ § ***833 S. 1***
= Haftung des Tierhalters (Schadensersatz); vgl. § 833 S. 2

→ § ***7 StVG***
= Schadensersatz des Fahrzeughalters

→ § ***1 ProdHaftG***
= Schadensersatz des Herstellers eines Produkts

E. Bereicherungsrechtliche Ansprüche

1. sog. Leistungskondiktionen

→ § 812 I 1, 1. Alt. / § 817 S. 1

1. sog. Nichtleistungskondiktionen

→ § 812 I 1, 2. Alt. / § 816 I 1 / § 816 I 2 / § 816 II

F. Sonstige Ansprüche

- alle anderen Ansprüche → z.B. Familien- / Erbrecht

Schema II

Der Aufbau eines Anspruchs

So, nachdem nun die Grundlagen geklärt sind, gleich zum nächsten (Unter-) Schema. Wenn Ihr bei einem Fall den Anspruch bzw. die Ansprüche herausgefunden habt, die Ihr prüfen wollt, müßt Ihr wiederum nach bestimmten Regeln vorgehen.

Drei Fragen sind immer zu stellen und zu beantworten, um zur richtigen Lösung zu gelangen:

I. Anspruch entstanden ?

wenn (+) → weiter bei II.
wenn (−) → Anspruch (−)

II. Anspruch untergegangen ?

wenn (+) → Anspruch (−)
wenn (−) → weiter bei III.

III. Anspruch durchsetzbar ?

wenn (+) → Anspruch (+)
wenn (−) → Anspruch (−)

Um einmal zu verdeutlichen, wie das bei vertraglichen Ansprüchen **(SCHEMA I** ***unter*** **A.)** ***aussieht:***

I. Anspruch entstanden ?

1. Vertrag ?
= zwei übereinstimmende Willenserklärungen ...

wenn (+):

2. Nichtigkeits- oder Unwirksamkeitsgründe ?
= z.B. § 105, §§ 106 ff, § 116 S. 2, § 117 I, § 118, § 125, § 134, § 138, § 154, § 306

wenn (–):

3. Wirksame Anfechtung ?

a. Anfechtungsgrund ?
= § 119 I, § 119 II, § 120, § 123

b. Wahrung der Anfechtungsfrist ?
= bei § 119 und § 120 → § 121
= bei § 123 → § 124

b. Erklärung der Anfechtung ?
= § 143

wenn (–): Anspruch entstanden (+)

II. Anspruch untergegangen ?

1. Allgemeine Untergangsgründe ?

→ ***§§ 362 ff***
= Erfüllung

→ ***§§ 372 ff***
= Hinterlegung

→ ***§§ 387 ff***
= Aufrechnung

→ ***§§ 397***
= Erlaßvertrag / negatives Schuldanerkenntnis

2. Besondere Untergangsgründe ? z.B.:

→ ***§ 275 I oder II i.V.m. I***
= Untergang des Leistungsanspruchs bei nachträglicher Unmöglichkeit der Leistungspflicht, die der Schuldner nicht zu vertreten hat

→ ***§ 323 I***
= Untergang des Gegenleistungsanspruchs bei nachträglicher Unmöglichkeit der Leistungspflicht, die weder der Schuldner noch der Gläubiger zu vertreten hat

wenn (–): Anspruch untergegangen (–)

III. Anspruch durchsetzbar ?

z.B.

→ § ***320***
= Zurückbehaltungsrecht

→ § ***273***
= Zurückbehaltungsrecht

→ §§ ***194 ff; § 477; § 638***
= Verjährung

wenn (+): Anspruch durchsetzbar (+)

→ also besteht der geprüfte Anspruch

Schema III
Nachträgliche Unmöglichkeit

Und nun ein zusammenfassendes Schema zur nachträglichen Unmöglichkeit, dargestellt anhand des Kaufvertrags:

(Primär-) Anspruch auf Leistung (Übereignung)

- X gegen Y Übereignung der Kaufsache gemäß § 433 I 1 ?

I. Anspruch entstanden ?

- ***Vertrag ?***

II. Anspruch untergegangen ?

- nach § 275 I oder II i.V.m. I

1. Wirksames Schuldverhältnis ?

2. Objektive oder subjektive Unmöglichkeit der Leistung ?

a. Vereinbarte Leistung = Übereignung der Kaufsache

b. Objektive oder subjektive Unmöglichkeit ?

= niemand kann die Leistung erbringen (§ 275 I = objektive Unmöglichkeit) oder eine dritte Person, nicht aber der Schuldner kann die Leistung erbringen (§ 275 II i.V.m. I = subjektive Unmöglichkeit bzw. Unvermögen);
dies wiederum ist insbesondere dann denkbar, wenn es sich bei dem geschuldeten Gegenstand um eine Stückschuld oder eine konkretisierte Gattungsschuld (§ 243 II) handelt

- ***Stückschuld ?***
  = ein nur einmal existierender Gegenstand kann nicht geleistet werden

oder

- ***gemäß § 243 II zur Stückschuld konkretisierte Gattungsschuld ?***
  = der Schuldner muß das seinerseits Erforderliche zur Leistung getan haben (§ 243 II); ob er das seinerseits Erforderliche getan hat, hängt davon ab, welche Art der Schuld (Holschuld, Bringschuld, Schickschuld) vorliegt

(1) Art der Schuld ?

entscheiden: Holschuld oder Bringschuld oder Schickschuld

(2) Konkretisierung durch den Schuldner ?

= bei der Holschuld: Aussondern der Kaufsache und Benachrichtigung des Gläubigers von der Abholmöglichkeit; Absendung der Benachrichtigung reicht aus

= bei der Bringschuld: Anbieten der Kaufsache am Wohnort des Gläubigers

= bei der Schickschuld: Übergabe der Kaufsache an eine (sorgfältig ausgesuchte) Transportperson

oder

- ***Unmöglichkeit wegen "begrenzter Gattungsschuld" ?***

  = die Parteien haben vereinbart, daß nur aus einem bestimmten Vorrat bzw. Lager geleistet werden soll (deshalb auch: Vorratsschuld, Lagerschuld) <u>und</u> die Leistung kann nicht erbracht werden

oder

- ***Unmöglichkeit wegen Zerstörung der gesamten Gattung ?***

  = die Leistung kann nicht erbracht werden, weil die gesamte Gattung nicht mehr existiert

3. Nachträgliche Unmöglichkeit ?

= sie darf erst nach Vertragsschluß entstanden sein

4. Kein Vertretenmüssen des Schuldners der Leistung ?

= keine Haftung nach § 276 oder § 278

<u>außer</u>: Ausschluß der Haftung des Schuldners ?

= vertragliche Vereinbarung oder gesetzliche Regelung erforderlich, z.B.:

§ 300 I

= der Schuldner hat während des Verzugs des Gläubigers nur Vorsatz und grobe Fahrlässigkeit zu vertreten;

vertragliche Haftungsbeschränkung

= individualrechtlich wirksam; in Formularverträgen gemäß AGBG prüfen

wenn Voraussetzungen (–) → Anspruch untergegangen (–); Rechtsfolge: § 279 = der Schuldner ist zur Übereignung einer neuen Gattungssache verpflichtet

III. Anspruch durchsetzbar ?

- **§ 320 = Einrede des nichterfüllten Vertrags**

  = der Anspruchsgegner kann die Leistung verweigern, bis der Anspruchsteller seinerseits leistet

IV. Ergebnis

(Primär-) ***Anspruch auf Gegenleistung*** *(Zahlung)*

- Y gegen X Kaufpreiszahlung gemäß § 433 II ?

I. Anspruch entstanden ?

- ***Vertrag ?***

II. Anspruch untergegangen ?

- nach § 323 I

1. Wirksames Schuldverhältnis ?

2. Objektive oder subjektive Unmöglichkeit der Leistung ?

a. Vereinbarte Leistung = Übereignung der Kaufsache

b. Objektive oder subjektive Unmöglichkeit ?

= niemand kann die Leistung erbringen (§ 275 I = objektive Unmöglichkeit) oder eine dritte Person, nicht aber der Schuldner kann die Leistung erbringen (§ 275 II i.V.m. I = subjektive Unmöglichkeit bzw. Unvermögen);
dies wiederum ist insbesondere dann denkbar, wenn es sich bei dem geschuldeten Gegenstand um eine Stückschuld oder eine konkretisierte Gattungsschuld (§ 243 II) handelt

- ***Stückschuld ?***

= ein nur einmal existierender Gegenstand kann nicht geleistet werden

oder

- ***gemäß § 243 II zur Stückschuld konkretisierte Gattungsschuld ?***

= der Schuldner muß das seinerseits Erforderliche zur Leistung getan haben (§ 243 II); ob er das seinerseits Erforderliche getan hat, hängt davon ab, welche Art der Schuld (Holschuld, Bringschuld, Schickschuld) vorliegt

(1) Art der Schuld ?

entscheiden: Holschuld oder Bringschuld oder Schickschuld

(2) Konkretisierung durch den Schuldner ?

= bei der Holschuld: Aussondern der Kaufsache und Benachrichtigung des Gläubigers von der Abholmöglichkeit; Absendung der Benachrichtigung reicht aus

= bei der Bringschuld: Anbieten der Kaufsache am Wohnort des Gläubigers

= bei der Schickschuld: Übergabe der Kaufsache an eine (sorgfältig ausgesuchte) Transportperson

oder

- ***Unmöglichkeit wegen "begrenzter Gattungsschuld" ?***
  = die Parteien haben vereinbart, daß nur aus einem bestimmten Vorrat bzw. Lager geleistet werden soll (deshalb auch: Vorratsschuld, Lagerschuld) und die Leistung kann nicht erbracht werden

oder

- ***Unmöglichkeit wegen Zerstörung der gesamten Gattung ?***
  = die Leistung kann nicht erbracht werden, weil die gesamte Gattung nicht mehr existiert

3. Nachträgliche Unmöglichkeit ?
= sie darf erst nach Vertragsschluß entstanden sein

4. Kein Vertretenmüssen des einen oder des anderen ?
= weder der eine (Schuldner der Leistung) noch der andere (Schuldner der Gegenleistung) haftet nach § 276 oder § 278

a. der eine ?

b. der andere ?

außer: Ausschluß der Haftung des Schuldners ?
= vertragliche Vereinbarung oder gesetzliche Regelung erforderlich, z.B.:

§ 300 I
= der Schuldner hat während des Verzugs des Gläubigers nur Vorsatz und grobe Fahrlässigkeit zu vertreten;

vertragliche Haftungsbeschränkung
= individualrechtlich wirksam; in Formularverträgen gemäß AGBG prüfen

wenn Voraussetzungen des § 323 (+):

Sonderregel zu § 323 I ?
= u.U. behält der Anspruchsteller den Anspruch auf die Gegenleistung trotz Vorliegens der Voraussetzungen des § 323 I wegen gesetzlicher Sonderregelungen; im Rahmen eines Kaufvertrag kommen sind zu beachteten: § 324 II i.V.m. I, § 446 I 1, § 447 I

- **§ 324 II i.V.m. I**
  = der eine (= der Schuldner der Leistung) behält den Anspruch auf die Gegenleistung, wenn die ihm obliegende Leistung infolge eines von ihm nicht zu vertretenden Umstandes zu einer Zeit unmöglich wird, zu welcher der andere (= der Gläubiger der Leistung = der Schuldner der Gegenleistung) im Annahmeverzug ist

- **§ 446 I 1**
  = die Gefahr des zufälligen Untergangs geht auf den Käufer über, wenn der Verkäufer ihm die Sache übergibt; dies bedeutet, daß der Schuldner der Leistung den Kaufpreisanspruch behält, wenn die Übereignung der Kaufsache nach der Übergabe aufgrund eines Umstandes unmöglich wird, den weder der eine (= der Schuldner der Leistung) noch der andere (= der Gläubiger der Leistung = der Schuldner der Gegenleistung) zu vertreten hat

- **§ 447 I**
  = die Gefahr geht auf den Käufer über, sobald der Verkäufer die Sache dem Spediteur ... ausgeliefert hat; dies bedeutet, daß der Schuldner der Leistung den Kaufpreisanspruch behält, wenn die Übereignung der Kaufsache nach der Übergabe aufgrund eines Umstandes unmöglich wird, der nach der Übergabe der Kaufsache an den Spediteur eintritt

III. Anspruch durchsetzbar ?

- **§ 320 = Einrede des nichterfüllten Vertrags**
  = der Anspruchsgegner kann die Leistung verweigern, bis der Anspruchsteller seinerseits leistet

IV. Ergebnis

(Sekundär-) Anspruch auf Schadensersatz

Vorüberlegung:

Es stehen ***zwei denkbare Anspruchsgrundlagen*** zur Verfügung, nämlich entweder **§ *280 oder* § *325***. Die Frage lautet also immer: Welche Anspruchsgrundlage ist denn nun einschlägig? Die folgende ***Hilfsfrage*** führt immer zum richtigen Ergebnis:

Steht die unmögliche gewordene Leistung zu einer anderen im Gegenseitigkeitsverhältnis?

wenn ***ja*** → ist **§ *325 I 1*** die Anspruchsgrundlage
wenn ***nein*** → ist **§ *280 I*** die Anspruchsgrundlage

- Y gegen X Schadensersatz gemäß § 280 I ?

I. Anspruch entstanden ?

1. Schuldverhältnis ?

2. Objektive oder subjektive Unmöglichkeit der Leistung ?

a. Vereinbarte Leistung

b. Objektive oder subjektive Unmöglichkeit ?
= niemand kann die Leistung erbringen (objektive Unmöglichkeit) oder eine dritte Person, nicht aber der Schuldner kann die Leistung erbringen (subjektive Unmöglichkeit bzw. Unvermögen)

- ***Stückschuld ?***
  = ein nur einmal existierender Gegenstand kann nicht geleistet werden

oder

- ***gemäß § 243 II zur Stückschuld konkretisierte Gattungsschuld ?***

= der Schuldner muß das seinerseits Erforderliche zur Leistung getan haben (§ 243 II); ob er das seinerseits Erforderliche getan hat, hängt davon ab, welche Art der Schuld (Holschuld, Bringschuld, Schickschuld) vorliegt

(1) Art der Schuld ?

entscheiden: Holschuld oder Bringschuld oder Schickschuld

(2) Konkretisierung durch den Schuldner ?

= bei der Holschuld: Aussondern der Kaufsache und Benachrichtigung des Gläubigers von der Abholmöglichkeit; Absendung der Benachrichtigung reicht aus

= bei der Bringschuld: Anbieten der Kaufsache am Wohnort des Gläubigers

= bei der Schickschuld: Übergabe der Kaufsache an eine (sorgfältig ausgesuchte) Transportperson

oder

- ***Unmöglichkeit wegen "begrenzter Gattungsschuld" ?***

= die Parteien haben vereinbart, daß nur aus einem bestimmten Vorrat bzw. Lager geleistet werden soll (deshalb auch: Vorratsschuld, Lagerschuld) <u>und</u> die Leistung kann nicht erbracht werden

oder

- ***Unmöglichkeit wegen Zerstörung der gesamten Gattung ?***

= die Leistung kann nicht erbracht werden, weil die gesamte Gattung nicht mehr existiert

3. Nachträgliche Unmöglichkeit ?

= sie darf erst nach Vertragsschluß entstanden sein

4. Vertretenmüssen des Schuldners der Leistung ?

= keine Haftung nach § 276 oder § 278

<u>außer</u>: Ausschluß der Haftung des Schuldners ?

= vertragliche Vereinbarung oder gesetzliche Regelung erforderlich, z.B.:

§ 300 I

= der Schuldner hat während des Verzugs des Gläubigers nur Vorsatz und grobe Fahrlässigkeit zu vertreten;

vertragliche Haftungsbeschränkung

= individualrechtlich wirksam; in Formularverträgen gemäß AGBG prüfen

5. Schaden ?

II. Anspruch untergegangen ?

III. Anspruch durchsetzbar ?

IV. Ergebnis

- Y gegen X Schadensersatz gemäß § 325 I 1 ?

I. Anspruch entstanden ?

1. Gegenseitiger Vertrag ?

2. Objektive oder subjektive Unmöglichkeit der Leistung ?

a. Vereinbarte Leistung

b. Objektive oder subjektive Unmöglichkeit ?

= niemand kann die Leistung erbringen (objektive Unmöglichkeit) oder eine dritte Person, nicht aber der Schuldner kann die Leistung erbringen (subjektive Unmöglichkeit bzw. Unvermögen)

- ***Stückschuld ?***

= ein nur einmal existierender Gegenstand kann nicht geleistet werden

oder

- ***gemäß § 243 II zur Stückschuld konkretisierte Gattungsschuld ?***

= der Schuldner muß das seinerseits Erforderliche zur Leistung getan haben (§ 243 II); ob er das seinerseits Erforderliche getan hat, hängt davon ab, welche Art der Schuld (Holschuld, Bringschuld, Schickschuld) vorliegt

(1) Art der Schuld ?

entscheiden: Holschuld oder Bringschuld oder Schickschuld

(2) Konkretisierung durch den Schuldner ?

= bei der Holschuld: Aussondern der Kaufsache und Benachrichtigung des Gläubigers von der Abholmöglichkeit; Absendung der Benachrichtigung reicht aus

= bei der Bringschuld: Anbieten der Kaufsache am Wohnort des Gläubigers

= bei der Schickschuld: Übergabe der Kaufsache an eine (sorgfältig ausgesuchte) Transportperson

oder

- ***Unmöglichkeit wegen "begrenzter Gattungsschuld" ?***

= die Parteien haben vereinbart, daß nur aus einem bestimmten Vorrat bzw. Lager geleistet werden soll (deshalb auch: Vorratsschuld, Lagerschuld) und die Leistung kann nicht erbracht werden

oder

- ***Unmöglichkeit wegen Zerstörung der gesamten Gattung ?***

= die Leistung kann nicht erbracht werden, weil die gesamte Gattung nicht mehr existiert

3. Nachträgliche Unmöglichkeit ?

= sie darf erst nach Vertragsschluß entstanden sein

4. Vertretenmüssen des Schuldners der Leistung ?
= keine Haftung nach § 276 oder § 278

<u>außer</u>: Ausschluß der Haftung des Schuldners ?
= vertragliche Vereinbarung oder gesetzliche Regelung erforderlich, z.B.:

§ 300 I
= der Schuldner hat während des Verzugs des Gläubigers nur Vorsatz und grobe Fahrlässigkeit zu vertreten;

vertragliche Haftungsbeschränkung
= individualrechtlich wirksam; in Formularverträgen gemäß AGBG prüfen

5. Schaden ?

II. Anspruch untergegangen ?

III. Anspruch durchsetzbar ?

IV. Ergebnis

- Y gegen X Abtretung des Ersatzanspruchs gemäß § 281 I ?

I. Anspruch entstanden ?

1. Schuldverhältnis ?

2. Objektive oder subjektive Unmöglichkeit der Leistung ?

a. Vereinbarte Leistung

b. Objektive oder subjektive Unmöglichkeit ?
= niemand kann die Leistung erbringen (objektive Unmöglichkeit) oder eine dritte Person, nicht aber der Schuldner kann die Leistung erbringen (subjektive Unmöglichkeit bzw. Unvermögen); dies wiederum ist insbesondere dann denkbar, wenn es sich bei dem geschuldeten Gegenstand um eine Stückschuld oder um eine konkretisierte Gattungsschuld (§ 243 II) handelt

- ***Stückschuld ?***
= ein nur einmal existierender Gegenstand kann nicht geleistet werden

oder

- ***gemäß § 243 II zur Stückschuld konkretisierte Gattungsschuld ?***
= der Schuldner muß das seinerseits Erforderliche zur Leistung getan haben (§ 243 II); ob er das seinerseits Erforderliche getan hat, hängt davon ab, welche Art der Schuld (Holschuld, Bringschuld, Schickschuld) vorliegt

(1) Art der Schuld ?

entscheiden: Holschuld oder Bringschuld oder Schickschuld

(2) Konkretisierung durch den Schuldner ?

= bei der Holschuld: Aussondern der Kaufsache und Benachrichtigung des Gläubigers von der Abholmöglichkeit; Absendung der Benachrichtigung reicht aus

= bei der Bringschuld: Anbieten der Kaufsache am Wohnort des Gläubigers

= bei der Schickschuld: Übergabe der Kaufsache an eine (sorgfältig ausgesuchte) Transportperson

oder

- ***Unmöglichkeit wegen "begrenzter Gattungsschuld" ?***

  = die Parteien haben vereinbart, daß nur aus einem bestimmten Vorrat bzw. Lager geleistet werden soll (deshalb auch: Vorratsschuld, Lagerschuld) und die Leistung kann nicht erbracht werden

oder

- ***Unmöglichkeit wegen Zerstörung der gesamten Gattung ?***

  = die Leistung kann nicht erbracht werden, weil die gesamte Gattung nicht mehr existiert

3. Nachträgliche Unmöglichkeit ?

= sie darf erst nach Vertragsschluß entstanden sein

4. Ersatzanspruch des Schuldners der Leistung gegen einen Dritten ?

z.B.

- **X gegen den Dritten p.V.V. eines Vertrags ?**

oder

- **X gegen den Dritten Schadensersatz gemäß § 823 I ?**

5. Erlangen des Ersatzanspruchs infolge eines Umstands, der zur Unmöglichkeit geführt hat ?

II. Anspruch untergegangen ?

III. Anspruch durchsetzbar ?

IV. Ergebnis

Das Verzeichnis bezieht sich auf <u>Fallziffern</u>.
Hervorhebungen weisen auf Fundstellen im jeweiligen Prüfungsobersatz hin !!!

AGBG

BGB

StGB

Das Verzeichnis bezieht sich auf die jeweiligen Seitenzahlen !!!

A

B

C

D

E

F

Das Verzeichnis bezieht sich auf die jeweiligen <u>Seitenzahlen</u> !!!

Das Verzeichnis bezieht sich auf die jeweiligen Seitenzahlen !!!

Das Verzeichnis bezieht sich auf die jeweiligen Seitenzahlen !!!

V

W

Z

Außerdem

im Fall-Fallag

erschienen:

Egbert Rumpf-Rometsch

Die Fälle

BGB - Schuldrecht BT

Mängelhaftung

im Kauf-, Werk-, Werklieferungs- und Mietrecht

44 universitätserprobte Fälle
mit Lösungsskizzen und Formulierungsvorschlägen

Der Fall
Fallag

Es wird

viel

passieren !